Jean-Denis Godet • Wiesenpflanzen

Jean-Denis Godet

Wiesenpflanzen

Blumen der Fett- und Trockenwiesen,
Äcker und Weinberge

Bibliografische Information der Deutschen Bibliothek

Die deutsche Bibliothek verzeichnet diese Publikation in der deutschen Nationalbibliografie; detaillierte Daten sind im Internet über http://dnb.ddb.de abrufbar.

Der Autor:
Jean-Denis Godet ist Primar-, Sekundar- und Biologielehrer für Gymnasien und hat sich als Autor zahlreicher Pflanzenbestimmungsbücher internationalen Ruf erworben. Von ihm erschienen sind bereits: `Knospen und Zweige`, `Blüten einheimischer und wichtiger fremdländischer Baum- und Straucharten`, `Bäume und Sträucher`, `Pflanzen Mitteleuropas`, `Einheimische Bäume und Sträucher`, `Alpenpflanzen`, `Wiesenpflanzen`, `Zimmerpflanzen`, sowie die Herausgabe des `Heilpflanzen-Kompendiums`. Verschiedene Titel sind in bis zu zwölf Sprachen übersetzt worden und auf ausländischen Buchmärkten erhältlich.

Die Originalausgabe des vorliegenden Buches erscheint unter dem Titel „Einheimische Wiesenpflanzen" im Arboris Verlag, CH-3032 Hinterkappelen.
© Arboris Verlag, 2004

Alle Rechte, insbesondere die der Übersetzung in fremde Sprachen, bleiben vorbehalten. Die Bestimmungsbücher dürfen ohne schriftliche Erlaubnis des Verlages weder ganz noch teilweise durch Fotokopie oder auf andere Weise reproduziert und auch nicht in eine für Datenverarbeitungsanlagen geeignete Form übertragen werden. Nachahmung, Nachdruck sowie jede Art der Vervielfältigung oder Wiedergabe bedürfen der schriftlichen Zustimmung des Verlages.
Urheberrechtlich geschützt sind insbesondere auch
– Art und Aufbau der Beschreibung
– Systematik und Gruppierung von Text und Bild.

Die Fotos stammen vom Autor und wurden von ihm eigenhändig bearbeitet und für die technische Umsetzung vorbereitet, ausgenommen der Abbildungen 201, 220, 228, 233, 267, 277 und 279, die von Dr. Konrad Lauber, Köniz-Bern, stammen.

Lithos: Fotos, Gestaltung, Satz:	Neue Schwitter AG, Allschwil Arboris Verlag, Hinterkappelen
Belichtung, Druck und buchbinderische Verarbeitung:	Stige S.p.A., Torino

gedruckt auf 115 g umweltfreundlich chlorfrei gebleichtem Papier
Printed in Italy

1. Auflage 2004

ISBN 3-87815-134-9

© 2004 Thalacker Medien, Postfach 8364, 38133 Braunschweig

Inhaltsverzeichnis

	Vorwort	7
1.	Einführung	8
2.	**Der Bau der Kräuter und Stauden**	9
2.1	Der Spross	9
2.2	Die Laubblätter	10
2.3	Der Bau der Blütenstände	11
2.4	Blüten bei Angiospermen (Bedecktsamer)	12
	- Die Kelchblätter (Sepalen)	12
	- Die Kronblätter (Petalen)	13
	- Die Staubblätter	13
	- Die Fruchtblätter/der Fruchtknoten	14
2.5	Geschlechtsverteilung und Bestäubung der Blüten	14
3.	**Höhenstufen der Vegetation**	15
3.1	Kolline- oder Hügellandstufe (Hügelstufe)	15
3.2	Montane- oder Bergstufe	15
3.3	Subalpine- oder Gebirgsstufe	15
3.4	Alpine Stufe	15
4.	**Bestimmungsschlüssel für die Wiesenpflanzen**	16
5.	**Übersicht über die Wiesenpflanzen**	18
6.	**Beschreibung der vorgestellten Pflanzenarten**	170
7.	**Register**	246
	Deutsche Pflanzennamen	246
	Französische Pflanzennamen	250
	Italienische Pflanzennamen	252
	Lateinische Pflanzennamen	254

Vorwort

Im Vorsommer 1998 wurde mit dieser neuen Taschenbuchreihe begonnen. Der erste Band – Einheimische Bäume und Sträucher – stellt mit zahlreichen Bildern und genauen Texten die wichtigsten uns umgebenden Gehölze vor. Da dieser Titel bereits in den ersten Monaten nach seinem Erscheinen einen grossen Freundeskreis aufweist, entschlossen wir uns, den 2. Titel – Einheimische Alpenpflanzen – möglichst rasch zu realisieren.
Die hier ausgewählten Arten leben vor allem in der subalpinen und alpinen Stufe. Einige von ihnen reichen in die untere Bergstufe und in die Hügelstufe hinunter, sind jedoch hier meist nur noch selten anzutreffen.
Nach weiteren umfangreichen Fotoarbeiten konnte in den letzten Monaten der 3. Band – Einheimische Wiesenpflanzen – beendet werden. In ihm finden wir diejenigen Pflanzen, die vor allem die kolline und montane Stufe besiedeln. Einige von ihnen sind sowohl im Band 2, wie auch im 3. Band zu finden. Der Grund dafür liegt in der Tatsache, dass sie in verschiedenen Höhenlagen wachsen können. Als Beispiel soll der Löwenzahn genannt werden. Er reicht bis in die subalpine Stufe, weist jedoch in dieser Höhenlage nur noch einen Zwergwuchs auf.
In der Einführung wird einerseits auf die verschiedenen Wiesentypen, andererseits auf den Bau der Kräuter und Stauden eingegangen. Um die späteren Pflanzenbeschreibungen besser verstehen zu können, ist es empfehlenswert, sich in diese kurze Übersicht zu vertiefen und die Bedeutung der erläuterten Fachwörter auswendig zu lernen.
Wie im 1. und 2. Band, so werden auch hier die Höhenstufen der Vegetation vorgestellt. Es wird gezeigt, welche Höhenlagen die einzelnen Stufen besitzen, welche klimatischen Bedingungen vorherrschen und wie die Vegetation beschaffen ist.
Der nachfolgende Bestimmungsschlüssel ermöglicht es, über die vorgestellte Vielfalt eine erste Übersicht zu gewinnen. Wie den beiden Seiten entnommen werden kann, werden die Arten mit Hilfe der Blütenfarbe (weiss, gelb, rot, blau und grün/braun) in 5 Hauptgruppen eingeteilt. Diese wiederum gliedern sich in 6 Gruppen, in welchen die häufigsten Blütenformen gezeigt werden. Mit Hilfe der unterhalb der Bilder angegebenen Seitenzahlen können im anschliessenden Bildteil die gesuchten Arten gefunden werden. Auf der jeweils linken Seite wird das Erscheinungsbild am natürlichen Standort gezeigt. Da es mit dieser Aufnahme allein oft nicht möglich ist, eine 100%-ige Bestimmung durchzuführen, wurden auf der gegenüberliegenden Seite pro Art 2–4 weitere Bilder hinzugefügt. Der Schwerpunkt liegt dabei auf dem Blüten- und Blattbau.
Um den Fototeil nicht auseinanderreissen zu müssen, wurde die genaue Beschreibung der Arten bewusst in einem nachfolgenden Teil konzentriert. Mit Hilfe der vorliegenden Nummern ist ein gegenseitiges Auffinden zwischen Foto- und Textteil jederzeit möglich.
Den Schluss dieses 3. Titels bildet das viersprachige Register.
Herzlicher Dank gebührt all jenen, die mich mit vielen guten Ratschlägen unterstützt haben und damit erst die Herausgabe dieses Buches ermöglichten. Für Ergänzungen und Verbesserungsvorschläge ist der Autor jederzeit dankbar.
Möge auch dieser Taschenführer ein guter Ratgeber und treuer Begleiter auf Exkursionen, Spaziergängen und Wanderungen sein und gleichzeitig dazu beitragen, dass uns die Schönheit und Vielfalt unserer Wiesen noch lange erhalten bleibt.

Hinterkappelen, im Juli 2003   Jean-Denis Godet

1. Einführung

Ein grosser Teil unseres waldlosen Bodens wird heute durch Siedlungen, Verkehrswege oder mit Pflanzengesellschaften bedeckt, die erst in den letzten Jahrzehnten durch uns Menschen geschaffen wurden. Ohne menschlichen Schutz würden diese Äcker, Gärten, Parkanlagen, Wiesen und Weiden jedoch bald verbuschen und zu einem späteren Zeitpunkt verwalden.

Als Wiesen und Weiden bezeichnen wir baum- und strauchlose Gebiete auf trockenen bis nassen und nicht torfigen Böden, die mit Gräsern, Kräutern und Stauden bewachsen sind. Sie entstanden vor allem durch Waldrodungen. Viele der hier lebenden Pflanzenarten finden wir in lichten Wäldern, woher sie zum Teil auch stammen.

Je nach Bodenverhältnissen, Exposition und Art der Nutzung unterscheiden wir zwischen Halbtrocken- und Trockenmatten, kaum gedüngten und nur einmal im Jahr gemähten Magerwiesen und im Jahr 2–3 mal gemähten und im Herbst noch beweideten Fettwiesen.

Halbtrocken- und Trockenmatten

Die ersten Besiedler bei Blockhalden und an Felsen sind gesteinslösende Krustenflechten und Algen. Ihnen folgen Laubflechten und polsterbildende Moose. Ihre abgestorbenen Organe bilden bald eine erste und noch dünne Humusschicht, auf der erste höhere Pflanzen wie Farne und horstbildende Gräser zu wachsen beginnen. Mit ihren Wurzeln tragen sie zur weiteren Ansammlung von Verwitterungsprodukten bei, und mit dem Abbau der vor allem im Herbst anfallenden Pflanzenreste wird die Humusschicht erhöht. Die auf diese Weise entstandene Bodendecke schliesst sich nach mehreren Jahren und bildet vor allem in mehr oder weniger steilen, oft schwer zugänglichen und über trockenen, wasserdurchlässigen, flachgründigen Kalk- oder Silikatböden und an südexponierten Lagen gute Standorte für Trockenmatten. Bewohner sind vor allem einjährige Pflanzen, die im feuchten Frühlingsboden rasch blühen und kurz danach fruchten.

Wo der Boden weniger trocken und die Humusschicht schon etwas dicker ist, finden wir typische Vertreter von Halbtrockenmatten, wie z. B. den knolligen Hahnenfuss (Nr. 94), den Hufeisenklee (Nr. 156) oder die Esparsette (Nr. 207, 208).

Fettwiesen

Natürliche Wiesen sind in Mitteleuropa vor allem in den Gebirgen an oder über der Waldgrenze zu finden. Alle anderen wurden nach der Abholzung der Wälder künstlich geschaffen und durch regelmässige Mahd (Mähwiesen) oder durch Beweidung (Weiden) künstlich am Leben erhalten.

Bedingt durch die intensive Nutzung benötigen Fettwiesen vor allem wechselfeuchte bis trockene Lehm-, Löss- oder Sandböden und eine gute Nährstoffversorgung durch regelmässige und reichhaltige Düngung (z. B. mit Gülle), die das Pflanzenwachstum antreibt. In den Ackerbaugebieten werden sie periodisch gepflügt und neu angesät. Als Charakterpflanzen dieser Kunstwiesen gelten z. B. das Knaulgras, das Honiggras, der Wiesen-Bärenklau (Nr. 44), der Wiesen-Kerbel (Nr. 46), der Wiesen-Löwenzahn (Nr. 135) oder das Wiesen-Schaumkraut (Nr. 163). Diese artenarmen Flächen sind in Mitteleuropa in Gebieten mit Weidewirtschaft weit verbreitet.

Äcker, Unkrautflure und Gärten

Als Folge intensiver Kulturmassnahmen entstanden neuartige Pflanzengemeinschaften.

In ihnen (z. B. Äcker, Gärten, Parkanlagen und Plantagen) haben sich in Konkurrenz zu den Nutzungspflanzen Unkräuter angesiedelt. Diese müssen nicht nur der fortwährenden Bodenbearbeitung trotzen, sondern zusätzlich den Massnahmen der Ernte und der Saatgutreinigung gewachsen sein. So werden z. B. durch das Zerschneiden der regenerationsfähigen Wurzelstöcke bei der Acker-Winde (Nr. 55) und der Acker-Kratzdistel (Nr. 197) durch Hacken und Einsatz des Pfluges die Pflanzen weiter verbreitet.

Einjährige Getreideunkräuter, wie z. B. der Acker-Senf (Nr. 81) besitzen Samen, die in Grösse und Gewicht denjenigen des angebauten Getreides entsprechen, so dass sie bei einfachen Reinigungsanlagen nicht gut erfasst werden können und damit erneut ins Saatgut gelangen. Dies ist einer der Gründe dafür, dass viele dieser Pflanzen erst mit dem Getreidebau aus dem Mittelmeerraum und dem Nahen Osten nach Mitteleuropa gelangten.

Infolge der verbesserten Saatgutreinigung und dem Einsatz von Herbiziden sind sie in den letzten Jahren stark zurückgegangen.

An zahlreichen Ruderalstellen (z. B. Wegränder, Schuttstellen, Erdaufschüttungen), die besonders reich an Mineralstoffen sind, behaupten sich andere Unkräuter wie z. B. der Hühnerdarm (Nr. 29), das Schöllkraut (Nr. 83), der Wermut (Nr. 118) und verschiedene Wegerich-Arten (Nr. 292, 293, 294) besonders gut. Trotz des intensiven Einsatzes von Unkrautvertilgungsmitteln konnten sie nicht dezimiert werden. Einige Arten haben sich sogar als resistent erwiesen. Bedingt durch den weltweiten Handel haben sich besonders im Areal von Hafenanlagen zahlreiche fremdländische Arten angesiedelt.

2. Der Bau der Kräuter und Stauden

Das charakteristische Erscheinungsbild eines Krautes oder einer Staude wird durch die Wuchsform des Stengels, die Gestalt, die Gliederung und Anordnung der Blätter, den Bau und die Färbung der Blüten und die Früchte gekennzeichnet. Alle diese Organe können entsprechend den vorherrschenden Umweltbedingungen bei den einzelnen Wuchsorten in ihrer Ausbildung variieren. So verkleinert sich zum Beispiel die Grösse mit zunehmender Meereshöhe. Gleichzeitig kommt es in den oberen Regionen der Alpen zu einer intensiveren Blütenfärbung (intensivere Strahlung, grössere Temperaturschwankungen). Die Blütezeit einer Pflanze ist jeweils von den jahreszeitlichen Wetterbedingungen und vom Standort abhängig. Dies hat zur Folge, dass Arten, die ein grosses Verbreitungsgebiet besitzen, bezüglich Blütezeit eine grössere Spanne aufweisen, als isolierte Pflanzen.

Für die korrekte Bestimmung einer Pflanze benötigen wir vor allem die Blüten und Laubblätter. Ihre genaue Beschreibung ist Voraussetzung dafür, dass bei der Bestimmung keine Fehler unterlaufen. So soll auch in diesem Taschenführer wiederum nur mit denjenigen Merkmalen gearbeitet werden, welche mit blossem Auge oder mit Hilfe einer guten Lupe rasch zu erkennen sind.

2.1 Der Spross

Er besteht aus der Sprossachse (= Stengel) – ein für jede Pflanzenart typisch geformter zylindrischer und stabförmiger Körper – und den Laubblättern, also den seitlichen Ausgliederungen. Sie sind vielfältig geformt und können zur Bestimmung einer unbekannten Pflanze sehr oft herangezogen werden. In der Regel weisen sie ein begrenztes Wachstum auf. Neben dem Tragen der Blätter, Blüten und Früchte dient die Achse der Stoffleitung und gleichzeitig der Speicherung von Reservestoffen. Als speziell ausgebildete Sprosse sind Rhizome (= unterirdische Erdsprosse z. B. Salomonssiegel, Nr. 8; Bingelkraut, Nr. 287.), Sprossknollen (z. B. Kartoffeln) und Zwiebeln (z.B. Bärenlauch, Nr. 5) zu nennen.

2.2 Die Laubblätter

Die in der Regel grün gefärbten Laubblätter sind wichtige Transpirationsorgane und Orte der Photosynthese. Sie bestehen aus einer meist dünnen und flächig verbreiterten Blattspreite, oft aus einem stengelartigen Blattstiel und dem Blattgrund. Dieser kann als Blattscheide ausgebildet sein und Nebenblätter tragen. Bei den meisten Blättern besitzt er jedoch keine besondere Form und geht allmählich in den Blattstiel über. Bei den ungestielten Blättern ist jeweils der Blattgrund direkt mit der Sprossachse verwachsen.

Spreite, Stiel und Blattgrund	**Gestieltes Blatt**	**Sitzende Blätter**	**Stengelumfassende Blätter**
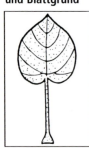			
6 Schematische Darstellung	7 *Parnassia* Sumpf-Herzblatt	8 *Silene* Rote Waldnelke	9 *Pulicaria* Grosses Flohkraut

An der Sprossachse unterscheiden wir 4 Typen von Laubblättern. Der Hauptspross der keimenden Pflanze trägt ein oder mehrere einfach gestaltete **Keimblätter**, deren Lebensdauer meist kurz ist. Die nachfolgenden **Niederblätter** sind einfach gestaltete Blätter, die unterhalb der Laubblätter liegen und oft nur schuppenförmig ausgebildet sind. Am Hauptspross bilden die **Laubblätter** die Hauptmasse des Blattkleides. Sehr oft sind die ersten von ihnen (= Jugend- oder Primärblätter) anders gestaltet als die Folgeblätter. Über ihnen finden wir sehr oft **Hochblätter**. Sie sind vor allem als Tragblätter der Blüten- und Blütenstandsäste ausgebildet und können gefärbt sein.

Was die Stellung der Laubblätter an der Achse betrifft, so sind sie wie folgt angeordnet:

Wechselständig oder spiralig:	An jedem Knoten steht nur ein Blatt, das gegenüber dem vorangegangenen jeweils um einen bestimmten von 180° abweichenden Winkel steht.
Zweizeilig oder distich:	Die Blätter liegen in einer Ebene.
Grundständig:	Die Blätter entspringen an der Basis des Stengels.
Gegenständig:	An einem Knoten stehen jeweils immer 2 Blätter einander gegenüber.
Kreuzgegenständig oder dekussiert:	Die Blattpaare stehen kreuzweise übereinander.
Quirlig oder wirtelig	3 oder mehrere Blätter stehen in einem Quirl zusammen.

2.3 Der Bau der Blütenstände

Viele unserer Pflanzen weisen pro Sprossachse nur eine einzige Blüte auf (z. B. Schneeglöckchen, Krokus, Adonisröschen, Klatschmohn, Einbeere). Bei vielen anderen Arten sind mehrere bis zahlreiche Blüten in einer bestimmten Anordnung zu Blütenständen – den Infloreszenzen – vereinigt. Diese bilden stark metamorphosierte Sprossteile, die sich von den rein vegetativen Bereichen mehr oder weniger stark unterscheiden. Die Entwicklung von der Einzelblüte zum Blütenstand dürfte vor Millionen von Jahren damit begonnen haben, dass sich in den Blattachseln Lateralblüten entwickelten.

Nach dem Verhalten der Blütenstandsachse unterscheiden wir zwischen den folgenden wichtigsten Blütenstandstypen:

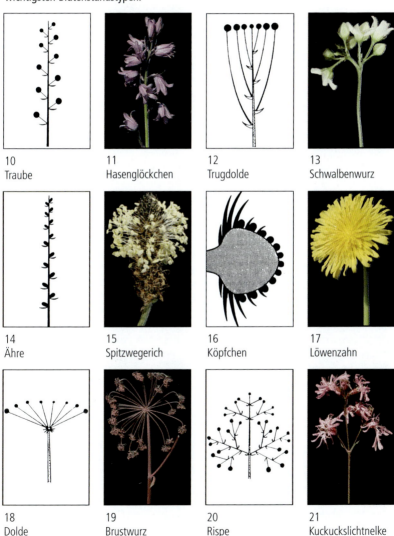

10 Traube
11 Hasenglöckchen
12 Trugdolde
13 Schwalbenwurz
14 Ähre
15 Spitzwegerich
16 Köpfchen
17 Löwenzahn
18 Dolde
19 Brustwurz
20 Rispe
21 Kuckuckslichtnelke

2.4 Blüten bei Angiospermen (Bedecktsamer)

> Unter einer Blüte verstehen wir einen Sprossabschnitt, welcher mit der Ausbildung der innersten, beziehungsweise obersten Blütenorgane sein Wachstum abschliesst und die der geschlechtlichen Fortpflanzung dienenden Blattorgane trägt. Diese sitzen an den Sprossachsen entweder in spiraliger oder kreisförmiger Anordnung.

Alle diejenigen Pflanzen, welche Samen bilden, werden in die Abteilungen Nacktsamer (mit den Vertretern der Föhren-, Eiben-, Ginkgo- und Zypressengewächse) und Bedecktsamer gegliedert. Als wichtigstes Unterscheidungsmerkmal gelten die Samenanlagen, die bei den ersteren nackt sind, d. h. auf dem Fruchtblatt frei aufliegen, bei den letzteren durch ein Fruchtblatt oder mehreren von ihnen umschlossen werden.

Die Angiospermenblüte (= Blüte der Bedecktsamer) wird vor allem durch die oft sehr auffällige Blütenhülle charakterisiert. Ihre Ausbildung zu einem oft sehr auffälligen Schauapparat hat sich offensichtlich in Anpassung an die blütenbesuchenden und bestäubenden Insekten vollzogen. Vor allem im Tertiär (Beginn vor 65 Mio Jahren) kam es mit der Entwicklung der Insektenvielfalt zu einer grossen Ausbildung von Farben und Formen.

Die Kelchblätter (Sepalen)

Sie sind in der Regel aus Hochblättern hervorgegangen, die in den Blütenbereich aufrückten (Abb. 22: Kelchvortäuschende Hochblätter, welche die Röhrenblüten umgeben). Im Knospenzustand dienen sie als Schutz für die inneren Organe. Nach der Entfaltung der Blüte fallen sie gelegentlich ab. Bei sehr vielen Arten bleiben sie jedoch bestehen und erbringen unter anderem auch Assimilationsleistungen, die der Blüte, aber auch den sich später entwickelnden Früchten zugute kommen. Sie können frei oder miteinander verwachsen sein. Werden sie am Grunde von einer Hülle kleinerer Hochblätter umgeben, so sprechen wir von einem Aussenkelch.

Bei der Kornrade (Abb. 23) sind die Kelchblätter frei. Bei der Schlüsselblume (Abb. 24) sind sie miteinander bis in den oberen Bereich verwachsen. Die Zahl der Zipfel beträgt 5. Bei der Gauklerblume (Abb. 25) sind sie ebenfalls verwachsen, jedoch bestehen nur noch 2 Lippen. Eine Übernahme der Anlockungsfunktion durch die Kelchblätter ist häufig dann zu beobachten, wenn sich die Krone in ihrer Gesamtheit stark zurückbildet.

22
Petasites hybridus
Gemeine Pestwurz

23
Agrostemma
Kornrade

24
Primula veris
Schlüsselblume

25
Mimulus guttatus
Gauklerblume

Die Kronblätter (Petalen)

Gegenüber den Kelchblättern sind sie meist durch ihre zartere Konsistenz und durch eine weitaus stärkere Flächenentwicklung ausgezeichnet. Da sie verschiedene Farben aufweisen, stellen sie gewöhnlich den auffälligsten Teil der Blüte dar. Dieses für Blütenbesucher optische Anlockungsmittel wird sehr oft noch durch chemische Reize (z. B. Blütenduft und nektarabsondernde Honigblätter) verstärkt.

26 *Leucojum* Sommerglöckchen
27 *Verbena* Eisenkraut
28 *Geranium* Storchschnabel
29 *Geum* Gem. Nelkenwurz

Kronblätter sind vielfach umgebildete Staubblätter. Übergänge zwischen den beiden Blütenorganen sind bei der weissen Seerose gut ersichtlich, einer Pflanzenart, die aber erst in einem der nächsten Taschenführer beschrieben wird. Sind sie miteinander verwachsen, so sprechen wir von einer sympetalen Krone (Abb. 26, 27). An der Anzahl der freien Kronzipfel lässt sich meist erkennen, wieviele Kronblätter am Aufbau der Kronröhre beteiligt sind. Diese kann gelegentlich so kurz sein, dass eine Freikronblättrigkeit vorgetäuscht wird. Beim Herausziehen aus dem Kelch löst sich jedoch die Krone der Sympetalen in ihrer Gesamtheit ab (gut ersichtlich bei Abb. 27).
Sind die Kronblätter miteinander nicht verwachsen, so sprechen wir von einer choripetalen Krone (Abb. 28, 29).

Die Staubblätter

In ihrer Gesamtheit werden sie als Androeceum bezeichnet. Sie können an der Blütenachse spiralig oder in Wirteln angeordnet sein. Häufig sind davon 2 vorhanden, die jeweils in den Lücken der Kelch- und Kronblätter stehen.
Wie Abbildung 30 zeigt, wird ein Staubblatt von einem stielartigen Träger, dem Staubfaden oder Filament (= F), den Staubbeuteln oder Antheren (= A) und einem sterilen Mittelstück, dem Konnektiv (= K) aufgebaut. In seinem Innern liegt ein Gefässbündel (= Gb). Jede Anthere setzt sich aus 2 Theken zusammen. Nicht selten finden wir bei Staubblättern hornförmige Anhängsel. Diese Staminodien sind zurückgebildete Staubblätter, die eine andere als die ursprüngliche Funktion übernehmen. In ihrer Gestalt können sie sehr stark variieren. Eine spezielle Form dieser Umbildungen sind die nektarabsondernden Honigblätter, die zwischen den Blütenhüll- und Staubblättern liegen. Bei einzelnen Arten sind sie klein und unauffällig (z. B. Trollblume), bei anderen blumenartig gestaltet und täuschen dort Blütenhüllblätter vor. Die Form der Staubblätter kann natürlich auch sehr stark variieren. So finden wir Formen, bei welchen z.B. das Filament stark reduziert ist.

Der Fruchtknoten

Der Blüten bilden die Fruchtblätter (= Carpelle), welche in ihrer Gesamtheit als Gynoeceum bezeichnet werden. Sie sind bei den Angiospermen zu einem Gehäuse verwachst und bergen darin die Samenanlagen. Sind sie miteinander nicht verwachsen, sprechen wir von einem apocarpen Gynoeceum (z. B. Hahnenfuss). Sind sie zu einem Gehäuse verwachsen (z. B. Schlüsselblume), so liegt ein coenocarpes Gynoeceum vor. Dabei wird der angeschwollene und die Samenanlagen tragende Basalteil als Fruchtknoten (= Ovar) bezeichnet. Vielfach verlängert er sich spitzenwärts in einen säulenartigen Griffel, der an seinem Ende mit einer für die Aufnahme der Pollenkörner klebrigen Narbe endet.

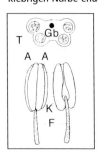

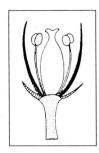
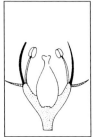
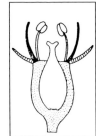

30	31	32	33
Staubblatt schematisch	Oberständiger Fruchtknoten	Mittelständiger Fruchtknoten	Unterständiger Fruchtknoten

Für die Bestimmung der Pflanze kann die Kenntnis über die Stellung des Fruchtknotens von grosser Bedeutung sein. Wir unterscheiden 3 Formen:
Beim **oberständigen** Fruchtknoten (Abb. 31) ist die Blütenachse kegelförmig aufgewölbt und die Staub- und Perianthblätter (Kelch- und Kronblätter oder Perigonblätter) entspringen unterhalb von ihm. Der **mittelständige** Fruchtknoten (Abb. 32) kann frei oder mit der Blütenachse zum Teil verwachsen sein und die Staub- und Perianthblätter liegen in der Mitte. Bei der letzten Form (Abb. 33) ist er in der Blütenachse eingesenkt und die Blütenhülle liegt deutlich am oberen Ende dieses **unterständigen** Fruchtknotens.

2.5 Geschlechtsverteilung und Bestäubung der Blüten

Zwittrige Blüten enthalten Staub- und Fruchtblätter, beinhalten somit beide Geschlechter. Eingeschlechtige Blüten haben entweder nur Staub- oder nur Fruchtblätter. Übergänge zwischen den beiden Formen sind jedoch auch möglich. So gibt es Blüten, die wohl beide Geschlechter aufweisen (morphologisch zwittrig), doch das eine ist nicht mehr funktionsfähig (funktionell eingeschlechtig). Finden wir die männlichen und weiblichen Blüten auf derselben Pflanze (aber nicht in derselben Blüte), so ist diese monözisch oder einhäusig. Befinden sich die beiden Geschlechter auf verschiedenen Individuen, so werden diese als diözisch oder zweihäusig bezeichnet.

Im Gegensatz zu den nacktsamigen Pflanzen, bei welchen die Pollenkörner am Bestäubungstropfen der Mikrophyle der Samenanlage kleben bleiben, wird der Pollen bei den Bedecktsamigen von einer klebrigen und papillösen Narbe festgehalten. Damit ergibt sich eine noch weitergehende Unabhängigkeit der geschlechtlichen Fortpflanzung von der Feuchtigkeit. Unterschieden werden Tier-, Wind- und Selbstbestäubung.

3. Höhenstufen der Vegetation

3.1 Kolline- oder Hügellandstufe (Hügelstufe)

Bis auf eine Höhe von 600 m im Mittelland
 700 m im Alpenvorland
 800 m und 900 m in den Zentral- und Südalpen
Die mittlere Jahrestemperatur liegt zwischen $8°$ und $12°$ Celsius
Die Dauer der Vegetationszeit beträgt über 250 Tage
Die Stufe wird gekennzeichnet durch:
– Eichen-Hagebuchenwälder in tieferen Lagen
– Flaumeichenwälder in wärmsten Gebieten auf kalkhaltigem Boden
– Föhrenwälder in Trockengebieten
– Buchenmischwälder in höheren Lagen
– Kastanienwälder auf kalkarmen Böden am Alpensüdfuss

3.2 Montane- oder Bergstufe

Bis auf eine Höhe von 1200 m und 1300 m auf der Alpennordseite
 1300 m und 1500 m in den Zentralalpen
 1500 m und 1700 m in den Südalpen
Die mittlere Jahrestemperatur liegt zwischen $4°$ und $8°$ Celsius
Die Dauer der Vegetationszeit beträgt über 200 Tage
Die Stufe wird gekennzeichnet durch:
– Buchen-, Buchen-Tannen- und Tannenwälder
– Föhrenwälder in den Zentralalpen
– Fichtenwälder in den eher kontinentalen Gebieten

3.3 Subalpine- oder Gebirgsstufe

Bis auf eine Höhe von 1700 m und 1900 m auf der Alpennordseite
 1900 m und 2400 m in den Zentralalpen
 1800 m und 2000 m in den Südalpen
Die mittlere Jahrestemperatur liegt zwischen $1°$ und $2°$ Celsius
Die Dauer der Vegetationszeit beträgt zwischen 100 und 200 Tage
Die Stufe wird gekennzeichnet durch:
– Fichtenwälder
– Arven-Lärchenwälder oberhalb der Fichtenwälder
– Zwergsträucher am Übergang zur alpinen Stufe
– Alpenerlengebüsche an feuchten und schattigen Steilhängen
– Bergföhren- und Legföhrenwälder auf Kalkböden

3.4 Alpine Stufe

Sie umfasst die baumlosen oberen Lagen der Alpen und reicht von der Baumgrenze bis zur natürlichen Schneegrenze.
Die klimatische Schneegrenze liegt zwischen 2400 m und 3200 m.
Die Stufe wird gekennzeichnet durch:
– Zwergstrauchbestände im unteren Bereich; oberhalb wachsen alpine Rasen
– Gebiete oberhalb der natürlichen Schneegrenze = **nivale Stufe**

4. Bestimmungsschlüssel

GRÜNE BL.

34 (S. 158–161)
Hochblätter grüngelb, keine Blütenhülle

35 (S. 160, 161)
Weibl. Bl. mit 1 Frkn.; männliche Bl. 1–viele Stbb.

36 (S. 160–169)
Perigonblätter 8 oder 3–6, grünlich bis rötlich

WEISSE BLÜTEN

37 (S. 18–29, 32, 33)
4–8 Perigonblätter, verwachsen oder frei

38 (S. 24–29)
Je 4 Kelch- und Kronb.; auch zygomorphe Blüten

39 (S. 30–39, 44, 45)
Kelch- und Kronb. 5 oder mehr, frei oder verwachsen

40 (S. 40–43)
Kelch- und Kronblätter je 5, Blüten in Dolden

41 (S. 46–51)
Röhren- und/oder Strahlenblüten in Köpfchen

42 (S. 50–55)
5 umgewandelte Kelch- und Kronb.; Bl. zygomorph

GELBE BLÜTEN

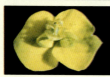

43 (S. 56, 57)
Hochblätter grünlichgelb; keine Blütenhülle

44 (S. 56–61)
Blüten mit 4 Kelch- und 4 Kronblättern

45 (S. 60–73)
Kelch- und Kronb. je 5 oder mehr, frei, radiär

46 (S. 72–75)
Die 5 Kelch- und Kronblätter verwachsen

47 (S. 76–87)
Röhren- und/oder Strahlenblüten in Köpfchen

48 (S. 86–95)
Blüten zygomorph, d.h. nur 1 Symmetrieebene

für Wiesenpflanzen

GRÜNE BL.

49 (S. 162–165)
4 Kb., 4 Krb.;Tragb., 2
Vor- und 4 Kelchblätter

50 (S. 166–169)
5 Kelch- und Kronb.; Bl.
einzeln oder in Köpfchen

51 (S. 168, 169)
Perigonblätter 5, grün/
braun; Blüte zygomorph

BLAUE BLÜTEN

52 (S. 136, 138, 142–
145, 156), Bl.hülle aus
5–10 Perigonblättern

53 (S. 138–153)
Je 4, 5 Kelch- und Kronb.,
frei und/oder verwachsen

54 (S. 146, 147)
5 Kelch- und Kronb.; un-
terstes Kronb. mit Sporn

55 (S. 152–155)
Blüten in Köpfchen mit
Röhren- oder Zungenbl.

56 (S. 152–157)
Je 5 Kelch- und Kronblät-
ter; Blüten 2-lippig

57 (S.156–159); 5 Kelchb.;
Krone in Fahne, 2 Flügel
und Schiffchen gegliedert

ROTE BLÜTEN

58 (S. 96, 97, 108–111,
132, 133) Blüte aus 4
oder mehr Perigonblättern

59 (S. 98–101); Kelchb.
2 oder 4; Kronb. 4, frei;
auch mit 2 Vorb.;1 Tragb.

60 (S. 100–111, 134,
135); 5–10 freie Kelch-
und Kronblätter

61 (S. 110–115)
Kelch- und Kronblätter je
5; Kronb. verwachsen

62 (S. 114–119)
Röhren- und/oder Strah-
lenblüten in Köpfchen

63 (S. 100, 120–133)
Blüten zygomorph, d.h.
nur 1 Symmetrieebene

17

1 Zweiblättrige Schattenblume
  Petit muguet
  Gramigna di Parnasso
  Majanthemum bifolium SCHMIDT

2 Sommerglöckchen
  Nivéole d`été
  Campanelle maggiori
  Leucojum aestivum L.

3 Märzenglöckchen
  Nivéole du printemps
  Campanelle comuni
  Leucojum vernum L.

4 Schneeglöckchen
  Perce-neige
  Bucaneve
  Galanthus nivalis L.

5 Bärenlauch, Bärlauch
Ail des ours
Aglio orsino
Allium ursinum L.

6 Frühlings-Safran, Krokus
Crocus du printemps
Croco bianco, Zafferano alpino
Crocus albiflorus KIT.

7 Maiglöckchen
Muguet de mai
Giglio delle convalli
Convallaria majalis L.

8 Salomonssiegel, gem. Weisswurz
Sceau-de-Salomon
Sigillo di Salomone comune
Polygonatum odoratum DRUCE

9   Ästige Graslilie
    Anthéricum rameux
    Lilioasfodelo minore
    Anthericum ramosum L.

10 Doldiger Milchstern
    Dame-d`onze-heures
    Latte di gallina ad ombrella
    Ornithogalum umbellatum L.

11 Astlose Graslilie
    Anthéricum à fleurs de lis
    Lilioasfodelo maggiore
    Anthericum liliago L.

12 Stengelumfassendes Täschelkraut
    Tabouret perfolié
    Erba stoma perfogliata
    Thlaspi perfoliatum L.

13 Weisses Breitkölbchen
    Platanthère à fleurs blanches
    Platantera comune
    Platanthera bifolia (L.) RICH.

14 Langblättriges Waldvögelein
    Cephalanthère à longues feuilles
    Cefalantera maggiore
    Cephalanthera longifolia (L.)

15 Wolfsfuss
    Lycope d'Europe, Pied de loup
    Erba-sega comune
    Lycopus europaeus L.

16 Knoblauchhederich
    Alliaire pétiolée
    Alliaria comune
    Alliaria petiolata CAVARA

17 Echtes Löffelkraut
    Cranson officinal
    Cochlearia medicinale
    Cochlearia officinalis L.

18 Acker-Rettich, Hederich
    Radis ravenelle
    Ravanello selvatico
    Raphanus raphanistrum L.

19 Sand-Schaumkresse
    Cardaminopsis des sables
    Arabetta sbandellata
    Cardaminopsis arenosa HAYEK

20 Weisses Labkraut
    Gaillet blanc, Gaillet commun
    Caglio bianco
    Galium album MILLER.

21 Echter Waldmeister
    Gaillet odorant
    Caglio odoroso
    Galium odoratum (L.) SCOP.

22 Ungleichblättriges Labkraut
    Gaillet à feuilles inégales
    Caglio alpino
    Galium anisophyllum VILL.

23 Blassgelber Lerchensporn
    Corydale jaune pâle
    Colombina bianco-gialla
    Corydalis ochroleuca KOCH

24 Mittlerer Wegerich
    Plantain moyen
    Piantaggine pelosa
    Plantago media L.

25 Zistrose
    Ciste à feuilles de sauge
    Cisto femmina, Brentina
    Cistus salviifolius L.

26 Sumpf-Herzblatt, Studentenröschen
    Parnassie des marais
    Parnassia
    Parnassia palustris L.

27 Echter Buchweizen
    Sarrasin commun, Blé noir
    Grano Saraceno comune
    Fagopyrum esculentum MOENCH

28 Schwalbenwurz
    Dompte-venin officinal
    Vincetossico comune
    Vincetoxicum hirundinaria MED.

29 Vogelmiere, Hühnerdarm
   Mouron-des-oiseaux
   Centocchio comune
   Stellaria media L.

30 Weisser Mauerpfeffer
   Orpin blanc
   Borracina bianca
   Sedum album L.

31 Grosses Fettkraut, Mauerpfeffer
   Grand orpin
   Borracina maggiore
   Sedum telephium ROUY

32 Busch-Windröschen
   Anemone des bois
   Anemone bianca
   Anemone nemorosa L.

33 Feder-Nelke
Oeillet mignardise
Dianthus strisciante
Dianthus plumarius L.

34 Leberblümchen
Hepatique à trois lobes
Erba trinita
Hepatica nobilis SCHREBER

35 Gemeiner Sauerklee
Oxalis-petite-oseille
Acetosella dei boschi
Oxalis acetosella L.

36 Wald-Erdbeere
Fraisier des bois
Fragola comune
Fragaria vesca L.

37 Weisses Fingerkraut
    Potentille blanche
    Cinquefoglia bianca
    Potentilla alba L.

38 Grosses Windröschen
    Anémone des forêts
    Anemone silvestre
    Anemone sylvestris L.

39 Felsen-Fingerkraut
    Potentille des rochers
    Cinquefoglia fragolaccia
    Potentilla rupestris L.

40 Moor-Geissbart, Moor-Spierstaude
    Reine-des-prés
    Olmaria comune
    Filipendula ulmaria (L.) MAXIM

41 Weisse Waldnelke
Silène des prés, Compagnon-blanc
Silene bianca
Silene pratensis (RAFN.) GODR.

42 Gemeines Leimkraut
Silène enflé, Pétard
Silene rigonfia, Bubbolini
Silene vulgaris GARCKE s.l.

43 Nickendes Leimkraut
Silène penché
Silene ciondola
Silene nutans L. s.l.

44 Wiesen-Bärenklau
Patte-d'ours, Berce des prés
Panace comune
Heracleum sphondylium L. s.l.

45 Mantegazzis Bärenklau
    Berce de Mantegazzi
    Panace di Mantegazzi
    Heracleum mantegazzianum

46 Wiesen-Kerbel
    Cerfeuil des prés
    Cerfoglio selvatico
    Anthriscus sylvestris (L.) HOFFM.

47 Wiesen-Kümmel
    Cumin des prés
    Cumino tedesco, Carvi
    Carum carvi L.

48 Wilde Rübe, Möhre
    Carotte
    Carota selvatica
    Daucus carota L.

49 Hecken-Kälberkropf
   Chérophylle enivrant
   Cerfoglio ubriacante
   Chaerophyllum temulum L.

50 Brustwurz, Wald-Engelwurz
   Angélique sauvage
   Angelica selvatica
   Angelica sylvestris L.

51 Hirschheil, Heilwurz
   Séséli libanotis
   Finocchiella maggiore
   Seseli libanotis (L.) KOCH

52 Berg-Haarstrang
   Peucédan des montagnes
   Imperatoria apio-montano
   Peucedanum oreoselinum (L.)

53 Acker-Stiefmütterchen
Pensée tricolore
Viola del pensiero
Viola tricolor agg. arvensis

54 Ährige Rapunzel
Raponce en épi
Raponzolo giallo
Phyteuma spicatum L.

55 Acker-Winde
Liseron des champs
Vilucchio comune
Convolvulus arvensis L.

56 Zaunwinde
Liseron des haies
Vilucchio bianco
Calystegia sepium (L.) BR.

57 Kugeldistel
Echinops à tête ronde
Cardo-pallottola maggiore
Echinops sphaerocephalus L.

58 Schlitzblättrige Karde
Cardère découpée
Scardaccione sfrangiato
Dipsacus laciniatus L.

59 Gänseblümchen, Massliebchen
Pâquerette vivace
Pratolina comune, Margheritina
Bellis perennis L.

60 Karwinskis Berufskraut
Vergerette de Karwinski
Céspica karwinskiana
Erigeron karviskianus DC.

61 Acker- oder Feld-Hundskamille
    Anthémis des champs, Fausse
    camomille, Camomilla bastarda
    Anthemis arvensis L.

62 Geruchlose Strandkamille
    Camomille inodore
    Camomilla senza odore
    Tripleurospermum inodorum

63 Echte Kamille
    Camomille vraie
    Camomilla comune
    Matricaria recutita L.

64 Einjähriges Berufskraut
    Vergerette annuelle
    Cespica annua
    Erigeron annuus (L.) PERS. s.l.

65 Bewimpertes Knopfkraut,
    Franzosenkraut; Galinsoga cilié
    Galinsoga ispida
    Galinsoga ciliata (RAF.) BLAKE

66 Gemeine Schafgarbe
    Achillée millefeuille
    Millefoglio montano
    Achillea millefolium L.

67 Kanadisches Berufskraut
    Vergerette du Canada
    Saeppola canadense
    Conyza canadensis (L.) CRONQ.

68 Ysop
    Hysope officinal
    Issopo
    Hyssopus officinalis L.

69 Weisse Taubnessel
    Lamier blanc, Ortie blanche
    Falsa-ortica bianca
    Lamium album L.

70 Gelblicher Hohlzahn
    Galéopsis des moissons
    Canapetta campestre
    Galeopsis segetum NECKER

71 Gebräuchlicher Augentrost
    Euphraise de Rostkov
    Eufrasia officinale
    Euphrasia rostkoviana HAYNE

72 Echte Katzenminze
    Népéta chataire, Herbe-aux-chat
    Gattaia comune, Erba dei gatti
    Nepeta cataria L.

73 Krautiger Backenklee
   Dorycnium herbacé
   Trifoglino erbaceo
   Dorycnium herbaceum VILL.

74 Kriechender Wiesenklee
   Trèfle rampant
   Trifoglio bianco
   Trifolium repens L.

75 Weisser Honigklee
   Mélilot blanc
   Meliloto bianco
   Melilotus albus MED.

76 Wald-Wicke
   Vesce des bois
   Veccia silvana
   Vicia sylvatica L.

77 Walzen-Wolfsmilch
Euphorbe de Corse
Euforbia myrsinithes
Euphorbia myrsinithes L.

78 Zypressen-Wolfsmilch
Euphorbe faux cyprès
Euforbia cipressina
Euphorbia cyparissias L.

79 Lamarcks Nachtkerze
Onagre bisannuelle
Enagra comune
Oenothera glazioviana MICHELI

80 Färber-Waid
Pastel
Glasto comune, Guado
Isatis tinctoria L.

81 Acker-Senf
Moutarde des champs
Senape selvatica
Sinapis arvensis L.

82 Mittlere Winterkresse
Barbarée intermédiaire
Erba di Santa Barbara di Aosta
Barbarea intermedia BOREAU

83 Schöllkraut
Chélidoine, Herbes-aux-verrues
Celidonia, Erba da porri
Chelidonium majus L.

84 Blutwurz, Gemeiner Tormentill
Potentille dressée, Tormentille
Cinquefoglia tormentilla
Potentilla erecta (L.) RÄUSCHEL

85 Gelber Lerchensporn
    Corydale jaune
    Colombina gialla
    Corydalis lutea (L.) DC.

86 Echtes- oder Gelbes Labkraut
    Gaillet jaune
    Caglio zolfino, Erba zolfina
    Galium verum L.

87 Dunkle Königskerze
    Molène noire
    Verbasco nero
    Verbascum nigrum L.

88 Grossblütige Königskerze
    Molène à fleurs denses, Bonhomme
    Verbasco falso barbasco
    Verbascum densiflorum BERTOL.

89 Gemeines Johanniskraut
    Millepertuis perforé
    Erba di San Giovanni comune
    Hypericum perforatum L.

90 Gemeines Sonnenröschen
    Hélianthème nummulaire
    Eliantemo maggiore
    Helianthemum nummularium (L.)

91 Grasblättriger Hahnenfuss
    Renoncule graminée
    Ranuncolo gramineo
    Ranunculus gramineus L.

92 Scharfer Hahnenfuss
    Renoncule âcre, Bouton-d`or
    Ranuncolo comune
    Ranunculus acris L. s.l.

93 Kriechender Hahnenfuss
    Renoncule rampante
    Ranuncolo strisciante
    Ranunculus repens L.

94 Knolliger Hahnenfuss
    Renoncule bulbeuse
    Ranuncolo bulboso
    Ranunculus bulbosus L.

95 Acker-Hahnenfuss
    Renoncule des champs
    Ranuncolo dei campi
    Ranunculus arvensis L.

96 Gelbes Windröschen
    Anémone fausse renoncule
    Anemone gialla
    Anemone ranunculoides L.

97 Gemeine Nelkenwurz
   Benoîte commun
   Cariofillata comune
   Geum urbanum L.

98 Grauflaumiges Fingerkraut
   Petite Potentille
   Cinquefoglia pelosetta
   Potentilla pusilla HOST

99 Gold-Hahnenfuss
   Renoncule tête-d`or
   Ranuncolo botton d`oro
   Ranunculus auricomus L.

100 Trollblume
    Boule d`or, Trolle d`Europe
    Botton d`oro
    Trollius europaeus L.

101 Scharfer Mauerpfeffer
Poivre de muraille, Orpin âcre
Borracina acre
Sedum acre L.

102 Milder Mauerpfeffer
Orpin doux, Orpin à six angles
Borracina insipida, Erba pignola
Sedum sexangulare L.

103 Aufrechter Sauerklee
Oxalis des fontaines
Acetosella minore
Oxalis fontana BUNGE

104 Aufrechtes Fingerkraut
Potentille droite
Cinquefoglia diritta
Potentilla recta L.

105 Gänse-Fingerkraut
    Potentille ansérine
    Cinquefoglia pié d'oca
    Potentilla anserina L.

106 Gemeiner Odermennig
    Aigremoine eupatoire
    Agrimonia comune
    Agrimonia eupatoria L.

107 Sichelblättriges Hasenohr
    Buplèvre en faux
    Bupleuro falcato
    Bupleurum falcatum L.

108 Echter Dill
    Aneth odorant
    Aneto puzzolente
    Anethum graveolens L.

109 Scharbockskraut
Renoncule ficaire
Ranuncolo favagello
Ranunculus ficaria L.

110 Frühlings-Adonisröschen
Adonis du printemps
Adonice gialla
Adonis vernalis L.

111 Gebräuchlicher Steinsame
Grémil officinal
Erba-perla maggiore
Lithospermum officinale L.

112 Echte- oder Gemeine Wallwurz
Consoude officinale
Consolida maggiore
Symphytum officinale L.

113 Gelbe Reseda
Réséda jaune
Reseda comune
Reseda lutea L.

114 Schaftlose Schlüsselblume
Primevère vulgaire
Primula comune, Primavera
Primula acaulis L., *P. vulgaris* L.

115 Wald-Schlüsselblume
Primevère élevée
Primula maggiore
Primula elatior L.

116 Frühlings-Schlüsselblume
Primevère du printemps
Primula odorosa
Primula veris L.

117 Gemeines Greiskraut
Séneçon vulgaire, Herbe-aux-coitrons
Senecione comune
Senecio vulgaris L.

118 Wermut, Absinth
Armoise absinthe
Assenzio vero
Artemisia absinthium L.

119 Gemeiner Rainfarn
Tanaisie vulgaire
Erba-amara selvatica, Tanaceto
Tanacetum vulgare L.

120 Gold-Aster
Aster linosyris
Astro spillo d`oro
Aster linosyris (L.) BERNH.

121 Wiesen-Alant
Inule britannique
Enula laurentiana
Inula britannica L.

122 Weidenblättriges Rindsauge
Buphthalme à feuilles de saule
Asteroide salicina
Buphthalmum salicifolium L.

123 Grosses Flohkraut
Pulicaria dysentérique
Incensaria comune, Mentastro
Pulicaria dysenterica (L.) BERNH.

124 Nickender Zweizahn
Bident penché
Forbicina intera
Bidens cernua L.

125 Spätblühende Goldrute
Solidage géant
Verge d`oro maggiore
Solidago gigantea AITON

126 Huflattich
Pas-d`âne
Tossilaggine comune
Tussilago farfara L.

127 Jakobs Greiskraut
Herbe-de-Saint-Jacques
Senecione di San Giacomo
Senecio jacobaea L.

128 Färber-Hundskamille
Anthémis des teinturiers
Camomilla per tintori
Anthemis tinctoria L.

129 Wiesen-Bocksbart, Habermark
Salsifis des prés
Barba di becco pratense
Tragopogon pratensis L. s.l.

130 Langhaariges Habichtskraut
Epervière piloselle
Sparviere pelosetto, Pelosella
Hieracium pilosella L.

131 Steifhaariger Löwenzahn
Liondent hispide
Dente di leone comune
Leontodon hispidus L. s.l.

132 Habichtskrautartiges Bitterkraut
Picride fausse épervière
Aspraggine comune
Picris hieracioides L. s.l.

133 Wiesen-Ferkelkraut
   Porcelle enracinée
   Costolina giuncolina
   Hypochoeris radicata L.

134 Löwenzahnblättriger Pippau
   Crépide à vésicules
   Radicchiella vescicosa
   Crepis vesicaria ssp. *taraxacifolia*

135 Wiesen-Löwenzahn
   Pissenlit
   Tarassaco soffione
   Taraxacum officinale WEBER

136 Kleinköpfiger Pippau
   Crépide capillaire
   Radicchiella capillare
   Crepis capillaris (L.) WALLR.

137 Wiesen-Pippau
Crépide bisannuelle, Chicorée jaune
Radicchiella dei prati
Crepis biennis L.

138 Kohl-Gänsedistel
Laiteron maraîcher
Grespino comune
Sonchus oleraceus L.

139 Wilder Lattich
Latue serriole
Lattuga selvatica
Lactuca serriola L.

140 Gemeines Leinkraut
Linaire vulgaire
Linajola comune
Linaria vulgaris MILLER

141 Ginsterblättriges Leinkraut
   Linaire
   Linajola
   Linaria genistifolia (L.) MILL.

142 Kleines Springkraut
   Impatiente à petites fleurs
   Balsamina minore
   Impatiens parviflora DC.

143 Wald-Springkraut
   Impatiente n`y-touchez-pas
   Balsamina gialla
   Impatiens noli-tangere L.

144 Gauklerblume
   Mimule tacheté
   Mimolo giallo
   Mimulus guttatus DC.

145 Aufrechter Ziest
   Epiaire droite
   Stregona gialla
   Stachys recta L. s.l.

146 Hopfenklee
   Luzerne lupuline, Minette
   Erba-medica lupulina
   Medicago lupulina L.

147 Echter Honigklee
   Mélilot officinal
   Meliloto comune
   Melilotus officinalis (L.) LAM.

148 Wiesen-Hornklee, Schotenklee
   Lotier commun
   Ginestrino comune
   Lotus corniculatus L. Agg.

149 Echter Wundklee
Anthyllide vulnéraire
Vulneraria comune
Anthyllis vulneraria L. s.l.

150 Gelbe Hauhechel
Bugrane jaune
Ononide bacaja
Ononis natrix L.

151 Scheiden-Kronwicke
Coronille engainante
Cornetta guainata
Coronilla vaginalis LAM.

152 Berg-Kronwicke
Coronille en couronne
Cornetta coronata
Coronilla coronata L.

153 Spargelerbse
Lotier maritime
Ginestrino marittimo
Lotus maritimus L.

154 Wiesen-Platterbse
Gesse des prés
Cicerchia dei prati
Lathyrus pratensis L.

155 Kleine Kronwicke
Petite coronille
Cornetta minima
Coronilla minima L.

156 Hufeisenklee
Hippocrépide à toupet
Sferracavallo comune
Hippocrepis comosa L.

157 Perlhuhn-Schachblume
Fritillaire pintade, Damier
Meleagride comune
Fritillaria meleagris L.

158 Geflecktes Knabenkraut
Orchis tacheté
Orchide macchiata
Dactylorhiza maculata SOE Agg.

159 Niedlicher Lauch, Schöner Lauch
Ail joli
Aglio grazioso
Allium pulchellum DON.

160 Kugelköpfiger Lauch
Ail à tête ronde
Aglio delle bisce
Allium sphaerocephalon L.

161 Klatsch-Mohn
Coquelicot
Papavero comune, Rosolaccio
Papaver rhoeas L.

162 Garten-Mondviole
Lunaire annuelle, Monnaie-du-pape
Lunaria meridionale
Lunaria annua L.

163 Wiesen-Schaumkraut
Cardamine des prés
Billeri dei prati
Cardamine pratensis L.

164 Grosser Wiesenknopf
Pimprenelle officinale
Salvastrella maggiore
Sanguisorba officinalis L.

165 Zottiges Weidenröschen
Epilobe hérissé
Garofanino d'acqua
Epilobium hirsutum L.

166 Berg-Weidenröschen
Epilobe des montagnes
Garofanino di montagna
Epilobium montanum L.

167 Hohlknolliger Lerchensporn
Corydale à tubercule creux
Colombina cava
Corydalis cava SCHWEIGGER

168 Blut-Weiderich
Lythrum calisaire
Salcerella comune
Lythrum salicaria L.

169 Rote Waldnelke
Silène dioïque, Compagnon-rouge
Silene dioica
Silene dioica (L.) CLAIRV.

170 Steinbrech-Felsennelke
Petrorhagia saxifraga
Garofanina spaccasassi
Petrorhagia saxifraga (L.) LINK

171 Gemeine Pechnelke
Silène viscaire, Attrape-mouches
Crotonella viscaria
Silene viscaria (L.) JESSEN

172 Kornrade
Nielle des blés
Gittaione comune
Agrostemma githago L.

173 Gebräuchliches Seifenkraut
     Saponaire officinale
     Saponaria comune
     Saponaria officinalis L.

174 Kuhkraut, Kuhnelke
     Vaccaire d'Espagna
     Cettino dei campi
     Vaccaria hispanica (MILL.)

175 Raue Nelke
     Oeillet arméria
     Garofano a mazzetti
     Dianthus armeria L.

176 Wilde Malve
     Grande mauve
     Malva selvatica
     Malva silvestris L.

177 Kuckuckslichtnelke
Silène fleur-de-coucou
Crotonella Fior di cuculo
Silene flos-cuculi (L.) CLAIRV.

178 Gebräuchlicher Eibisch
Guimauve officinale
Altea comune
Althaea officinalis L.

179 Knotiger Storchschnabel
Géranium noueux
Geranio nodoso
Geranium nodosum L.

180 Blutroter Storchschnabel
Géranium sanguin
Geranio sanguigno
Geranium sanguineum L.

181 Ruprechtskraut
Géranium herbe-à-Robert
Geranio di San Roberto
Geranium robertianum L.

182 Bach-Nelkenwurz
Benoîte des ruisseaux
Cariofillata dei rivi
Geum rivale L.

183 Akeleiblättrige Wiesenraute
Pigamon à feuilles d'ancolie
Pigamo colombino
Thalictrum aquilegiifolium L.

184 Brustwurz
Angélique sauvage
Angelica selvatica
Angelica sylvestris L.

185 Pyrenäen-Storchschnabel
Géranium des Pyrénées
Geranio dei Pirenei
Geranium pyrenaicum BURM.

186 Sigmarswurz, Rosen-Malve
Mauve alcée
Malva alcea
Malva alcea L.

187 Ampferblättriger Knöterich
Renouée à feuilles de patience
Poligono nodoso
Polygonum lapathifolium L. s.l.

188 Gemeine Kreuzblume
Polygale vulgaire
Poligala comune
Polygala vulgaris L.

189 Virginischer Tabak
    Grand tabac
    Tabacco Virginia
    Nicotiana tabacum L.

190 Bittersüss
    Morelle douce-amère
    Morella rampicante
    Solanum dulcamara L.

191 Echte Wallwurz, Beinwell
    Consoude officinale
    Consolida maggiore
    Symphytum officinale L.

192 Knotige Wallwurz
    Consoude tubéreuse
    Consolida femmina
    Symphytum tuberosum L.

193 Tollkraut
   Scopolia
   Scopolia
   Scopolia carniolica JACQ.

194 Echter- oder Gebräuchlicher Baldrian
   Valériane officinale
   Valeriana comune
   Valeriana officinalis L. Agg.

195 Gemeine Pestwurz
   Pétasite hybride
   Farfaraccio maggiore
   Petasites hybridus (L.)

196 Wasserdost
   Eupatoire chanvrine
   Canapa acquatica
   Eupatorium cannabinum L.

197 Acker-Kratzdistel
Cirse des champs
Cardo campestre
Cirsium arvense (L.) SCOP.

198 Eselsdistel
Onoporde acanthe
Onopordo tomentoso
Onopordum acanthium L.

199 Wiesen-Flockenblume
Centaurée jacée
Fiordalise stoppione
Centaurea jacea L. s.l.

200 Schlupfsame
Crupine vulgaire
Crupina comune
Crupina vulgaris CASS.

201 Einjährige Strohblume
Xeranthème annuel
Perpetuini maggiori
Xeranthemum annuum L.

202 Sumpf-Kratzdistel
Cirse des marais
Cardo di palude
Cirsium palustre (L.) SCOP.

203 Färberscharte
Serratule des teinturiers
Cerretta comune
Serratula tinctoria L. s.l.

204 Hasenlattich
Prénanthe pourpre
Lattuga montana
Prenanthes purpurea L.

205 Roter Wiesen-Klee, Rot-Klee
Trèfle des prés
Trifoglio pratense
Trifolium pratense L.

206 Purpur-Klee
Trèfle pourpre
Trifoglio rossegiante
Trifolium rubens L.

207 Saat-Esparsette
Esparcette à feuilles de vesce
Lupinella comune
Onobrychis viciifolia SCOP.

208 Sand-Esparsette
Esparcette des sables
Lupinella dei colli
Onobrychis arenaria (KIT.) SER.

209 Futter-Wicke
Vesce cultivée
Veccia dolce
Vicia sativa L. s.l.

210 Zaun-Wicke
Vesce des haies
Veccia delle siepi
Vicia sepium L.

211 Dornige Hauhechel
Bugrane épineuse
Ononide spinosa
Ononis spinosa L. s.l.

212 Dost, Wilder Majoran
Origan vulgaire, Marjolaine sauvage
Origano comune
Origanum vulgare L.

213 Bunte Kronwicke
Coronille bigarrée
Cornetta ginestrina
Securigera varia (L.) LASSEN

214 Rundblättrige Hauhechel
Bugrane à feuilles rondes
Ononide con foglu rotonde
Ononis rotundifolia L.

215 Bohnenkraut
Sarriette commune
Santoreggia domestica
Satureja hortensis L.

216 Wirbeldost
Sarriette vulgaire
Clinopodio dei boschi
Clinopodium vulgare L.

217 Echte Bergminze, Echter Bergthymian
Sarriette népéta
Mentuccia comune, Nepetella
Calamintha nepeta SCHEELE

218 Immenblatt
Mélitte à feuilles de mélisse
Erba-limona comune
Melittis melissophyllum L.

219 Wald-Ziest
Epiaire des forêts, Ortie puante
Stregona dei boschi
Stachys sylvatica L.

220 Acker-Minze
Menthe des champs
Menta campestre
Mentha arvensis L.

221 Gefleckte Taubnessel
Lamier tacheté, Ortie morte
Falsa-ortica macchiata
Lamium maculatum L.

222 Acker-Taubnessel
Lamier rouge, Ortie rouge
Falsa-ortica purpurea
Lamium purpureum L.

223 Gemeine Brunelle
Brunelle vulgaire
Prunella comune, Brunella
Prunella vulgaris L.

224 Gemeiner Hohlzahn
Galéopsis tetrahit, Ortie royale
Canapetta comune
Galeopsis tetrahit L.

225 Gebräuchliche Betonie, Echte B.
   Epiaire officinale
   Betonica comune
   Betonica officinalis, Stachys off.

226 Schmalblättriger Hohlzahn
   Galéopsis à feuilles étroites
   Canapetta a foglie stretta
   Galeopsis angustifolia HOFFM.

227 Edel-Gamander
   Germandrée petit chêne
   Camedrio comune
   Teucrium chamaedrys L.

228 Feld-Löwenmaul
   Muflier des champs
   Gallinetta comune
   Misopates orontium (L.) RAPIN

229 Löwenschwanz
Agripaume cardiaque
Cardiaca comune
Leonurus cardiaca L.

230 Dunkle Akelei
Ancolie noirâtre
Aquilegia scura
Aquilegia atrata KOCH

231 Drüsiges Springkraut
Impatiente glanduleuse
Balsamina ghiandolosa
Impatiens glandulifera ROYLE

232 Balfours Springkraut
Impatiente de Balfour
Balsamina di Balfour
Impatiens balfourii HOOKER

233 Feld-Steinquendel
 Sarriette acinos
 Acino annuale
 Acinos arvensis (L.) DANDY

234 Zimbelkraut, Mauer-Leinkraut
 Cymbalaire Ruine-de-Rome
 Cimbalaria
 Cymbalaria muralis G.M.SCH.

235 Schmalblättrige Spornblume
 Centranthe à feuilles étroites
 Camarezza a foglie sottili
 Centranthus angustifolius DC.

236 Pfingstrose
 Pivoine officinale
 Peonia selvatica
 Paeonia officinalis L.

237 Zweiblättriger Blaustern
Scilla à deux feuilles
Scilla silvestre
Scilla bifolia L.

238 Spanisches Hasenglöckchen
Jacinthe
Giacinto
Hyacinthoides hispanica ROTHM.

239 Sibirische Schwertlilie
Iris de Sibérie
Giaggiolo siberiano
Iris sibirica L.

240 Deutsche Schwertlilie
Iris graminée
Giaggiolo susinario
Iris x germanica L.

241 Schopfige Bisamhyazinthe
Muscari à houppe
Giacinto dal pennacchio
Muscari comosum (L.) MILLER

242 Kommeline
Comméline commune
Erba miseria asiatica
Commelina communis L.

243 Feinstieliger Ehrenpreis
Véronique filiforme
Veronica filiforme
Veronica filiformis SMIT.

244 Gamander-Ehrenpreis
Véronique petit-chêne
Veronica comune
Veronica chamaedrys L.

245 Grosser Ehrenpreis
Véronique germandrée
Veronica maggiore
Veronica teucrium L.

246 Ähriger Ehrenpreis
Véronique en épi
Veronica spicata
Veronica spicata L.

247 Acker-Witwenblume
Knautie des champs
Ambretta comune
Knautia arvensis (L.) COULTER

248 Berg-Jasione
Jasione des montagnes
Vedovella annuale
Jasione montana L.

249 Südliche Skabiose
Scabieuse à trois étamines
Vedovina a foglie sottili
Scabiosa triandra L.

250 Grasblättrige Skabiose
Lomélosie à feuilles de graminée
Vedovina strisciante
Lomelosia graminifolia (L.)

251 Acker-Schwarz-Kümmel
Nigelle des champs
Damigella campestre
Nigella arvensis L.

252 Sumpf-Vergissmeinnicht
Myosotis des marais
Nontiscordardimè delle paludi
Myosotis scorpioides L.

253 Moorenzian
Swertia vivace
Genzianella stellata
Swertia perennis L.

254 Borretsch
Bourrache officinale
Borragine comune
Borago officinalis L.

255 Amethystfarbene Mannstreu
Panicaut
Calcatreppola
Eryngium amethystinum L.

256 Leberblümchen
Hépatique à trois lobes
Erba trinità
Hepatica nobilis L.

257 Wohlriechendes Veilchen
Violette odorante
Viola mammola
Viola odorata L.

258 Hohes Veilchen
Violette élevée
Viola maggiore
Viola elatior FR.

259 Lungen-Enzian
Gentiane pneumonanthe
Genziana mettimborsa
Gentiana pneumonanthe L.

260 Borstige Glockenblume
Campanula cervicaire
Campanula ruvida
Campanula cervicaria L.

261 Venus-Frauenspiegel
Legousie miroir-de-Venus
Specchio di venere comune
Legousia speculum-veneris (L.)

262 Ausgebreitete Glockenblume
Campanule étalée
Campanula bienne
Campanula patula L. s.l.

263 Knäuelblütige Glockenblume
Campanule agglomérée
Campanula agglomerata
Campanula glomerata L. s.l.

264 Gemeiner Natterkopf
Vipérine vulgaire
Viperina azzurra
Echium vulgare L.

265 Nesselblättrige Glockenblume
Campanule gantelée
Campanula selvatica, Imbutini
Campanula trachelium L.

266 Rautenblättrige Glockenblume
Campanule à feuilles rhomboïdales
Campanula romboidale
Campanula rhomboidalis L.

267 Gemeine Ochsenzunge
Buglosse officinale
Buglossa comune
Anchusa officinalis L.

268 Blauer Steinsame
Grémil pourpre bleu
Erba-perla azzurra
Buglossoides purpuro-caerulea

269 Scheuchzers Glockenblume
Campanule de Scheuchzer
Campanula di Scheuchzer
Campanula scheuchzeri VILL.

270 Eisenkraut
Verveine officinale
Verbena comune
Verbena officinalis L.

271 Kornblume
Bleuet
Fiordaliso vero
Centaurea cyanus L.

272 Garten-Salbei
Sauge officinale
Salvia domestica
Salvia officinalis L.

273 Wegwarte, Zichorie
 Chicorée sauvage
 Cicoria comune, Radicchio
 Cichorium intybus L.

274 Wiesen-Salbei
 Sauge des prés
 Salvia comune
 Salvia pratensis L.

275 Gundelrebe
 Lierre terrestre
 Ellera terrestre
 Glechoma hederacea L.

276 Kriechender Günsel
 Bugle rampante
 Bugula, Consolida, Iva comune
 Ajuga reptans L.

277 Genfer Günsel
Bugle de Genève
Iva ginevrina
Ajuga genevensis L.

278 Quirlige Salbei
Sauge verticillée
Salvia spuria
Salvia verticillata L.

279 Acker-Rittersporn
Dauphinelle consoude
Speronella consolida
Consolida regalis GRAY

280 Saat-Luzerne
Luzerne cultivée
Erba-medica
Medicago sativa L.

281 Zaun-Wicke
Vesce des haies
Veccia delle siepi
Vicia sepium L.

282 Vogel-Wicke
Vesce cracca
Veccia montanina
Vicia cracca L. s.l.

283 Sumpf-Wolfsmilch
Euphorbe des marais
Euforbia lattaiola
Euphorbia palustris L.

284 Séguiers Wolfsmilch
Euphorbe de Séguier
Euforbia di Séguier
Euphorbia seguieriana NELKER

285 Wolfsmilch
Euphorbe characias
Euforbia cespugliosa
Euphorbia characias L.

286 Aronstab
Arum tacheté, Pied-de-veau
Gigaro scuro
Arum maculatum L.

287 Ausdauerndes Bingelkraut
Mercuriale vivace
Mercorella bastarda
Mercurialis perennis L.

288 Vierblättrige Einbeere
Parisette à quatre feuilles
Uva di volpe, Erba crociola
Paris quadrifolia L.

289 Reismelde, Reisspinat, Hirsenmelde
Chénopode
Farinello
Chenopodium quinoa WILLD.

290 Weisser Gänsefuss
Chénopode blanc
Farinello comune
Chenopodium album L.

291 Drüsiger Gänsefuss
Chénopode botryde
Farinello botri
Chenopodium botrys L.

292 Spitzwegerich
Plantain lancéolé
Piantaggine lanciuola
Plantago lanceolata L.

293 Mittlerer Wegerich
Plantain moyen
Piantaggine pelosa
Plantago media L.

294 Breit-Wegerich
Grand plantain
Piantaggine maggiore
Plantago major L.

295 Grosse Brennessel
Ortie dioïque
Ortica comune
Urtica dioica L.

296 Kleiner Wiesenknopf
Petite pimprenelle
Salvastrella minore, Bibinella
Sanguisorba minor SCOP. s.l.

297 Weisse Zaunrübe
   Bryone blanche
   Brionia bianca
   Bryonia alba L.

298 Zweihäusige Zaunrübe
   Bryone dioïque
   Brionia comune, Barbone
   Bryonia dioica JACQ.

299 Stinkende Nieswurz
   Ellébore fétide
   Elleboro puzzolente
   Helleborus foetidus L.

300 Grüne Nieswurz
   Ellébore vert
   Elleboro verde
   Helleborus viridis L.

301 Gemeiner Beifuss
Armoise vulgaire
Assenzio selvatico, Amarella
Artemisia vulgaris L.

302 Feld-Mannstreu
Panicaut champêtre
Calcatreppola campestre
Eryngium campestre L.

303 Wiesen-Sauerampfer
Rumex oseille, Surette
Romice acetosa, Erba brusca
Rumex acetosa L.

304 Nestwurz
Néottie nid-d`oiseau
Nido d`ucello
Neottia nidus-avis (L.) R.BR.

1 Zweiblättrige Schattenblume – *Majanthemum bifolium* SCHMIDT

Merkmale: Im Mai blühend, 5–20 cm hoch und ausdauernd.
Laubblätter: An Blütenstengeln je 2, an nichtblühenden Pflanzen nur je 1 Blatt; alle 4–8 cm lang, 3–5 cm breit, herzförmig, gestielt, unterseits anfangs locker und abstehend behaart, wechselständig.
Blütenstand: 10–30-blütige Traube; diese 2–4 cm lang.
Blüten: Perigonblätter 4, 2–4 mm lang, oval, nicht verwachsen, waagrecht abstehend oder etwas zurückgebogen, mit 3–5 mm langen Stielen und wohlriechend; Staubblätter 4; Fruchtknoten oberständig und mit einem Griffel versehen; Insektenbestäubung.
Früchte: Rote Beeren, die durch Tiere verbreitet werden.
Standort: Von der kollinen bis in die subalpine Stufe (bis 1800 m) in artenarmen Laub- und Mischwäldern und Bergwiesen auf frischen bis mässig trockenen, nährstoffarmen, kalkhaltigen oder kalkarmen, auch etwas sauren Lehm- oder bindigen Sandböden; als Mull- und Moderpflanze bis 15 cm tief wurzelnd; bevorzugt Moderhumus; als Rhizompflanze grössere Flächen deckend.

2 Sommerknotenblume, Sommerglöckchen – *Leucojum aestivum* L.

Merkmale: Im März und April blühend, 35–60 cm hoch, meist in Gruppen auftretend.
Laubblätter: 30–50 cm lang, bis 2 cm breit, blaugrün gefärbt und zu 3–4 pro Pflanze.
Blütenstand: 3–5-blütig.
Blüten: Perigonblätter 6, 10–18 mm lang, alle gleich lang, nicht verwachsen, glockenförmig zusammenneigend und an der Spitze gelblich oder grünlich gefleckt; Blüten nickend und ohne Nebenkrone; die längsten Blütenstände länger als das Hochblatt; Staubblätter 6, Fruchtknoten unterständig und mit einem Griffel versehen; Insektenbestäubung.
Früchte: Fleischige Kapseln.
Standort: In der kollinen Stufe in feuchten oder nassen Wiesen oder Auenwäldern auf nassen, zeitweise überschwemmten, nährstoffreichen und humosen Lehm- und Tonböden; wärmeliebend; geschützte Zierpflanze; in Süd- und Südosteuropa spontan in Nasswiesen auftretend; in Nordeuropa eingebürgert.

3 Frühlingsknotenblume, Märzenglöckchen – *Leucojum vernum* L.

Merkmale: Von Februar bis in den April blühend, 20–30 cm hoch und meist in Gruppen wachsend.
Laubblätter: 20–30 cm lang, bis 1 cm breit, breit lineal und zu 3–5 pro Pflanze.
Blütenstand: Pflanzen einblütig, seltener zweiblütig.
Blüten: Perigonblätter 6, 20–25 mm lang, alle gleich lang, nicht verwachsen, glockenförmig zusammenneigend und an der Spitze mit je einem grünlichgelben Fleck; Blüten nickend und ohne Nebenkrone; Blütenstiele nicht länger als das Hochblatt; Staubblätter 6; Fruchtknoten unterständig und mit einem Griffel versehen; Insektenbestäubung (Bienen und Tagfalter).
Früchte: Fleischige Kapseln.
Standort: In der kollinen und montanen (seltener subalpinen) Stufe in feuchten Laub- und Laubmischwäldern, Wiesen, Bergwiesen, Obstgärten, Hecken und an Ufern auf nährstoffreichen, tiefgründigen und lockeren Lehm- und Tonböden; Mullbodenpflanze; an natürlichen Standorten Feuchtigkeitszeiger; Halbschatten-Lichtpflanze; geschützt; giftig; in Gärten als Zierpflanze gezogen.

4 Schneeglöckchen – *Galanthus nivalis* L.

Merkmale: Von Februar bis Juni blühend, 10–25 cm hoch, meist in Gruppen auftretend.
Laubblätter: 10–25 cm lang, bis 1 cm breit, nach oben meist verbreitert, breit lineal, blaugrün gefärbt und meist zu 2–3 pro Pflanze.
Blütenstand: Pflanzen einblütig, seltener zweiblütig.
Blüten: Perigonblätter 6, glockenförmig zusammenneigend; äussere 14–18 mm lang, oval, oft waagrecht abstehend, weiss gefärbt; innere etwa halb so lang, am Ende ausgerandet und mit je einem grünen Fleck; Blüten nickend, ohne Nebenkrone; Blütenstiele nicht länger als das Hochblatt; Staubblätter 6; Fruchtknoten unterständig und mit einem Griffel; Insektenbestäubung.
Früchte: Fleischige Kapseln (Ameisenverbreitung).
Standort: In der kollinen und montanen Stufe in Gärten, Hecken und feuchten Laubmisch- und Auenwäldern auf feuchten, nährstoffreichen, auch etwas sauren, lockeren, humosen und tiefgründigen Lehm- und Tonböden; Mullbodenpflanze, Halbschattenpflanze; Bienenblume.

5 Bärenlauch, Bärlauch – *Allium ursinum* L.

Merkmale: Im April und Mai blühend, 20–50 cm hoch, nach Lauch riechend; Stengel stumpfkantig.
Laubblätter: 5–20 cm lang, 2–5 cm breit, breit lanzettlich bis elliptisch, lang gestielt und meist zu je 2 pro Pflanze wachsend; alle Blätter grundständig.
Blütenstand: Mässig gewölbte bis flache und bis 20-blütige Dolde; Hüllblätter bald abfallend.
Blüten: Perigonblätter 6, 8–12 mm lang, am Ende stumpf oder zugespitzt und schief aufwärts gerichtet; Blütenstiele 1–2mal so lang wie die Perigonblätter; Staubblätter 6, etwa halb so lang wie die Perigonblätter; Staubblätter nach dem Grunde zu nur wenig verbreitert; Fruchtknoten oberständig und mit 3-narbigem Griffel; Insekten- und Selbstbestäubung.
Früchte: Meist 6-samige Kapseln.
Standort: In der kollinen und montanen Stufe in krautreichen Laub-, Bergmisch- und Auenwäldern, Baumgärten, Hangfüssen auf feuchten bis frischen, oft wasserzügigen, nährstoffreichen Lehm- und Tonböden; oft massenhaft auftretend; Wasserzug oder Grundwasser anzeigende Mullbodenpflanze.

6 Frühlings-Safran, Krokus – *Crocus albiflorus* KIT. ex SCHULT

Merkmale: Von März bis Juni blühend, 5–15 cm hoch, ausdauernd; Knollen mit Fasern umgeben.
Laubblätter: Grasähnlich, 5–15 cm lang, bis 3 mm breit, mit nach unten gewölbten Rändern, mit weisser Mittelader und grundständig angeordnet.
Blütenstand: 1–2-blütig, seltener mehrblütig und grundständig.
Blüten: Perigonblätter 6, miteinander zu einer langen Röhre verwachsen, mit den freien Teilen einen Trichter bildend, hier 2–4 cm lang und weiss bis violett gefärbt (oft auch gestreift); äussere 3 Perigonblätter meist etwas grösser; im Röhrenschlund behaart; Staubblätter 3; Fruchtknoten unterständig mit einem Griffel und die 3 Narbenschenkel mit krausem Rand; Insektenbestäubung.
Früchte: 3-fächerige und vielsamige Kapseln; vor allem Ameisenverbreitung.
Standort: Vor allem in der montanen und subalpinen Stufe in Wiesen und Weiden auf frischen, nährstoff- und basenreichen, mässig sauren bis neutralen, humosen und tiefgründigen Lehm- und Tonböden; oft zahlreich auftretend; südwärts bis Sizilien und bis in die Gebirge der Balkanhalbinsel.

7 Maiglöckchen – *Convallaria majalis* L.

Merkmale: Im Mai blühend, 10–20 cm hoch, ausdauernd, mit dünnem, weit kriechendem Rhizom.
Laubblätter: Unterste schuppenförmig; die obersten 2 (seltener 3) schmal oval bis breit lanzettlich, 10–20 cm lang, bis 5 cm breit und am Ende kurz zugespitzt.
Blütenstand: Endständige, einseitswendige und lang gestielte Traube mit 5–10 Blüten.
Blüten: Glockenförmig, nickend und wohlriechend; Perigonblätter 6, verwachsen, 4–7 mm lang, weiss und mit kleinen nach aussen umgebogenen Zipfeln; Staubblätter 6; Fruchtknoten oberständig und mit einem kurzen und dicken Griffel; Insektenbestäubung.
Früchte: 3-fächerige und rote Beeren.
Standort: Von der kollinen bis in die subalpine Stufe häufig und auch gesellig in Eichen- und Buchenwäldern, Bergwiesen, Geröllhalden und Gärten (hier angepflanzt) auf frischen bis mässig trockenen, sommerwarmen, kalkreichen, tiefgründigen, lockeren und humosen Lehm-, Sand- und Tonböden.

8 Salomonssiegel, gemeine Weisswurz – *Polygonatum odoratum* (L.) DRUCE

Merkmale: Im Mai und Juni blühend, 15–50 cm hoch, ausdauernd, mit überhängenden Stengeln.
Laubblätter: 10–15 cm lang, breit lanzettlich bis oval, sitzend, oberseits dunkelgrün, unterseits meist graugrün, am Ende kurz zugespitzt und wechselständig angeordnet.
Blütenstand: Blüten einzeln oder seltener zu 2.
Blüten: Zu einer langen Röhre verwachsen; Perigonblätter 6, weiss und bei den freien Zipfeln grün; Staubblätter 6, mit den Perigonblättern bis über die Mitte verwachsen und erst nach der Blütezeit aus der Blüte herausragend; Staubfäden nicht behaart; Fruchtknoten oberständig mit einem an der Spitze nicht verdickten Griffel; Hummelblume.
Früchte: 3-fächerige und blauschwarze Beeren; Verbreitung durch Tiere.
Standort: Von der kollinen bis in die subalpine Stufe in Trockenwiesen, lichten Eichengebüschen, lichten Wäldern und an felsigen Orten auf trockenen, basenreichen, meist kalkhaltigen, humosen und lockeren Stein- und Lehmböden; Licht-Halbschattpflanze; giftig.

9 Ästige Graslilie – *Anthericum ramosum* L.
Merkmale: Von Juni bis August blühend, 20–80 cm hoch und ausdauernd.
Laubblätter: Grasähnlich, schmal linealisch, 15–25 cm lang, 4–6 mm breit, langsam zugespitzt, flach oder auch rinnig und grundständig angeordnet; im Blütenstand hin und wieder nur kleine Blätter vorhanden.
Blütenstand: Verzweigt, vielblütig und mit seitenständigen Trauben.
Blüten: Perigonblätter 6, miteinander nicht verwachsen, 8–14 mm lang, die inneren deutlich breiter als die äusseren, 3–7-aderig, weiss gefärbt und zugespitzt oder abgerundet; Staubblätter 6; Fruchtknoten oberständig.
Früchte: 3-fächerige und kugelige Kapseln.
Standort: In der kollinen und montanen Stufe häufig in Wiesen, Halbtrockenrasen, im Saum von Hecken, Wäldern und an Böschungen auf warmen, trockenen, kalkhaltigen, humosen Stein- und Lössböden; die Graslilie ist ein Tiefwurzler.

10 Doldiger Milchstern – *Ornithogalum umbellatum* L.
Merkmale: Von April bis Mai blühend, 10–35 cm hoch und ausdauernd.
Laubblätter: Grasähnlich, schmal linealisch, 10–30 cm lang, 3–7 mm breit, fleischig, mit einem hellen Längsstreifen, hohlrinnig und grundständig angeordnet.
Blütenstand: Bis 15-blütige Doldentraube, bei welcher die unteren Blütenstiele auffallend verlängert sind.
Blüten: Perigonblätter 6, miteinander nicht verwachsen, bis 20 mm lang, sternenförmig abstehend, innerseits weiss gefärbt und ausserseits mit einem breiten grünen Mittelstreifen; Staubblätter 6; mit schmal 3-eckigen Staubfäden; Fruchtknoten oberständig, mit kurzem Griffel.
Früchte: 3-fächerige Kapseln mit zahlreichen Samen in jedem Fach.
Standort: In der kollinen und montanen Stufe in Weinbergen, Parkanlagen, Baumgärten, frischen Wiesen und Äckern auf frischen, nährstoffreichen, humosen und tiefgründigen Böden; Pflanze mit zahlreichen Nebenzwiebeln.

11 Astlose Graslilie – *Anthericum liliago* L.
Merkmale: Von Mai bis Juni blühend, 20–70 cm hoch, mit kurzem Rhizom und ausdauernd.
Laubblätter: Grasähnlich, schmal linealisch, 15–40 cm lang, 4–8 mm breit, zugespitzt, flach oder rinnig und grundständig angeordnet; im Blütenstand hin und wieder kleinere Blätter vorhanden.
Blütenstand: Einfache, nicht einseitswendige Traube mit Tragblättern, die kürzer als die Blütenstiele sind.
Blüten: Perigonblätter 6, miteinander nicht verwachsen, 15–30 mm lang, alle gleich gestaltet, schmal oval, mit der grössten Breite oberhalb der Mitte, kurz zugespitzt, am Ende mit 3 zusammenlaufenden Adern und weiss gefärbt; Staubblätter 6, kürzer als die Perigonblätter; Fruchtknoten oberständig und mit einem oft gekrümmten Griffel; Bienenbestäubung.
Früchte: 3-fächerige, bis 15 mm lange und zugespitzte Kapseln.
Standort: In der kollinen und montanen Stufe in Wiesen, Halbtrocken- und Trockenrasen, lichten Kiefernwäldern, an Waldsäumen und Böschungen auf trockenen und meist kalkarmen Böden.

12 Stengelumfassendes Täschelkraut – *Thlaspi perfoliatum* L.
Merkmale: Von April bis Mai blühend, 5–20 cm hoch und mit kahlem Stengel.
Laubblätter: Bis 4 cm lang, schmal oval, zugespitzt, ganzrandig oder seltener etwas gezähnt, blaugrün gefärbt, kahl, die untersten gestielt, die darüberliegenden sitzend und den Stengel mit stumpfen oder spitzen Zipfeln umfassend.
Blütenstand: Traube verlängert sich sehr stark nach der Blütezeit.
Blüten: Kelchblätter 4, grünlich, bis 18 mm lang und kahl; Kronblätter 4, weiss, bis 25 mm lang und kahl; Staubblätter 6 (aussen 2 kürzere, innen 4 längere); Staubbeutel gelb; Fruchtknoten aus jeweils 2 Fruchtblättern zusammengesetzt und oberständig.
Früchte: Schötchen 3–6 mm lang und gegen den Grund zu schmal geflügelt.
Standort: In der kollinen und montanen Stufe auf trockenen Hügeln, Mauerkronen, in Äckern und Weinbergen auf mässig frischen bis trockenen, nur wenig humosen, nährstoff-, basen- und kalkreichen Lehmböden; Pflanze 1- bis 2-jährig.

13 Weisses Breitkölbchen – *Platanthera bifolia* (L.) RICH.
Merkmale: Von Mai bis Juli blühend, 20–50 cm hoch, mit ungeteilten, rübenartigen Knollen.
Laubblätter: Zwei 5–10 cm lange, bis 5 cm breite, ovale und paralleladerige Blätter kurz oberhalb des Stengelgrundes; am Stengel bis 4 lanzettliche und zugespitzte Blättchen vorhanden.
Blütenstand: Vielblütige und endständige Traube.
Blüten: Weisslich oder gelblichgrün; Perigonblätter 6; äussere 3 lanzettlich, bis 15 mm lang, am Ende zugespitzt, stumpf und abstehend; 2 innere kürzer und weniger breit als die äusseren, aufwärts gerichtet und sich zueinander neigend; Lippe abwärts gerichtet, bandförmig, bis 2 cm lang, flach, ungeteilt und meist stumpf; Sporn fadenförmig und gegen die Spitze zu allmählich dünner werdend; ein Staubblatt mit dem Griffel zu einer Säule (Gynostegium) verwachsen; Fruchtknoten unterständig.
Früchte: Kapseln mit Längsspalten aufspringend und mit zahlreichen Samen.
Standort: In der kollinen und montanen Stufe in lichten Laub- und Nadelwäldern, Magerrasen und Hecken auf mässig trockenen bis feuchten Böden.

14 Langblättriges Waldvögelein – *Cephalanthera longifolia* (L.) FRITSCH.
Merkmale: Im Mai und Juni blühend, 15–50 cm hoch und in der gesamten Länge beblättert.
Laubblätter: Lineal lanzettlich, bis 12 cm lang, gefaltet, paralleladerig, lang zugespitzt, dunkelgrün gefärbt und wechselständig (zweizeilig) angeordnet.
Blütenstand: Wenig- bis 14-blütige und lockere Ähre.
Blüten: Alle schräg aufwärts gerichtet; Perigonblätter 6, glockenförmig zusammenneigend, weiss gefärbt, zugespitzt und die Lippe meist verdeckend; diese etwas geteilt, kürzer als die Perigonblätter, mit einem tiefen Einschnitt zwischen den beiden Hälften; kein Sporn vorhanden; 1 Staubblatt; Fruchtknoten unterständig und kahl oder mit einzelnen Drüsenhaaren; Tragblätter schmal lanzettlich.
Früchte: Vielsamige Kapseln.
Standort: In der kollinen und montanen Stufe in Bergwiesen, Waldlichtungen, lichten Eichen- und Buchenwäldern und Hecken auf trockenen, kalkhaltigen, basenreichen, humosen und lockeren Stein- und Lehmböden in sonniger Lage; nördlich bis Irland und Südskandinavien reichend.

15 Wolfsfuss – *Lycopus europaeus* L.
Merkmale: Von Juli bis September blühend, 15–70 cm hoch, mit Ausläufern und ausdauernd.
Laubblätter: Schmal eiförmig, 2–8 cm lang, bis 4 cm breit, sitzend oder kurz gestielt, zugespitzt, grob und tief gezähnt mit meist nach vorn gerichteten Zähnen, oberseits mittel- bis dunkelgrün und unterseits graugrün; untere Blätter von Pflanzen an nassen Standorten mehr fiederteilig.
Blütenstand: Jeweils zahlreiche Blüten quirlständig angeordnet.
Blüten: Kelchblätter 5, verwachsen, 2–4 mm lang und mit 5 steifen und lang zugespitzten Zähnen; Kronblätter 4, zu einer langen Röhre verwachsen; Kronzipfel 3–6 mm lang, weiss und die 3 unteren mit roten Punkten; Staubblätter 2, aus der Kronröhre herausragend und frei; Fruchtknoten oberständig; Fliegenblume.
Früchte: In 4 nussartige Teilfrüchte zerfallend; Wasser- und Wasservogelverbreitung.
Standort: In der kollinen und montanen Stufe in Verlandungssümpfen, Gräben, nassen Wiesen, im Röhricht, Erlengebüsch auf zeitweise überschwemmten, nährstoffreichen Ton- oder Torfböden.

16 Knoblauchhederich – *Alliaria petiolata* CAVARA et GRANDE
Merkmale: Von April bis Juni blühend, bis 90 cm hoch, 2-jährig und nach Knoblauch riechend.
Laubblätter: Im unteren Bereich nieren- bis herzförmig, lang gestielt, 10–15 cm lang, stumpf gezähnt oder teilweise auch gekerbt und kahl oder am Stiel etwas behaart; die darüberliegenden nur kurz gestielt, herzförmig, zugespitzt und meist spitz gezähnt.
Blütenstand: Traube, die meist scheindoldenartig ausgebildet ist.
Blüten: Kelchblätter 4, grünlich, kahl, 2–4 mm lang und am Grunde nicht ausgebuchtet; Kronblätter 4, weiss, 3–6 mm lang, schmal oval und am Ende abgerundet; Staubblätter 6 (aussen 2 kurze und innen 4 lange); Fruchtknoten oberständig; Bienen- und Selbstbestäubung.
Früchte: Schoten 2–7 cm lang und zweiklappig (2 dreiaderige Fruchtblätter) aufspringend.
Standort: In der kollinen und montanen Stufe in Hecken, verwilderten Garten- und Parkanlagen, Waldschlägen und an Waldrändern auf frischen, stickstoffreichen, humosen und lockeren Lehmböden; vor allem in luftfeuchter Lage; früher als Salatpflanze verwendet.

17 Echtes Löffelkraut – *Cochlearia officinalis* L.

Merkmale: Von Juni bis August blühend, 15–50 cm hoch, kahl, mit einer dünnen Pfahlwurzel und meist 2-jährig.
Laubblätter: Grundständige rosettenartig angeordnet, lang gestielt, rundlich bis nierenförmig, ohne Stiel bis 2 cm lang und ganzrandig oder buchtig gezähnt; untere Stengelblätter oval oder keilförmig, sitzend; die oberen mit 2 Zipfeln den Stengel zum Teil umfassend.
Blütenstand: Traube, die an der Spitze des Stengels mit zahlreichen Blüten scheindoldig endet.
Blüten: Kelchblätter 4, schmal oval, 2–3 mm lang und ausserseits an der Spitze oft etwas bläulich gefärbt; Kronblätter 4, oval, weiss, gegen den Grund zu keilförmig verschmälert und am Ende abgerundet; Staubblätter 6; Fruchtknoten oberständig; Insektenbestäubung.
Früchte: Schoten 3–7 mm lang, mit deutlichen Mitteladern und bis 8-samig.
Standort: In der kollinen und montanen Stufe bei Schuttstellen und in Salzwiesen der Küste auf salzigen Böden; das echte Löffelkraut wurde früher als Heilpflanze verwendet; heute verwildert.

18 Acker-Rettich, Hederich – *Raphanus raphanistrum* L.

Merkmale: Von Mai bis Oktober blühend, 15–60 cm hoch und 1-jährig.
Laubblätter: 15–30 cm lang, gestielt, bis zur Mittelader fiederteilig und jederseits mit 2–5 gezähnten Seitenabschnitten; Endabschnitt sehr viel grösser und gezähnt oder zusätzlich noch gelappt; Ober- und Unterseite zerstreut borstig behaart.
Blütenstand: Traube mit lang gestielten Blüten.
Blüten: Kelchblätter 4, bis 10 mm lang, oft mit Borstenhaaren und grünlich; Kronblätter 4, bis etwa 25 mm lang, weiss oder schwefelgelb und violett geadert; Staubblätter 6; Fruchtknoten oberständig und aus 2 Fruchtblättern zusammengesetzt.
Früchte: Schoten 3–4 mm breit und bei der Reife in einsamige Teile zerfallend.
Standort: In der kollinen und montanen Stufe entlang von Wegrändern, auf Schuttstellen, in Äckern, Getreidefeldern und Unkrautfluren auf frischen bis feuchten, kalkarmen, nährstoff- und basenreichen Böden; eine gute Bienenweide; als Kulturbegleiter weltweit verbreitet.

19 Sand-Schaumkresse – *Cardaminopsis arenosa* (L.) HAYEK

Merkmale: Von April bis Oktober blühend, 10–25 cm hoch und oft 2-jährig.
Laubblätter: Grundständige und untere Stengelblätter gestielt, meist bis auf die Mittelader fiederteilig, jederseits mit 1–6 Teilfiedern und einem grossen Endabschnitt; obere Stengelblätter schmal lanzettlich, meist sitzend, gezähnt und ganzrandig.
Blütenstand: Kurze Traube.
Blüten: Kelchblätter 4, bis 3,5 mm lang, grünlich und sehr oft mit Haaren; Kronblätter 4, bis 10 mm lang, weiss oder hell lila und oft schwach dunkelviolett geadert; Staubblätter 6; Fruchtknoten oberständig und aus 2 Fruchtblättern zusammengesetzt.
Früchte: Schoten 20–40 mm lang; meist von den Fruchtstielen nach oben abgewinkelt.
Standort: In der kollinen und montanen Stufe bei Schuttstellen, Bahnarealen, an Dämmen, Waldrändern, in Steinschuttfluren auf trockenen bis mässig frischen, basenreichen, oft kalkhaltigen, humosen und lockeren Stein- und Sandböden.

20 Weisses Labkraut – *Galium album* MILLER

Merkmale: Von Juni bis Oktober blühend, niederliegend bis kletternd und 20–140 cm hoch.
Laubblätter: Zu mehreren quirlständig angeordnet; Einzelblätter 10–30 mm lang, bis 5 mm breit, oval bis breit lanzettlich, ganzrandig, plötzlich in die Spitze verschmälert, am Rande meist leicht umgerollt und etwas lederig ausgebildet.
Blütenstand: Schlank pyramidenförmige, vielblütige und lockere Thyrsen; die Teilblütenstände in den Achseln der obersten Laubblätter.
Blüten: 1–3 mm lang gestielt; Kelchblätter nur sehr klein ausgebildet; Kronblätter meist 4, verwachsen, weiss, 1–2 mm lang und mit grannenartig zugespitzten Zipfeln; Staubblätter so viele wie Kronblätter; Fruchtknoten unterständig und zweifächerig.
Früchte: Spaltfrüchte bräunlich, ohne Haare und Haken und mehr oder weniger glatt.
Standort: In der kollinen und montanen Stufe in lichten Laubwäldern, Fettwiesen, Hecken und an Wegrändern auf wechselfeuchten bis feuchten Böden.

21 Echter Waldmeister – *Galium odoratum* (L.) SCOP.
Merkmale: Im April und Juni blühend, 10–30 cm hoch, ausdauernd und mit verzweigtem Rhizom.
Laubblätter: Zu 6–9 quirlständig angeordnet; Einzelblätter lanzettlich, mit der grössten Breite meist oberhalb der Mitte, 20–45 mm lang, mit einer deutlich ausgeprägten Hauptader, stachelspitzig, am Rande und auf der Mittelader rau behaart.
Blütenstand: Rispenartig (Thyrsen); schirmförmig; Teilblütenstände wenigblütig.
Blüten: Stiele 0,5–3 mm lang; Kelchblätter meist zu einem undeutlichen Ring reduziert; Kronblätter jeweils 4, miteinander verwachsen, weiss gefärbt, flach ausgebreitet oder becherförmig und am Ende zugespitzt oder etwas abgerundet; Staubblätter 4, mit den Kronblättern abwechselnd; Fruchtknoten unterständig, zweifächerig und mit zweiteiligem Griffel; Insektenbestäubung.
Früchte: Spaltfrüchte mit hakenförmigen Widerhaken, 2–3 mm lang und in 2 Teilfrüchte zerfallend.
Standort: In der kollinen und montanen (seltener subalpinen) Stufe verbreitet in krautreichen Buchen- und Laubmischwäldern auf frischen, humosen, nährstoff- und basenreichen Böden.

22 Ungleichblättriges Labkraut – *Galium anisophyllum* VILL.
Merkmale: Von Juni bis September blühend, 5–15 cm hoch, aufsteigend, dichtrasig, kahl oder selten kurz abstehend behaart und mit zahlreichen sterilen Trieben.
Laubblätter: Unterste zur Blütezeit noch vorhanden; mittlere zu 7–9 im Quirl, bis 1,5 cm lang, lineal lanzettlich, am Rande nach unten gerollt und mit einzelnen kurzen, abstehenden, im unteren Blattstiel meist zurückgebogenen kurzen Haaren.
Blütenstand: Teilblütenstände doldig und wenig- bis vielblütig; Gesamtblütenstand mit von den obersten Blattquirlen ausgehenden langen Seitenästen pyramidenförmig bis schirmförmig geformt.
Blüten: Krone weiss bis gelblichweiss, mit spitzen Zipfeln und 3–4 mm im Durchmesser.
Früchte: Bis 1,5 mm lang, mehr oder weniger glatt und mit geraden Fruchtstielen.
Standort: Von der montanen bis in die alpine Stufe in sonnigen Steinrasen, steinigen Wiesen und Weiden, im Steinschutt oder Geröll auf frischen, basenreichen, humosen oder rohen, lockeren und steinigen Ton- und Lehmböden; lichtliebende Pionierpflanze mit Insektenbestäubung.

23 Blassgelber Lerchensporn – *Corydalis ochroleuca* KOCH
Merkmale: Von Juni bis September blühend, 10–40 cm hoch, kahl, mit verzweigtem Rhizom.
Laubblätter: 10–15 cm lang, oval, 2–3-fach gefiedert, blaugrün; Abschnitte oval, meist keilförmig verschmälert, mit ungleich gekerbten Teilabschnitten; Stiele mit schmalem flügelartigem Rand.
Blütenstand: Einseitswendige Traube oft von Seitentrieben überragt.
Blüten: Zygomorph, 10–15 mm lang, weiss bis blassgelb und an der Spitze gelb gefärbt; Kelchblätter gezähnt und 2–3 mm lang; äussere Kronblätter 2; das obere als Oberlippe rückwärts gespornt, nach vorn verbreitert und nach oben gebogen; das untere als Unterlippe vorn verbreitert und nach unten gebogen; Sporn meist nach unten gekrümmt; innere 2 Kronblätter gleichartig gestaltet und im vorderen Teil hell- bis dunkelgelb gefärbt; Staubblätter 4 (2 innere und 2 äussere); oberständiger Fruchtknoten aus 2 Fruchtblättern bestehend; auf dem Griffel 2 Narben.
Früchte: Schotenförmige Kapseln.
Standort: In der kollinen und montanen Stufe an Felsen, Mauern und im Geröll auf feuchten Böden.

24 Mittlerer Wegerich – *Plantago media* L.
Merkmale: Von Mai bis Juli blühend, 15–40 cm hoch, ausdauernd und häufig anzutreffen.
Laubblätter: Alle in grundständiger Rosette meist dem Boden aufliegend; eiförmig oder oval bis breit oval, bis 15 cm lang, kurz und vereinzelt gezähnt, kurz gestielt, gegen den Grund zu verschmälert, zugespitzt, 5–8-aderig und zerstreut bis dicht fein behaart.
Blütenstand: Ähren vielblütig, lang ausgezogen (2–7 cm lang) und mit anliegend behaartem Stiel.
Blüten: Kelchblätter 4, beinahe bis zum Grunde frei; Kronblätter 4, miteinander zu einer Röhre verwachsen, 2–4 mm lang, kahl und mit weissen Kronzipfeln; Staubblätter 4, lila gefärbt und in der Kronröhre angewachsen; Fruchtknoten oberständig und aus 2 Fruchtblättern zusammengesetzt; Griffel mit einer haarigen Narbe; Insekten- und Selbstbestäubung.
Früchte: Eiförmige Kapseln, die sich mit einem abfallenden Deckel öffnen; Windverbreitung.
Standort: In der kollinen und montanen Stufe verbreitet in trockenen Wiesen, Weiden, Halbtrockenrasen und an Wegrändern auf frischen bis trockenen Lehmböden.

25 Zistrose – *Cistus salviifolius* L.
Merkmale: Im Juli blühend, 20–60 cm hoch; mit Zweigen, die dicht mit Sternhaaren bedeckt sind.
Laubblätter: Gegenständig, schmal eiförmig, 1–4 cm lang, am Ende zugespitzt oder etwas abgerundet, am Grunde meist keilförmig verschmälert oder herzförmig, mit deutlich vertiefter Netzaderung, runzelig und oberseits dicht mit Sternhaaren besetzt; Stiel mit bis 1,5 mm langen Büschelhaaren.
Blütenstand: Lang gestielte, in den Achseln von Laubblättern stehende Einzelblüten.
Blüten: Kelchblätter 5 (äussere 2 am Grunde herzförmig, innere 3 abgerundet), nicht verwachsen, grün, oft etwas rötlich gefärbt und dicht mit Sternhaaren besetzt; Kronblätter 5, bis 2 cm lang, weiss, nicht verwachsen, am Grunde mit je einem gelben Fleck; Staubblätter zahlreich; Fruchtknoten oberständig, aus 5 Fruchtblättern und 5-fächerig; auf einem bis 3 mm langen Griffel 5-teilige Narbe.
Früchte: Vielsamige Kapseln.
Standort: In der kollinen Stufe an felsigen Südhängen, in unbeschatteter Lage auf meist trockenen, steinigen, nährstoffarmen und schwach bis stark sauren Böden (z.B. am Langensee).

26 Herzblatt, Sumpf-Herzblatt, Studentenröschen – *Parnassia palustris* L.
Merkmale: Von Juli bis September blühend, 5–30 cm hoch, ausdauernd und völlig kahl.
Laubblätter: Grundständige herzförmig, meist oben abgerundet, mit dem Stiel bis 10 cm lang und vorwiegend blaugrün; im unteren Drittel der Stiele hin und wieder ein Blatt, das den Stengel umfasst.
Blütenstand: Blüten einzeln und endständig an langen Stielen.
Blüten: Kelchblätter 5; Kronblätter 5, oval, 2–3mal so lang wie die Kelchblätter, weiss oder rosa, oberseits mit zahlreichen deutlich eingesenkten und parallel verlaufenden Adern, radiär angeordnet; 5 Staminodien mit zahlreichen je 1–4 mm lang gestielten, kugeligen und gelben Drüsen; Staubblätter 5 mit hellgelben bis weisslichen Staubbeuteln und vor den Kelchblättern stehend; Fruchtknoten oberständig oder halbunterständig, aus meist 4 Fruchtblättern bestehend; Insektenbestäubung.
Früchte: Einfächerige Kapseln.
Standort: Von der kollinen bis in die alpine Stufe in Moorwiesen, Flach- und Quellmooren, bei Quellen und in der alpinen Stufe auch auf wasserzügigen Schutthängen in feuchten bis nassen Böden.

27 Echter Buchweizen – *Fagopyrum esculentum* MOENCH
Merkmale: Von Juli bis September blühend, 15–70 cm hoch und 1-jährig.
Laubblätter: Herzpfeilförmig, 3–8 cm lang, meist länger als breit, zugespitzt, im unteren Teil des Stengels gestielt, zuoberst meist sitzend, ganzrandig, oberseits dunkelgrün und unterseits graugrün.
Blütenstand: Meist mit blattachselständigen Ähren.
Blüten: Perigonblätter 5, weiss bis hellrot gefärbt und zur Fruchtzeit bis 4 mm lang; Staubblätter 8, mit rötlichen Staubbeuteln versehen; Fruchtknoten oberständig; die 3 Griffel mit je einer kopfigen Narbe; Insektenbestäubung.
Früchte: Kapseln 5–7 mm lang, oval, vom Grunde an allmählich zugespitzt und ohne Höcker und Kanten.
Standort: In der montanen Stufe verwildert in Schutt- und Unkrautfluren, an Wegen und Mülldeponien auf frischen bis trockenen, nährstoffreichen, mässig sauren, humosen und leicht lehmigen Sandböden; etwas wärmeliebend; wurde früher kultiviert; gute Bienenfutterpflanze.

28 Schwalbenwurz – *Vincetoxicum hirundinaria* MEDIKUS
Merkmale: Von Juni bis August blühend, 20–120 cm hoch, mit behaarten Stengeln, kurzem Rhizom.
Laubblätter: Gegenständig angeordnet, mit kurzem und flaumig behaartem Stiel, 5–12 cm lang, die unteren mehr herzförmig, die darüberliegenden länglich lanzettlich und lang zugespitzt, grün bis blaugrün gefärbt und unterseits auf den Adern behaart.
Blütenstand: In oberen Blattachseln mehrere langgestielte, trugdoldenförmige Teilblütenstände.
Blüten: Kelchblätter 5, mit bis 2 mm langen, schmalen und spitzen Zipfeln; Kronblätter 5, dreieckig, schmutzigweiss bis gelblichgrün, 2–4 mm lang und mit einwärts eingerolltem Rand der Zipfel; Nebenkrone verwachsen und halbkugelig; Staubblätter 5; Staubfäden mit dem Griffel zu einer Säule (dem Gynostegium) verwachsen; Fruchtknoten oberständig; Insektenbestäubung.
Früchte: Balgfrüchte; Samen mit Haarschopf; Windverbreitung.
Standort: Von der kollinen bis in die subalpine Stufe in lichten Eichen- oder Kiefernwäldern, im Saum von Hecken und in Steinschuttfluren auf sommerwarmen und mässig trockenen Böden.

29 Vogelmiere, Hühnerdarm – *Stellaria media* L.
Merkmale: Durch das ganze Jahr hindurch blühend, 5–35 cm hoch und ein Kulturbegleiter seit der jüngeren Steinzeit.
Laubblätter: Oval bis schmal eiförmig/herzförmig, 3–5 cm lang, am Ende zugespitzt, am Grunde etwas abgerundet, mit kurzem und bewimpertem Stiel (die unteren deutlich gestielt) und gegenständig angeordnet.
Blütenstand: Blüten in dichten Knäueln.
Blüten: Kelchblätter 5, nicht verwachsen, 3–5 mm lang und weiss behaart; Kronblätter 5, weiss und sehr weit hinunter 2-teilig; Staubblätter bis 10, meist aber 3–5; Fruchtknoten oberständig.
Früchte: Mit Zähnen sich öffnende Kapseln.
Standort: Von der kollinen bis in die subalpine Stufe in Gärten, Weinbergen, Wiesen, auf Läger- und Schuttstellen und entlang von Wegrändern auf feuchten bis frischen, humosen, lockeren, oft lehmigen und stickstoffreichen Böden; Stickstoffzeiger.

30 Weisser Mauerpfeffer – *Sedum album* L.
Merkmale: Von Juni bis September blühend, mit zahlreichen niederliegenden Trieben und 5–20 cm hoch wachsend.
Laubblätter: Lineal walzenförmig, im Querschnitt rund, am Ende stumpf oder abgerundet, 5–15 mm lang, ungestielt, kahl, grünlich, hellgelb oder rötlich und wechselständig angeordnet.
Blütenstand: Vielblütige, doldenartige Rispe.
Blüten: Kelchblätter meist 5, klein und an der Spitze breit abgerundet; Kronblätter meist 5, bis 6 mm lang, nicht verwachsen, schmal lanzettlich, stumpf, am Grunde oftmals rot geadert und weiss oder blassrosa gefärbt; Staubblätter 10; Fruchtknoten oberständig.
Früchte: Mehrsamige Balgfrüchte.
Standort: Von der kollinen bis in die subalpine Stufe auf Felsköpfen, Kiesdächern, Mauerkronen, an Dämmen und in Felsrasen auf trockenen, nährstoff- und feinerdearmen Stein- und Felsböden; Flachwurzler.

31 Grosser Mauerpfeffer – *Sedum telephium ssp. maximum* ROUY et CAMUS
Merkmale: Von Juni bis September blühend, 15–70 cm hoch, kahl und ausdauernd.
Laubblätter: Oval, 3–15 cm lang, etwas stengelumfassend oder nur sitzend, meist gegenständig angeordnet oder zu 3 quirlständig, am Grunde herzförmig oder abgerundet, etwas fleischig und unregelmässig stumpfzähnig.
Blütenstand: Aus mehreren vielblütigen Doldentrauben zusammengesetzt.
Blüten: Meist 5-zählig; Kelchblätter 1–2 mm lang und zugespitzt; Kronblätter 3–5 mm lang, schmal 3-eckig und weiss oder gelbgrün gefärbt; Staubblätter 10; Fruchtknoten oberständig.
Früchte: Mehrsamige Balgfrüchte.
Standort: Von der kollinen bis in die subalpine Stufe in Steinschuttfluren, Felsspalten, felsigen Magerrasen, Äckern, an Mauern und in lichten Wäldern auf mässig trockenen, basenreichen, meist kalkarmen, nur wenig humosen und lockeren Steinschutt- oder Felsböden; Pionierpflanze; früher als Heilpflanze verwendet.

32 Busch-Windröschen – *Anemone nemorosa* L.
Merkmale: Von März bis Mai blühend, 10–25 cm hoch und ausdauernd.
Laubblätter: Zur Blütezeit meist keine grundständigen Blätter mehr; stengelständige 3, im obersten Drittel der Pflanze, meist gestielt, im Umriss rhombisch bis 5-eckig, 2–6 cm lang und 3-teilig; Abschnitte tief eingeschnitten und zusätzlich grob gezähnt.
Blütenstand: Einblütig, seltener 2-blütig.
Blüten: Im Durchmesser 2–4 cm, mit kraus behaarten Stielen; Perigonblätter meist 6 bis 8, schmal oval, am Ende abgerundet oder schwach eingeschnitten, weiss und oft rosa überlaufen; Staubblätter zahlreich; Fruchtknoten zahlreich auf gewölbtem Blütenboden.
Früchte: Einsamige Nüsschen mit borstigen Haaren.
Standort: In der kollinen und montanen Stufe in Baumgärten, schattigen Wiesen, krautreichen Laub- und Nadelmischwäldern, an Ufern, Waldrändern und Zäunen auf frischen, tiefgründigen und nährstoffreichen Böden.

33 Feder-Nelke – *Dianthus plumarius* L.
Merkmale: Von Juni bis August blühend, 20–50 cm hoch, ausdauernd, mit verzweigtem Rhizom.
Laubblätter: Schmal lanzettlich, 2–6 cm lang, gegenständig angeordnet, mit Blattscheiden, die 1–2mal so lang sind wie die Blattbreite; Nebenblätter fehlend.
Blütenstand: Lang gestielte Einzelblüten oder zu wenigen lockerblütig.
Blüten: Kelchblätter meist 5, röhrenförmig verwachsen und mit kurzen Kelchschuppen; Kronblätter je 5, mit den ausgebreiteten Teilen bis 18 mm lang, nicht verwachsen, lang gestielt, bis etwa zur Mitte zerschlitzt, weiss oder rosa gefärbt und am Grunde des ausgebreiteten Teils meist dunkelrot gefärbt; Staubblätter 10; Fruchtknoten oberständig mit 2 Griffeln.
Früchte: Kapseln sich mit 4 Zähnen öffnend; Samen schildförmig und mit verdickten Rändern.
Standort: Von der kollinen bis in die subalpine Stufe an Felsen, felsigen Hängen und in Hecken auf steinigen und kalkreichen Böden in sonniger Lage; diese Nelke ist sehr vielgestaltig und wird in viele Sippen unterteilt; in Gärten werden zahlreiche Formen angepflanzt.

34 Leberblümchen – *Hepatica nobilis* SCHREBER
Merkmale: Von März bis Mai blühend, 5–20 cm hoch und mit beinahe stehendem Rhizom.
Laubblätter: Grundständig, überwinternd und mit langen behaarten Stielen; Spreite herzförmig bis 3-lappig, mit sich oft überlappenden Abschnitten, oberseits mehrheitlich grün und unterseits rotbraun bis violett gefärbt; Stengelblätter 3, oval, stumpf oder zugespitzt, 5–10 mm lang, ganzrandig, den Perigonblättern genähert und damit einen Scheinkelch bildend.
Blütenstand: Blütenstengel behaart, dunkelrot gefärbt und einblütig.
Blüten: Scheinkelch aus 3 Hochblättern bestehend; Perigonblätter 5–10, oval, kahl und seltener weiss gefärbt (meist blaue Färbung); Staubblätter viele; Fruchtknoten zahlreich, aus je einem Fruchtblatt bestehend und oberständig; Insektenbestäubung.
Früchte: Nüsschen
Standort: In der kollinen und montanen Stufe in Eichen- und Buchenwäldern, an buschigen Hängen auf sommerwarmen, frischen bis trockenen, nährstoff- und basenreichen und kalkhaltigen Böden.

35 Sauerklee, Gemeiner Sauerklee – *Oxalis acetosella* L.
Merkmale: Im April und Juni blühend, 5–15 cm hoch, mit Ausläufern und ausdauernd.
Laubblätter: Grundständig, lang gestielt, 3-teilig; Teilblätter verkehrt herzförmig, zerstreut behaart, miteinander gelenkig verbunden; bei schlechter Witterung und in der Nacht nach unten geklappt.
Blütenstand: Einzelblüten vor dem Aufblühen nickend.
Blüten: Kelchblätter 5, schmal oval, dünn, 3–5 mm lang, grünlich gefärbt, mit oft helleren Rändern; Kronblätter 5, oval, am Ende unregelmässig ausgerandet, bis 15 mm lang, weiss gefärbt (seltener rosa oder blau) und mit rötlichen Adern; Staubblätter 10 (die 5 äusseren kürzer als die 5 inneren); Fruchtknoten mit 5 verwachsenen Fruchtblättern und oberständig; Insekten- und Selbstbestäubung.
Früchte: Fachspaltige Kapseln, deren Samen bis 2 m weit weggeschleudert werden.
Standort: Von der kollinen bis in die subalpine Stufe verbreitet und gesellig in schattigen und krautreichen Nadelmischwäldern, Buchen- und Eichenmischwäldern und Waldrändern auf feuchten bis frischen und mässig nährstoffreichen Böden.

36 Wald-Erdbeere – *Fragaria vesca* L.
Merkmale: Von April bis Juli blühend, 5–20 cm hoch, mit oberirdischen Ausläufern und ausdauernd.
Laubblätter: Grundständige eine Rosette bildend, 3-zählig und lang gestielt; Stiele und Stengel behaart; Teilblätter oval, grob gezähnt, unterseits nicht sehr dicht behaart und seidig glänzend; Endzahn jeweils länger als die angrenzenden Zähne.
Blütenstand: Einblütig oder mehrblütige Dolde.
Blüten: Kelchblätter doppelt; innere 5 lang zugespitzt, äussere schmal lanzettlich; Kronblätter jeweils 5, rundlich, weiss gefärbt und meist länger als der Kelch; Staubblätter viele; viele Fruchtblätter aus je einem Fruchtblatt bestehend und an einem fleischigen Blütenboden vereinigt; Insektenbestäubung.
Früchte: Zahlreiche Nüsschen an einem fleischigen Blütenboden; Tierverbreitung.
Standort: Von der kollinen bis in die subalpine Stufe in Waldschlägen, Waldlichtungen und an Waldwegen auf frischen bis trockenen, nährstoffreichen, humosen und oft steinigen Lehmböden.

37 Weisses Fingerkraut – *Potentilla alba* L.
Merkmale: Von April bis Juni blühend, 10–25 cm hoch und ausdauernd.
Laubblätter: Grundständige 5-zählig (seltener 7-zählig) und mit anliegend oder abstehend behaarten Stielen; Teilblätter breit lanzettlich, 2–6 cm lang, zugespitzt, mit der grössten Breite in oder oberhalb der Mitte, am Ende mit mehreren kleinen Zähnen, oberseits meist kahl, unterseits anliegend behaart und hellgrau glänzend; stengelständige Blätter einfacher gebaut.
Blütenstand: 1–2-blütig, seltener mehrblütig.
Blüten: Kelchblätter 10; Kronblätter 5, weiss, verkehrt herzförmig und die Kelchblätter jeweils nur wenig überragend; Staubblätter zahlreich; viele Fruchtknoten auf gewölbtem Blütenboden.
Früchte: Nüsschen 2–3 mm lang; Verbreitung durch Ameisen.
Standort: In der kollinen Stufe in lichten Eichen- und Eichen-Kiefernwäldern, an Waldrändern und Gebüschsäumen auf mässig trockenen bis trockenen, oft kalkarmen und sandigen bis steinigen Lehm- oder Tonböden; wärmeliebend; Insektenbestäubung.

38 Grosses Windröschen – *Anemone sylvestris* L.
Merkmale: Im April und Mai blühend, 20–40 cm hoch und mit abstehend behaarten Stengeln.
Laubblätter: Grundständige bis zum Grunde 3- oder 5-teilig, 5–10 cm im Durchmesser, beidseits locker behaart und im Umriss 5- oder 7-eckig; Abschnitte ebenfalls geteilt und an ihrem Ende grob gezähnt; Stengelblätter gleich geformt.
Blütenstand: Meist einblütig.
Blüten: Perigonblätter 5 oder 6, weiss gefärbt und auf der Aussenseite behaart; Staubblätter zahlreich; viele Fruchtblätter an einem gewölbten Blütenboden; Windverbreitung.
Früchte: Nüsschen mehr oder weniger flach, dicht stehend und weiss behaart; Haare länger als die Früchte.
Standort: In der kollinen (seltener montanen) Stufe an trockenwarmen Hügeln, Waldrändern, in Föhren-Eichenwäldern und Buschwäldern auf sommertrockenen, kalkreichen, humosen, tiefgründigen, lockeren, sandigen bis lehmigen Böden; Wurzelkriecher.

39 Felsen-Fingerkraut – *Potentilla rupestris* L.
Merkmale: Von Mai bis Juli blühend, 15–30 cm hoch, mit meist rot überlaufenen Stengeln.
Laubblätter: Grundständige mit abstehend behaarten Stielen und einfach gefiedert; Teilblätter oval bis rundlich, bis 3 cm lang, gegen den Grund zu keilförmig verschmälert, beidseits behaart und doppelt gezähnt; Stengelblätter einfacher geformt.
Blütenstand: Stengel im oberen Teil verzweigt; Teilblütenstände trugdoldig.
Blüten: Je 5 Aussen- und Innenkelchblätter (äussere schmal lanzettlich und kürzer als die ovalen inneren); Kronblätter 5, oval bis rundlich, am Ende nicht ausgerandet und weiss gefärbt; Staubblätter zahlreich mit kahlen Staubfäden; Fruchtknoten zahlreich, oberständig und einsamig.
Früchte: Nüsschen kahl; Windverbreitung.
Standort: In der kollinen und montanen Stufe an Felsen, Mauern, Rainen, Wald- und Buschrändern, in lichten Eichen- oder Kiefernwäldern und Trockenwiesen auf mässig trockenen bis trockenen, basenreichen, oft kalkarmen, humosen, steinigen oder sandigen Lehm- oder Steinböden.

40 Moor-Geissbart, Moor-Spierstaude – *Filipendula ulmaria* (L.) MAXIM
Merkmale: Von Juni bis August blühend, bis 2 m hoch, mit kurzem Rhizom und ausdauernd.
Laubblätter: Grund- und Stengelständige einfach unpaarig gefiedert, oberseits dunkelgrün und unterseits hellgrün oder durch dichte Behaarung weisslich; Endfiederblatt grösser als die anderen Teilblätter und gelappt; zwischen den ovalen, bis 6 cm langen und fein doppelt gezähnten Teilblättern kleinere Blätter.
Blütenstand: Vielblütig, rispig, mit verkürzter Hauptachse und verlängerten Seitenzweigen.
Blüten: Kelchblätter 5 oder 6; Kronblätter 5 oder 6, weisslich oder hellgelb gefärbt; Staubblätter zahlreich und meist länger als die Kronblätter; auf kegelförmigem Blütenboden bis 15 Fruchtknoten; Insektenbestäubung.
Früchte: Nüsschen kahl, hart und schraubig gedreht.
Standort: Von der kollinen bis in die subalpine Stufe an Gräben, Ufern, Quellen, Nass- und Moorwiesen, im Hochstaudenried auf nassen bis feuchten, nährstoffreichen Lehm- und Tonböden.

41 Weisse Waldnelke – *Silene pratensis* (RAFN.) GODR.
Merkmale: Von Juni bis September blühend, 30–80 cm hoch und mit eingeschlechtigen Blüten.
Laubblätter: Breit lanzettlich bis oval, 3–8mal so lang wie breit, am Ende zugespitzt oder stumpf und gegenständig angeordnet; auch grundständige Rosette vorhanden.
Blütenstand: Blüten locker rispenartig angeordnet.
Blüten: Kelchblätter 5, miteinander verwachsen, grün oder weisslichrot, rot geadert, deutlich behaart, bis 20 mm lang und mit zugespitzten Kelchzähnen; Kelch bei weiblichen Blüten stärker aufgeblasen; Kronblätter 5, 20–35 mm lang, weiss und tief eingeschnitten; Staubblätter 10; Fruchtknoten oberständig und mit 5 Griffeln versehen; Blüten duftend, nachmittags/nachts blühend.
Früchte: Kapseln mit aufrechten oder etwas auswärts gebogenen Zähnen.
Standort: In der kollinen und montanen Stufe an Wegrändern, auf Schuttplätzen, in Äckern und Hecken auf trockenen, nährstoffreichen und humosen oder rohen Stein-, Sand- oder Lehmböden; etwas wärmeliebend; bis 60 cm tief wurzelnd.

42 Gemeines Leimkraut – *Silene vulgaris* GARCKE s.l.
Merkmale: Von Juni bis September blühend, 20–50 cm hoch und ausdauernd; kaum behaart.
Laubblätter: Lanzettlich oder eiförmig, 2–12 cm lang, gegenständig angeordnet, zugespitzt und blaugrün gefärbt.
Blütenstand: Blüten locker rispenartig angeordnet.
Blüten: Kelchblätter 5, verwachsen, bis 20 mm lang, grünlich, weisslich oder rötlich gefärbt, kahl, rötlich geadert und aufgeblasen; Kronblätter 5, verwachsen, weiss, bis 25 mm lang und vorn sehr tief eingeschnitten; Staubblätter 10; Fruchtknoten oberständig.
Früchte: Kapseln sich mit 6 Zähnen öffnend.
Standort: Von der kollinen bis in die subalpine Stufe in Weiden, lückigen Magerrasen, Steinschuttfluren, Heckensäumen und entlang von Wegen auf mässig frischen bis trockenen, mässig nährstoff- und basenreichen, etwas sauren und humosen oder rohen Böden; Rohbodenpionier; früher als Heilpflanze verwendet.

43 Nickendes Leimkraut – *Silene nutans* L. s.l.
Merkmale: Von Mai bis Juli blühend, 20–50 cm hoch und ausdauernd.
Laubblätter: Stengelständige lanzettlich oder spatelförmig, 3–10 cm lang, zugespitzt, mittelgrün und gegenständig angeordnet; Stengel im oberen Bereich klebrig.
Blütenstand: Rispenähnlich (vielblütig und einseitswendig).
Blüten: Nickend; Kelchblätter 5, verwachsen, bis 18 mm lang, grünlich oder rötlich gefärbt, mit dunklen Adern, drüsig behaart und mit Zähnen; Kronblätter 5, im unteren Teil verwachsen, bis 25 mm lang, oben weiss, unterseits neben weiss auch rötlich oder grünlich und bis tief hinunter gespalten; Staubblätter 10; Fruchtknoten oberständig.
Früchte: Vielsamige Kapseln.
Standort: Von der kollinen bis in die subalpine Stufe an Waldsäumen, in lichten Hecken, Kalkmagerrasen, Felsspalten und Weiden auf trockenen, mässig nährstoff- und basenreichen, kalkhaltigen und humosen Steinböden.

44 Wiesen-Bärenklau – *Heracleum sphondylium* L. s.l.
Merkmale: Von Juli bis Oktober blühend und 50–150 cm hoch.
Laubblätter: Grundständige einfach gefiedert und gestielt; Stiel fast vollständig von einer hellgrünen Scheide umgeben; Teilblätter 3 oder 5, meist gestielt, unregelmässig gelappt oder fiederteilig, mit grob gezähnten Rändern und mit Borstenhaaren.
Blütenstand: Dolden 1. Ordnung mit 15–30 Dolden 2. Ordnung.
Blüten: Kronblätter 5 und weiss, rosa oder grünlich; Staubblätter 5; Fruchtknoten aus 2 Fruchtblättern zusammengesetzt und unterständig.
Früchte: Spaltfrüchte oval bis rund und mit Randrippen.
Standort: Von der kollinen bis in die subalpine Stufe in Fettwiesen, Hochstaudenfluren, entlang von Waldrändern und auch an gut gedüngten Stellen um Häuser und Stallungen herum auf sickernassen bis frischen, nährstoff- und basenreichen, humosen, tiefgründigen und lockeren Lehm- und Tonböden; Nährstoff- und Überdüngungszeiger.

45 Mantegazzis Bärenklau – *Heracleum mantegazzianum* SOMMIER
Merkmale: Von Juli bis September blühend und 1–3,5 m hoch.
Laubblätter: Unterste ohne Stiel bis 1 m lang, tief 3- oder 5-teilig und mit tief fiederteiligen Abschnitten; diese sind zusätzlich gezähnt; Stengeldurchmesser bis 10 cm.
Blütenstand: Dolden 1. Ordnung mit zahlreichen Dolden 2. Ordnung; Gesamtdoldenstand bis 50 cm im Durchmesser.
Blüten: Kronblätter 5 und meist weiss gefärbt; die nach aussen gerichteten zygomorph und etwa bis 15 mm lang; Staubblätter 5; Fruchtknoten unterständig.
Früchte: Spaltfrüchte oval bis rundlich, 9–15 mm lang, bis 8 mm breit und mit borstig behaarten Randrippen.
Standort: In der kollinen Stufe in Gärten angepflanzt (hier auch bis in die montane Stufe), gedüngten Wiesen, Parkanlagen, auf Schuttablagerungen und an Waldrändern auf frischen bis mässig trockenen, nährstoffreichen, tiefgründigen und lockeren Lehm- und Tonböden.

46 Wiesen-Kerbel – *Anthriscus sylvestris* (L.) HOFFM.
Merkmale: Von April bis August blühend, 20–150 cm hoch, 2-jährig bis ausdauernd.
Laubblätter: 2–3-fach gefiedert; die beiden unteren Abschnitte 1. Ordnung kleiner als der übrige Teil des Blattes; ohne Flecken am Stengel.
Blütenstand: Dolden 1. Ordnung mit 6–18 Dolden 2. Ordnung; Hochblätter der Dolden 2. Ordnung breit lanzettlich, am Rand bewimpert und zuoberst in eine lange Spitze ausgezogen.
Blüten: Kronblätter 5, kahl und weiss gefärbt; Staubblätter 5; Fruchtknoten aus 2 Fruchtblättern zusammengesetzt; Insektenbestäubung (besonders durch Käfer und Fliegen).
Früchte: Spaltfrüchte 5–10 mm lang, ohne deutliche Rippen, braun, glänzend und am Grunde meist mit einem Kranz von langen Borstenhaaren; Griffel an der reifen Frucht nur mässig gespreizt.
Standort: Von der kollinen bis in die subalpine Stufe in Wiesen, Hecken und an Waldrändern auf frischen, nährstoffreichen, lockeren, humosen, tiefgründigen und oft gedüngten Lehm- und Tonböden; Nährstoffzeiger; Licht- und Halbschattenpflanze; nur mässiger Futterwert.

47 Wiesen-Kümmel – *Carum carvi* L.
Merkmale: Von Mai bis Juli blühend, 25–80 cm hoch und 2-jährig.
Laubblätter: 2–3mal gefiedert, gestielt und dunkelgrün bis blaugrün gefärbt; Zipfel und Zähne fein zugespitzt; oberstes Fiedernpaar 1. Ordnung deutlich nach unten abgerückt; Stengel mit mehreren Blättern.
Blütenstand: Dolden 1. Ordnung mit 6–18 Dolden 2. Ordnung; keine Hochblätter bei Dolden 1. Ordnung; Insektenbestäubung.
Blüten: Kronblätter 5, weiss, rosa oder besonders im Gebirge lebhaft rot gefärbt; Staubblätter 5; Fruchtknoten aus 2 Fruchtblättern zusammengesetzt; mit zwittrigen und männlichen Blüten.
Früchte: Spaltfrüchte 3–4 mm lang und mit deutlich hervorstehenden Rippen.
Standort: Von der kollinen bis in die subalpine Stufe in Fettwiesen, entlang von Waldrändern und Wegen auf frischen, nährstoff- und basenreichen, mittel- bis tiefgründigen und humosen Lehm- und Tonböden in kühl-humider Klimalage; als Nutz- und Heilpflanze genutzt.

48 Wilde Rübe, Möhre – *Daucus carota* L.
Merkmale: Von Juni bis August blühend und 20–80 cm hoch.
Laubblätter: Meist 2-fach gefiedert; Teilblätter letzter Ordnung mit fiederteiligen Abschnitten; Zipfel schmal und spitz oder stumpf gezähnt.
Blütenstand: Dolden 1. Ordnung mit zahlreichen Dolden 2. Ordnung; Dolden 1. Ordnung zur Blütezeit gewölbt oder flach, während der Fruchtzeit in der Mitte eingesenkt.
Blüten: Kronblätter 5, weiss oder auch rosa gefärbt; Staubblätter 5; Fruchtknoten aus 2 Fruchtblättern zusammengesetzt.
Früchte: Spaltfrüchte oval und im Querschnitt rundlich.
Standort: In der kollinen und montanen Stufe in Mager- und Fettwiesen, Steinbrüchen, an Böschungen, Ruderalstellen, Dämmen und Wegen auf frischen bis mässig trockenen, mehr- oder weniger nährstoff- und basenreichen, humosen oder rohen Lehm- und Tonböden; eine Pionierpflanze; nach erstmaligem Fruchten absterbend.

49 Hecken-Kälberkropf, Hecken-Kerbel – *Chaerophyllum temulum* L.
Merkmale: Von Mai bis Juli blühend, 25–100 cm hoch; mit ausladend verzweigtem Stengel.
Laubblätter: 2–3-fach gefiedert und gestielt, Teilblätter letzter Ordnung nur wenig tief fiederteilig; Zipfel und Zähne abgerundet und mit kleiner aufgesetzter Spitze.
Blütenstand: Dolden 1. Ordnung mit 6–13 Dolden 2. Ordnung; Stiele der Dolden 2. Ordnung mit nach vorn gerichteten Borstenhaaren.
Blüten: Kronblätter 5, nicht gewimpert und weiss oder seltener rosa oder gelblich gefärbt; Staubblätter 5; Fruchtknoten aus 2 Fruchtblättern zusammengesetzt; Insektenbestäubung.
Früchte: Spaltfrüchte bis 8 mm lang, mit fadenförmigen Längsrippen, ohne Schnabel und kahl; Griffel an der reifen Frucht vielfach senkrecht abstehend oder einen stumpfen Winkel bildend.
Standort: In der kollinen und montanen Stufe in Hecken, Gärten, Parkanlagen, auf Schuttstellen, an Waldrändern und Wegen in schattiger Lage auf frischen, nährstoffreichen, lockeren und humosen Böden; Halbschattenpflanze; Stickstoffzeiger.

50 Brustwurz, Wald-Engelwurz – *Angelica sylvestris* L.
Merkmale: Von Juli bis September blühend, bis 2 m hoch und meist 2-jährig.
Laubblätter: Im Umriss 3-eckig, ohne Stiel, bis 45 cm lang, 2- bis seltener 3-fach gefiedert; Abschnitte letzter Ordnung schmal oval bis eiförmig, kurz zugespitzt, bis 15 cm lang, kurz gestielt oder sitzend, ungeteilt oder 2–3-teilig, am Grunde oft asymmetrisch und einfach oder doppelt gezähnt.
Blütenstand: Dolden 1. Ordnung mit 15–40 Dolden 2. Ordnung.
Blüten: Kelch kurz; Kronblätter 5, weisslich oder rötlich gefärbt; Staubblätter 5; Fruchtknoten aus je 2 Fruchtblättern zusammengesetzt und unterständig; Griffel 2; Insektenbestäubung.
Früchte: Spaltfrüchte 3–6 mm lang, mit Randrippen und in 2 einsamige Teilfrüchte (Achänen) zerfallend.
Standort: Von der kollinen bis in die subalpine Stufe verbreitet in Auenwäldern, Hochstaudenfluren, Nasswiesen, Flachmooren, Waldlichtungen und an Ufern auf wechselfeuchten, nährstoffreichen, lockeren, humosen, tiefgründigen und kiesig-sandigen Lehm- und Tonböden; bis 1 m tief wurzelnd.

51 Hirschheil, Heilwurz – *Seseli libanotis* (L.) KOCH
Merkmale: Von Juli bis September blühend, 30–120 cm hoch, mit Faserschopf besitzendem Rhizom.
Laubblätter: Grundständig, 2–3-fach gefiedert, gestielt und besonders unterseits blaugrün; Zipfel meist lanzettlich, zugespitzt und kahl; unterstes Fiedernpaar 1. Ordnung nicht nach unten abgerückt; am oft verzweigten Stengel keine oder nur wenige reduzierte Blätter.
Blütenstand: Dolden 1. Ordnung mit 20–40 Dolden 2. Ordnung; deren Stiele oberseits dicht bewimpert; Hochblätter 2. Ordnung sehr oft länger als die Fruchtstiele.
Blüten: Kelchblätter bis 1 mm lang; Kronblätter 5, breit oval, etwa 1 mm lang und weiss, gelblich oder rötlich gefärbt; Staubblätter 5; Fruchtknoten aus 2 Fruchtblättern zusammengesetzt.
Früchte: Spaltfrüchte 3–5 mm lang, mit schmalen und gelben Hauptrippen.
Standort: Von der kollinen bis in die subalpine Stufe in lichten Trockenwäldern, Staudenhalden, an Wald- und Wegrändern, Felsen und im Felsschutt auf mässig trockenen bis trockenen, mageren, oft kalkhaltigen, humosen oder rohen Böden; Pflanze mehrjährig.

52 Berg-Haarstrang – *Peucedanum oreoselinum* (L.) MOENCH
Merkmale: Von Juli bis September blühend, 20–100 cm hoch und ausdauernd.
Laubblätter: 2–3-fach gefiedert, lang und lang gestielt und blaugrün gefärbt; Teilblätter 1. Ordnung meist rechtwinklig abstehend und lang gestielt; Teilblätter letzter Ordnung im Umriss breit lanzettlich, oval, 3-eckig oder rhombisch, grob gezähnt oder 3-teilig.
Blütenstand: Dolden 1. Ordnung mit 10–25 Dolden 2. Ordnung; Hochblätter 1. Ordnung nach hinten gerichtet.
Blüten: Kronblätter 5, bis 1 mm lang und weiss oder rosa gefärbt; Staubblätter 5; Fruchtknoten aus 2 Fruchtblättern zusammengesetzt; Insektenbestäubung.
Früchte: Spaltfrüchte rundlich, bis 8 mm breit und mit breiten Randrippen.
Standort: In der kollinen und montanen Stufe im Saum sonniger Hecken, lichten Eichen- und Kiefernwäldern, Staudenhalden und an Wegrainen auf sommerwarmen, mässig trockenen bis trockenen, lockeren, neutralen, humosen und steinigen oder sandigen Böden.

53 Acker-Stiefmütterchen – *Viola tricolor* agg. *arvensis* MURRAY
Merkmale: Von März bis September blühend, 10–20 cm hoch und 1- oder 2-jährig.
Laubblätter: Die unteren gestielt und mit einer ovalen, grob gezähnten oder gekerbten und vielfach abgerundeten Spitze; diejenigen im oberen Bereich schmal oval bis lanzettlich und ebenfalls gezähnt; Nebenblätter gross und oft fiederteilig.
Blütenstand: Blüten zu 1–2 in den Achseln der Blätter.
Blüten: Kelchblätter 5, meist hellgrün und mit den Anhängseln 6–12 mm lang; Kronblätter 5; die oberen 2 weiss bis bläulich, die darunterliegenden weiss bis hellgelb; unterstes verbreitert, mit gelbem Fleck und mit einem bis 16 mm langen Sporn; Staubblätter 5; Fruchtknoten oberständig und aus 3 Fruchtblättern verwachsen.
Früchte: 3-klappig aufspringende Kapseln.
Standort: Von der kollinen bis in die subalpine Stufe in Gärten, Weinbergen, Äckern, Getreidefeldern und entlang von Wegen auf frischen bis mässig trockenen Böden.

54 Ährige Rapunzel – *Phyteuma spicatum* L.
Merkmale: Von Mai bis Juni blühend, 20–80 cm hoch, mit rübenförmig verdickter Wurzel und ausdauernd.
Laubblätter: Grundständige gestielt, herzförmig, einfach oder doppelt gesägt, kahl; obere Blätter kaum oder nur kurz gestielt, länglich lanzettlich, am Spreitenrand abgerundet und gesägt.
Blütenstand: Zuerst eiförmige, später zylindrische Ähre mit schmal lanzettlichen Hüllblättern.
Blüten: Kelchzipfel 5 und schmal lanzettlich; Kronblätter 5, bandförmig, bis 15 mm lang, weiss oder gelblich gefärbt und zu Beginn der Blütezeit am Grunde und an der Spitze verwachsen; Staubblätter je 5, am Grunde verbreitert; Fruchtknoten unterständig.
Früchte: Mit Löchern sich öffnende Kapseln.
Standort: In der kollinen und montanen Stufe in krautreichen Laubmischwäldern, Hecken und Fettwiesen auf feuchten bis mässig frischen, nährstoff- und basenreichen, lockeren und humosen Böden.

55 Acker-Winde – *Convolvulus arvensis* L.
Merkmale: Von Juni bis September blühend, 20–70 cm hoch und ausdauernd.
Laubblätter: Am Stengel wechselständig angeordnet und gestielt; Spreite pfeil- oder spiessförmig, bis 4 cm lang und ganzrandig; Stengel dem Boden entlang wachsend.
Blütenstand: Blüten einzeln oder bis 3 (die beiden anderen aber etwas kleiner) in den Achseln von kleinen Vorblättern, die von den Blüten entfernt sind.
Blüten: Kelchblätter 5, oval, bis 5 mm lang; Kronblätter 5, verwachsen, einen Trichter bildend, weiss bis rosa gefärbt und bis 2,5 cm lang; Staubblätter 5, mit innerseits im unteren Teil kopfigen Drüsenhaaren; Fruchtknoten oberständig, mit 2 fadenförmigen Narben am Griffel; Insektenbestäubung.
Früchte: Eiförmige und bis 8 mm lange Kapseln; Verbreitung auch durch Ausläufer.
Standort: In der kollinen und montanen Stufe in Äckern, Weinbergen, Schuttplätzen, bei Ruderalstellen und entlang von Wegen auf frischen bis mässig trockenen, meist humusarmen, mittel nährstoff- und basenreichen Lehm- und Tonböden; bis 2 m tief wurzelnd.

56 Zaunwinde – *Calystegia sepium* (L.) BR.
Merkmale: Von Juni bis September blühend, 1–3 m lang, windend und ausdauernd.
Laubblätter: Am Stengel wechselständig angeordnet und gestielt; Spreite herz- oder pfeilförmig, meist ganzrandig, 5–15 cm lang und stumpf oder mehrheitlich zugespitzt.
Blütenstand: Blüten einzeln in den Blattachseln.
Blüten: Lang gestielt und Kelch durch 2 Vorblätter meist überdeckt; Kelchblätter 5, bis 10 mm lang und zugespitzt; Kronblätter 5, verwachsen, einen grossen Trichter bildend, weiss gefärbt und bis 6 cm lang; Staubblätter 5 und mit Drüsenhaaren am untersten Teil der Staubfäden besetzt; Fruchtknoten oberständig.
Früchte: Eiförmige und bis 6–12 mm lange Kapseln.
Standort: In der kollinen und montanen Stufe in Hecken, Gärten, an Zäunen und entlang von Ufern auf feuchten bis frischen, nährstoff- und basenreichen, sauren und lehmigen Böden; Lichtpflanze und Linkswinder.

57 Kugeldistel – *Echinops sphaerocephalus* L.
Merkmale: Von Juli bis September blühend, 40–150 cm hoch und ausdauernd.
Laubblätter: Im Umriss lanzettlich bis oval, gestielt, oberseits grün, unterseits dicht weissfilzig behaart und beiderseits bis nahe zur Mittelader fiederteilig; Abschnitte 3-eckig, entfernt gezähnt und stachelig bewimpert; obere lanzettlich und sitzend.
Blütenstand: Gesamtblütenstand kugelig und 2–6 cm im Durchmesser.
Blüten: Pappus später bis 1 mm lang und aus bewimperten Schuppen bestehend; Kronblätter 5, verwachsen, aber bis tief zum Grunde 5-teilig, bis 1 cm lang und weiss bis hellblau; Staubblätter 5; Fruchtknoten unterständig.
Früchte: Achänen zylindrisch, 5-kantig, anliegend behaart und bis 8 mm lang.
Standort: In der kollinen Stufe in Hochstaudenfluren, an Bahndämmen und entlang von Wegen auf sommertrockenen, nährstoff- und basenreichen, neutralen, humosen und gern steinigen Lehm- und Tonböden; auch als Zierpflanze in Gärten angepflanzt; wertvolle Bienenweide.

58 Schlitzblättrige Karde – *Dipsacus laciniatus* L.
Merkmale: Von Juli bis August blühend, 40–200 cm hoch, 2-jährig, im oberen Teil verzweigt, stachelig und ausdauernd.
Laubblätter: Stengelständige gegenständig angeordnet, bis nahe der Hauptader unregelmässig fiederteilig, mit fiederteiligen oder gesägten Abschnitten und borstig berandet.
Blütenstand: Eiförmige bis zylindrische, 3–8 cm lange und aufrechte Blütenköpfe.
Blüten: Aussenkelch unscheinbar; Kelch fast 4-kantig, nach oben gebogen, ganzrandig und vielzählig; Kronblätter 4, zu einer Röhre verwachsen, weiss, bis 14 mm lang und am Ende 4-zipfelig; Staubblätter je 4; Fruchtknoten unterständig.
Früchte: Nussartig und bis 5 mm lang.
Standort: In der kollinen Stufe in Unkrautfluren, entlang von Dämmen, an Weg- und Waldrändern auf feuchten bis frischen, nährstoff- und basenreichen, kalkhaltigen und humosen Lehm- und Tonböden; wärmeliebend; vor allem in Südeuropa anzutreffen.

59 Gänseblümchen, Massliebchen – *Bellis perennis* L.
Merkmale: Von Februar bis November blühend, 3–15 cm hoch, mit mehrköpfigem Rhizom und ausdauernd.
Laubblätter: Alle in grundständiger Rosette, oval oder spatelförmig, lang gestielt oder plötzlich in den Stiel verschmälert, ganzrandig, gebuchtet oder stumpf gezähnt und behaart oder kahl.
Blütenstand: Am Ende des Stengels mit einem 1–3 cm breiten Blütenkopf; Hüllblätter bis 6 mm lang, kahl oder etwas behaart und grün bis dunkelblaugrün.
Blüten: Zungenblüten meist einreihig, oberseits weiss bis leicht gerötet und unterseits weisslich bis intensiv rot; Röhrenblüten zwittrig und gelb.
Früchte: Bis 1 mm lange, etwas behaarte und eiförmige Achänen.
Standort: In der kollinen und montanen Stufe in Fettwiesen, Weiden, Parkanlagen und Rasenflächen auf frischen, nährstoffreichen, humosen, oft auch dichten, sandigen oder reinen Lehm- und Tonböden; Nährstoffzeiger; sonnenwendige Lichtpflanze.

60 Karwinskis Berufskraut – *Erigeron karviskianus* DC.
Merkmale: Von April bis November blühend, 5–20 cm hoch, mit aufsteigenden Stengeln und ausdauernd.
Laubblätter: Lanzettlich bis oval, im unteren Bereich tief grob gezähnt bis 3-lappig, im oberen Teil mit verschmälertem Grund sitzend, mit fein ausgezogener Spitze, zerstreut anliegend behaart und grün oder rötlich gefärbt.
Blütenstand: Köpfchen am Ende der Zweige bis 15 mm breit; Hüllblätter grünlich und 3–5 mm lang.
Blüten: Zungenblüten ausgebreitet, innerseits weiss und ausserseits mehrheitlich rosa gefärbt; innere Röhrenblüten gelblich.
Früchte: Achänen bis 1 mm lang und mit einem 2–3 mm langen, weissen Pappus; derjenige bei den Strahlenblüten kurz und einreihig, derjenige bei Röhrenblüten ist 2-reihig.
Standort: In der kollinen Stufe an Mauern, Felshängen und feuchten Felsspalten auf feuchten bis frischen, meist etwas steinigen Böden besonders in südlichen Gebieten.

61 Acker- oder Feld-Hundskamille – *Anthemis arvensis* L.
Merkmale: Von Mai bis Oktober blühend, 10–40 cm hoch, kaum aromatisch riechend und 1-jährig.
Laubblätter: 2–3-fach fiederteilig, ungestielt, meist wechselständig angeordnet und kahl oder zerstreut behaart; Abschnitte letzter Ordnung schmal lanzettlich, oft etwas gezähnt und stachelig zugespitzt.
Blütenstand: Am Ende der Stengel 2–3 cm breite Köpfchen; ihre Hüllblätter hellgrün gefärbt und anliegend behaart.
Blüten: Zungenblüten weiss, bis 1,5 cm lang, mehrreihig und am Ende mit deutlicher Kerbe; Röhrenblüten gelb gefärbt; Insektenbestäubung (Fliegen und Wespen).
Früchte: Achänen bis 3 mm lang, kahl und mit 5–10 Rippen oder Furchen.
Standort: In der kollinen und montanen Stufe in Äckern, Getreidefeldern, Weinbergen, auf Schuttstellen und entlang von Wegen auf frischen bis mässig frischen, nährstoff- und basenreichen, meist kalkarmen und oft sandigen Lehm- und Tonböden.

62 Geruchlose Strandkamille – *Tripleurospermum inodorum* (L.) SCH.-BIP.
Merkmale: Im Juni und Juli blühend, 15–50 cm hoch und ausdauernd.
Laubblätter: 2–3-fach gefiedert, meist kahl und mit schmal linealen bis fadenförmigen, etwas stachelspitzigen Abschnitten letzter Ordnung.
Blütenstand: Am Ende der Zweige je ein bis 5 cm breites Köpfchen; Hüllblätter kahl, oft hellgrün gefärbt und mit häutigem Rand.
Blüten: Zungenblüten weiss; Röhrenblüten gelblich.
Früchte: Achänen bis 2 mm lang, ausserseits zwischen den Rippen dunkel und zerstreut warzig und im oberen Teil oft mit 2 runden und schwarzen Harzdrüsen.
Standort: Von der kollinen bis in die subalpine Stufe auf Schuttplätzen, an Wegrändern, in Getreidefeldern, Äckern und häufig in Unkrautgesellschaften auf frischen bis mässig trockenen, nährstoffreichen, meist kalkarmen, mehr oder weniger humosen, neutralen und sandigen oder reinen Lehm- und Tonböden; Pionierpflanze; bis über 1 m tief wurzelnd; Kulturbegleiter.

63 Echte Kamille – *Matricaria recutita* L.
Merkmale: Von Mai bis September blühend, 15–40 cm hoch und aromatisch duftend.
Laubblätter: Wechselständig angeordnet, kahl, 2–3-fach fiederteilig und mit schmal lanzettlichen bis fadenförmigen Abschnitten letzter Ordnung.
Blütenstand: Pflanze im oberen Bereich verzweigt und am Ende der Zweige je ein 15–25 mm breites Köpfchen; Hüllblätter grünlich und kahl.
Blüten: Zungenblüten weiss, mehrreihig, schmal eiförmig, am Ende deutlich gestutzt und gegen Ende der Blütezeit gegen den Stiel zu umgebogen; Röhrenblüten gelblich; Boden des Blütenstandes immer hohl.
Früchte: Achänen bis 1,5 mm lang, oft drüsig und mit einem kurz gezähnten Rand.
Standort: Von der kollinen bis in die subalpine Stufe in Äckern, Rebbergen, auf Ödland, Schuttplätzen, bei Mauern und entlang von Wegen auf frischen, nährstoffreichen, meist humosen, auch kalkarmen und sandigen oder reinen Lehm- und Tonböden in wärmeren Lagen.

64 Einjähriges Berufskraut – *Erigeron annuus* (L.) PERS. s.l.
Merkmale: Von Juli bis Oktober blühend, 20–140 cm hoch, mit aufrechten Stengeln und ausdauernd.
Laubblätter: Wechselständig angeordnet, hellgrün und zerstreut behaart; untere Blätter eiförmig bis verkehrt eiförmig oder elliptisch, plötzlich in den langen Stiel verschmälert und mit grob gezähnten Spreiten; mittlere und obere Stengelblätter lanzettlich und ganzrandig oder entfernt fein gezähnt.
Blütenstand: Vielköpfige und doldenartige Rispe.
Blüten: Zungenblüten schmal lanzettlich, zahlreich, ausgebreitet und lila oder weiss gefärbt; Röhrenblüten gelblich.
Früchte: Achänen bis 1 mm lang und mit bis 2 mm langem Pappus.
Standort: In der kollinen Stufe an Ufern, bei Dämmen, auf Schuttplätzen, entlang von Wegen und bei Hecken auf feuchten bis sickerfrischen, nährstoffreichen und oft sandigen oder steinigen Lehmböden.

65 Bewimpertes Franzosenkraut, Knopfkraut – *Galinsoga ciliata* (RAF.) BLAKE
Merkmale: Von Juli bis Oktober blühend, 10–50 cm hoch, mit einer Pfahlwurzel ausgerüstet und einjährig.
Laubblätter: Gegenständig angeordnet, beiderseits zerstreut behaart, oval bis lanzettlich, zugespitzt, kurz gestielt und unregelmässig grob gezähnt.
Blütenstand: Köpfchen einzeln oder in doldenartigen Trauben oder Rispen; Hüllblätter schmal oval, 2–4 mm lang und zerstreut drüsig behaart.
Blüten: Zungenblüten 4 oder 5, weiblichen Geschlechts und weiss oder purpurn gefärbt; Röhrenblüten zahlreich, zwittrig, ausserseits behaart und gelb.
Früchte: Achänen etwa 1 mm lang, dunkel gefärbt und behaart; Pappus kurz.
Standort: In der kollinen Stufe in Unkrautfluren, gehackten Äckern, Gärten, Weinbergen und entlang von Wegen auf frischen bis mässig trockenen, nährstoffreichen, vorzugsweise kalkarmen, lockeren, neutralen und sandigen oder reinen Lehm- und Tonböden.

66 Gemeine Schafgarbe – *Achillea millefolium* L.
Merkmale: Von Juni bis Oktober blühend, 15–50 cm hoch und ausdauernd.
Laubblätter: Lanzettlich bis lineal lanzettlich und bis zur Mittelader 2–3-fach fiederteilig mit jederseits bis 50 Abschnitten; Abschnitte letzter Ordnung mit schmal lanzettlichen Zipfeln; sterile Blattrosette vorhanden.
Blütenstand: Vielköpfige und doldenartig geformte Traube; Köpfchen mit zahlreichen braun berandeten und bis 6 mm langen Hüllblättern.
Blüten: Zungenblüten weiss oder rosa, weiblichen Geschlechts und nach der Blütezeit nur wenig nach unten gebogen; Röhrenblüten weisslich und zwittrig.
Früchte: Achänen bis 2 mm lang, flach, eiförmig und ohne gezähnten Rand.
Standort: Von der kollinen bis in die subalpine Stufe in Fettwiesen, Weiden, Äckern, Erdanrissen, Sandrainen und entlang von Wegen auf frischen bis mässig trockenen, nährstoffreichen, meist sandigen, steinigen oder reinen Lehmböden.

67 Kanadisches Berufkraut – *Conyza canadensis* (L.) CRONQ.
Merkmale: Von Juni bis September blühend, mit Pfahlwurzel und 20–100 cm hoch.
Laubblätter: Lanzettlich, ganzrandig oder mit kleinen Zähnen, anliegend behaart; die unteren in einen geflügelten Stiel verschmälert; im oberen Bereich der Pflanze sitzend.
Blütenstand: Vielköpfige Rispe mit 3–5 mm langen Köpfchen; Hüllblätter grün und fast kahl.
Blüten: Zungenblüten unscheinbar, aufrecht und weisslich; keine Fadenblüten vorhanden; Röhrenblüten gelblichweiss; Selbstbestäubung.
Früchte: Achänen bis 5 mm lang, zerstreut behaart, gelblich gefärbt und mit langem Pappus; Windverbreitung.
Standort: In der kollinen und montanen Stufe in wärmeren Lagen auf Schuttplätzen, in Äckern, Waldschlägen, an Bahndämmen und bei Waldrändern auf frischen bis mässig trockenen, nährstoffreichen, meist wenig humosen und lehmigen oder tonigen Böden; Pflanze mit glatten oder gerippten Stengeln versehen.

68 Ysop – *Hyssopus officinalis* L.
Merkmale: Halbstrauch (im unteren Teil verholzt); von Juli bis September blühend, 20–50 cm hoch und ausdauernd.
Laubblätter: Lineal lanzettlich, gegen den Grund zu langsam verschmälert, am Ende zugespitzt, fast sitzend, ganzrandig, bis 25 mm lang und mit etwas nach unten umgebogenen Rändern.
Blütenstand: Ährenartig und 3–10 cm lang.
Blüten: Kurz gestielt; Kelchblätter 5, verwachsen, mit 5 ungleichartigen Zähnen, mit 15 deutlich hervortretenden Adern und grün; Kronblätter 5, weisslich bis blau, aussen behaart und mit 2-lippigem Rand; Oberlippe flach und Unterlippe 3-teilig; Staubblätter 4 und diese aus der Krone tretend; Fruchtknoten oberständig.
Früchte: Die 4 Teilfrüchte eiförmig, 3-kantig und je 2 mm lang.
Standort: In der kollinen Stufe in Trockenwiesen, Felsensteppen und an sonnigen Hängen auf trockenen, steinigen, flachgründigen und kalkarmen Böden.

69 Weisse Taubnessel – *Lamium album* L.
Merkmale: Von Mai bis August blühend, 15–45 cm hoch, mit 4-kantigem Stengel und ausdauernd.
Laubblätter: Eiförmig, lang zugespitzt, nur kurz gestielt oder anliegend, grob unregelmässig gezähnt, zerstreut behaart und gegenständig angeordnet; Zähne meist stumpf.
Blütenstand: In den Achseln der oberen Blattpaare quirlähnliche Teilblütenstände.
Blüten: Kelchblätter 5, miteinander verwachsen, 6–11 mm lang, am Grunde mit violetten Flecken, zerstreut behaart und lang zugespitzt; Kronblätter 5, miteinander verwachsen, meist weiss, sehr oft bis 25 mm lang und 2-lippig; Oberlippe helmförmig; Unterlippe 3-teilig; Staubblätter 4, unter der Oberlippe aufsteigend; Staubbeutel meist schwarz gefärbt und weiss behaart; Fruchtknoten oberständig, aus 2 Fruchtblättern zusammengesetzt.
Früchte: Die je 4 Teilfrüchte eiförmig, 3-kantig, glatt und bis 3 mm lang.
Standort: Von der kollinen bis in die subalpine Stufe in Hecken, an Mauern, bei Lägerstellen, Gräben und entlang von Wegen auf frischen, nährstoffreichen, lockeren und lehmigen oder tonigen Böden.

70 Gelblicher Hohlzahn – *Galeopsis segetum* NECKER
Merkmale: Im Juli und August blühend, 10–30 cm hoch, mit vierkantigem und behaartem Stengel und 1–2-jährig.
Laubblätter: Eilanzettlich bis eiförmig, zugespitzt, kurz gestielt, jederseits mit 3–9 ausgeprägten Zähnen und besonders unterseits samtig behaart.
Blütenstand: In den Achseln der oberen Blattpaare quirlähnliche Teilblütenstände.
Blüten: Kelchblätter 5, hellgelb, mit grünen Streifen, bis 10 mm lang und abstehend behaart; Kronblätter 5, bis 35 mm lang, weisslich bis gelblich und 2-lippig; Oberlippe helmförmig; Unterlippe 3-teilig und mit grossem Mittelabschnitt; Staubblätter 4; Fruchtknoten oberständig.
Früchte: Die je 4 Teilfrüchte eiförmig, leicht 3-kantig, glatt und bis 3 mm lang.
Standort: In der kollinen und montanen Stufe im Geröll, in Kiesgruben, Waldlücken, Äckern und entlang von Wegen auf mässig frischen, mehr oder weniger nährstoffreichen und kalkarmen Steinschuttböden; Pionierpflanze.

71 Gebräuchlicher Augentrost – *Euphrasia rostkoviana* HAYNE
Merkmale: Bis Oktober blühend, 5–25 cm hoch, 1-jährig, kraus behaart und mit rötlichen Stengeln.
Laubblätter: Eiförmig bis breit eiförmig, kurz und breit gestielt, mit jederseits 3–7 zugespitzten Zähnen, einem stumpfen oder abgerundeten Endzahn und drüsig behaart.
Blütenstand: Blüten einzeln oder zu mehreren gehäuft in den Achseln der Blätter.
Blüten: Kelch glockenförmig, 4-teilig, meist drüsig behaart und mit 4 zugespitzten Zähnen; Kronblätter 5, zu einer Röhre verwachsen, bis 14 mm lang und 2-lippig; Oberlippe weiss, meist violett geadert, gewölbt und am Ende ausgerandet; Unterlippe länger als die Oberlippe, flach ausgebreitet, 3-teilig, weiss, mit violetten Adern und einem gelben Fleck; Staubblätter 4 und von der Oberlippe eingeschlossen; Fruchtknoten oberständig.
Früchte: Mehrsamige und 2-klappig aufspringende Kapseln.
Standort: Von der kollinen bis in die subalpine Stufe in Wiesen, Weiden, Flachmooren und Moorwiesen auf feuchten bis trockenen Böden.

72 Echte Katzenminze – *Nepeta cataria* L.
Merkmale: Von Juli bis September blühend, 40–130 cm hoch, mit einer langen Pfahlwurzel und ausdauernd.
Blütenstand: Am Ende der Zweige quirlähnliche Teilblütenstände mit kurz gestielten Blüten; Teilblütenstände im unteren Bereich deutlich gestielt.
Blüten: Kelchblätter 5, hell- bis dunkelgrün, 5–8 mm lang und dicht behaart; Kelchzähne schmal und lang zugespitzt; Kronblätter 5, zu einer langen Röhre verwachsen und weisslich oder gelblich; Oberlippe flach oder nur wenig gewölbt; Unterlippe 3-teilig; Staubblätter 4; Fruchtknoten oberständig; Insektenbestäubung.
Früchte: Teilfrüchte eiförmig, 3-kantig und bis 2 mm lang.
Standort: In der kollinen und montanen Stufe bei Bahnarealen, Mauern, Schuttplätzen, in Hecken und bei Wegen auf mässig trockenen bis trockenen, nährstoffreichen und meist sandigen oder steinigen Lehmböden in warmer Lage.

73 Krautiger Backenklee – *Dorycnium herbaceum* VILL.

Merkmale: Im Juni und Juli blühend, 25–60 cm hoch, Halbstrauch (am Grunde verholzt) und sehr oft Teppiche bildend.
Laubblätter: Teilblätter lanzettlich, zugespitzt und zerstreut abstehend behaart.
Blütenstand: Zahlreiche 5–15-blütige, lang gestielte und kugelige Dolde.
Blüten: Kelchblätter 5, verwachsen, bis 2 mm lang und zugespitzt; Kronblätter 5, weiss und 3–5 mm lang; Schiffchen mit einer dunkel purpurnen Spitze und etwas nach oben gebogen; Fahne geigenförmig geformt; die beiden Flügel an der Spitze verwachsen; Staubblätter 10; die Staubfäden umschliessen den Fruchtknoten; dieser ist oberständig und besteht aus 2 Fruchtblättern.
Früchte: 2-klappig aufspringende Hülsen.
Standort: In der kollinen Stufe in lichten Wäldern, steinigen Hängen, Magerwiesen und bei Hecken auf trockenen und kalkhaltigen Lehm- und Steinböden; eine südosteuropäische Pflanze, die westwärts bis zur Rhone reicht.

74 Kriechender Klee, kriechender Wiesenklee – *Trifolium repens* L.

Merkmale: Von April bis September blühend, 5–20 cm hoch und ausdauernd; Stengel kriechend.
Laubblätter: 3-teilig und lang gestielt; Teilblätter schmal eiförmig bis eiförmig, sehr fein gezähnt, bis 4 cm lang, am Ende abgerundet oder etwas eingeschnitten und gelegentlich mit einer weissen Zeichnung in der Mitte.
Blütenstand: 15–25 mm breite, vielblütige und kopfartige Ähre.
Blüten: Kelchblätter 5, verwachsen und zerstreut behaart; Kelchröhre 10-aderig; Kronblätter 5, weisslich bis schwach rötlich, verwachsen und mit 2 schmalen Flügeln, einem Schiffchen und einer Fahne; Staubblätter 10; Fruchtknoten oberständig.
Früchte: Einsamige Nüsschen.
Standort: Von der kollinen bis in die subalpine Stufe im Gartenrasen, auf Mähwiesen, Sportplätzen und Weiden auf feuchten bis frischen, dichten, nährstoffreichen und auch rohen Lehm- und Tonböden.

75 Weisser Honigklee – *Melilotus albus* MED.

Merkmale: Von Juni bis August blühend, 30–140 cm hoch, bis 2-jährig und beim Trocknen süsslich duftend; Kulturbegleiter; auch als Gründüngung verwendet.
Laubblätter: 3-teilig und kurz gestielt; Teilblätter der unteren Blätter eiförmig, die der oberen fast lineal; alle ganzrandig oder fein gezähnt und zugespitzt.
Blütenstand: Reichblütige, gestielte und zur Fruchtzeit verlängerte Traube.
Blüten: Meist hängend und kurz gestielt; Kelchblätter 5, verwachsen, hellgrün und zugespitzt; Kronblätter 5, verwachsen und weiss; Fahne deutlich länger als die Flügel und das Schiffchen; Staubblätter 10; Fruchtknoten oberständig und aus 2 Fruchtblättern verwachsen.
Früchte: Hülsen 3–4 mm lang, kahl, mit netzartigen Rippen und vielfach 4-samig.
Standort: In der kollinen und montanen Stufe auf Erdanrissen, Schuttplätzen, in Steinbrüchen und Kiesgruben auf mässig trockenen, nährstoff- und basenreichen und humosen oder rohen Böden aller Art; Rohbodenpionier und gute Bienenweide.

76 Wald-Wicke – *Vicia sylvatica* L.

Merkmale: Von Mai bis August blühend, 40–140 cm hoch und ausdauernd.
Laubblätter: Unpaarig gefiedert und mit 6–12 Paaren von Seitenfiedern; Fiederblätter länglich bis schmal oval, bis 18 mm lang, mit zahlreichen schräg abstehenden Seitenadern, wechselständig angeordnet und kahl; Endfieder als Ranke ausgebildet.
Blütenstand: 10–20-blütige, gestielte und nickende Traube.
Blüten: Kelchblätter 5, verwachsen, zugespitzt und ungleich lang endend; Kronblätter 5, verwachsen und bis 18 mm lang; Fahne und Flügel weiss und blau bis violett geädert; Schiffchen oft mit einer violetten Spitze; Staubblätter 10; Fruchtknoten oberständig.
Früchte: Hülsen 2–3 cm lang, flach, kahl und 4–8-samig.
Standort: In der montanen und subalpinen Stufe in Waldschlägen, bei Hecken, entlang von Wegen und in Wiesen auf frischen bis mässig trockenen, mehr oder weniger nährstoffreichen, humosen, oft steinigen oder sandigen Lehm- und Tonböden.

77 Walzen-Wolfsmilch – *Euphorbia myrsinithes* L.
Merkmale: Von April bis Juli blühend, 10–20 cm hoch, kahl, mit niederliegenden Stengeln und ausdauernd.
Laubblätter: Meist sitzend, 2–3 cm lang, rechteckig oder verkehrt eiförmig, kurz zugespitzt, schraubig angeordnet, fleischig, blaugrün, etwas bereift und wintergrün.
Blütenstand: 7–10-strahlig, kopfig und doldenförmig.
Blüten: Hochblätter grünlichgelb und aus ihnen eine lang gestielte weibliche und mehrere männliche Blüten heraushängend; männliche Blüten nur aus einem Staubblatt; Fruchtknoten 3-fächerig; keine Blütenhülle vorhanden.
Früchte: In 3 Teilfrüchte zerfallend.
Standort: In der kollinen Stufe an trockenen und sonnigen Hängen auf lockeren, trockenen, mehr oder weniger nährstoff- und basenreichen und porösen Böden mit gutem Wasserabzug; wird bei uns auch in Gärten angepflanzt.

78 Zypressen-Wolfsmilch – *Euphorbia cyparissias* L.
Merkmale: Von April bis Juli blühend, 15–50 cm hoch, unter dem Blütenstand mit nichtblühenden Seitentrieben und ausdauernd.
Laubblätter: Schmal lineal, über der Mitte am breitesten, bis 4 cm lang, ganzrandig, kahl und am Rande etwas umgebogen.
Blütenstand: Trugdolde 10–20-strahlig; Strahlen nicht oder nur einmal verzweigt.
Blüten: Tragblätter 3-eckig bis halbmondförmig, nicht verwachsen, hellgelb und oft rötlich werdend; Hüllbecher mit sichelförmigen und gelben Drüsen; keine eigentlichen Blütenblätter vorhanden.
Früchte: Kapseln mit halbkugeligen Warzen dicht besetzt.
Standort: Von der kollinen bis in die alpine Stufe entlang von Wegen, in Weiden, Magerrasen, an kiesigen und steinigen Orten, Böschungen, Rainen und offenen Bodenstellen auf mehr oder weniger trockenen, meist kalkhaltigen, basenreichen, aber auch kalkfreien, lockeren Lehm- und Lössböden; bis 60 cm tief wurzelnd; giftiges Weideunkraut.

79 Lamarcks Nachtkerze – *Oenothera glazioviana* MICHELI
Merkmale: Von Juni bis September blühend, 50–150 cm hoch, dicht drüsenhaarig, oft unverzweigt; Kelch, Früchte und Stengel mit roten Flecken.
Laubblätter: Lanzettlich, bis 25 cm lang, zugespitzt, ganzrandig bis gezähnt, die untersten in einen Stiel verschmälert, die obersten meist sitzend und wechselständig angeordnet.
Blütenstand: Blüten in einer vielblütigen Rispe oder Traube vereinigt.
Blüten: Kelchblätter 4, vor der Blütezeit miteinander verwachsen, rötlich, zur Blütezeit rückwärts gerichtet und der Blütenachse anliegend; Kronblätter 4, gelb, bis 5 cm im Durchmesser; Staubblätter 8, Fruchtknoten unterständig, die Narben die Staubblätter überragend.
Früchte: Kapseln schmal, 1,5–3 cm lang, bis 8 mm dick, mit roten Flecken und Streifen.
Standort: In der kollinen Stufe auf Schuttplätzen, an Eisenbahndämmen, Böschungen, in Unkrautfluren, Hafenanlagen, im Ödland und bei Steinbrüchen auf sommertrockenen, mehr oder weniger nährstoffreichen, humosen oder rohen, meist steinigen, kiesigen oder sandigen Lehmböden.

80 Färber-Waid – *Isatis tinctoria* L.
Merkmale: Im April und Juni blühend, 25–120 cm hoch, mit dicker Pfahlwurzel und 2-jährig bis ausdauernd.
Laubblätter: Stengelständige länglich pfeilförmig, meist ganzrandig, im oberen Teil sitzend, oberseits blaugrün und den Stengel mit spitzen Zipfeln umfassend; die unteren auch gezähnt.
Blütenstand: Reichblütige Teilblütenstände einen gewölbten Blütenstand bildend.
Blüten: Gestielt; Kelchblätter 4, bis 2 mm lang und gelblichgrün; Kronblätter 4, kurz gestielt, am Ende abgerundet und gelb; Staubblätter 6; Fruchtknoten oberständig und aus 2 Fruchtblättern zusammengesetzt; Insektenbestäubung.
Früchte: Schoten länglich keilförmig, hängend, bis 20 mm lang und bei der Reife schwarz.
Standort: In der kollinen und montanen Stufe entlang von Wegen, an Dämmen, auf Schuttstellen, im Bahngelände und in Steinbrüchen auf sommerwarmen, trockenen, mehr oder weniger nährstoff- und basenreichen und meist kalkhaltigen Böden; früher als Färberpflanze verwendet.

81 Acker-Senf – *Sinapis arvensis* L.
Merkmale: Von Mai bis Oktober blühend, 15–60 cm hoch, mit Pfahlwurzel und 1-jährig.
Laubblätter: Bis 15 cm lang; grundständige und untere Stengelblätter leierförmig, gestielt, unregelmässig buchtig gezähnt bis fiederteilig, mit einem grossen Endabschnitt, unterseits auf den Adern rauhaarig; obere Stengelblätter ungleich buchtig gezähnt.
Blütenstand: Traube
Blüten: Gestielt; Kelchblätter 4, meist kahl, bis 6 mm lang und gelbgrün; Kronblätter 4, lang gestielt, bis 12 mm lang und schwefelgelb; Staubblätter 6 (4 längere und 2 kürzere); Fruchtknoten oberständig und aus 2 Fruchtblättern zusammengesetzt.
Früchte: Schoten kahl oder mit abwärts gerichteten Haaren.
Standort: In der kollinen und montanen Stufe auf Bahnarealen, Schuttplätzen, entlang von Wegen und in Unkrautfluren auf frischen bis mässig trockenen, nährstoff- und basenreichen, meist neutralen und sandigen oder reinen Lehmböden.

82 Mittlere Winterkresse – *Barbarea intermedia* BOREAU
Merkmale: Von April bis Juni blühend, 10–70 cm hoch, kahl und 2-jährig.
Laubblätter: Alle fiederteilig; grundständige mit jederseits 1–6 Abschnitten; obere Stengelblätter ebenfalls bis zur Mittelader fiederteilig, den Stengel mit 2 Zipfeln etwas umfassend und mit geflügeltem Stiel; Endabschnitt jeweils sehr gross.
Blütenstand: Traube
Blüten: Gestielt; Kelchblätter 4, lanzettlich bis schmal oval, bis 4 mm lang und meist gelblich bis gelblichgrün; Kronblätter 4, gelb und 4–6 mm lang; Staubblätter 6 (4 längere und 2 kürzere); Fruchtknoten oberständig und aus 2 Fruchtblättern zusammengesetzt.
Früchte: Schoten 1,5–4 cm lang.
Standort: Von der kollinen bis in die subalpine Stufe in wärmeren Lagen an Ufern, auf Schuttplätzen, entlang von Wegen, in Äckern und Gärten auf feuchten bis frischen, nährstoff- und basenreichen, humosen oder rohen Böden aller Art; Pionierpflanze; Pflanze in Ausbreitung begriffen.

83 Schöllkraut – *Chelidonium majus* L.
Merkmale: Von April bis September blühend und 20–80 cm hoch.
Laubblätter: Unregelmässig fiederteilig oder gefiedert, gestielt, meist blaugrün und unterseits zerstreut behaart; Fiederblätter oval, unregelmässig doppelt gekerbt oder gelappt und mit abgerundeten Abschnitten.
Blütenstand: 2–8-blütige Dolde; Pflanze mit orangegelbem Milchsaft.
Blüten: Kelchblätter 2, zerstreut behaart und gelblichgrün; Kronblätter 4, goldgelb und bis je 15 mm lang; Staubblätter zahlreich; Fruchtknoten oberständig und aus 2 Fruchtblättern zusammengesetzt.
Früchte: Bis 5 cm lange, zweilappig aufspringende und schotenförmige Kapseln.
Standort: In der kollinen und montanen Stufe in Unkrautfluren, Hecken, auf Schuttstellen, an Mauern, bei Parkplätzen, entlang von Wegen und um Häuser herum auf frischen, nährstoffreichen, lockeren, steinigen, sandigen oder tonigen Böden; Stickstoffzeiger; Kulturbegleiter; früher zum Ätzen von Warzen verwendet.

84 Blutwurz, Gemeiner Tormentill – *Potentilla erecta* (L.) RÄUSCHEL
Merkmale: Von Juni bis September blühend, 10–50 cm hoch, niederliegend bis aufsteigend und ausdauernd.
Laubblätter: Grundständige 3-zählig, sitzend oder sehr kurz gestielt; Teilblätter oval, nach dem Grunde zu keilförmig verschmälert, bis 2 cm lang, zerstreut behaart und grob gezähnt mit vorstehenden Endzähnen; Stengelblätter meist 5-zählig.
Blütenstand: Einzelblüten am Ende von auffallend dünnen Stielen.
Blüten: Meist 4-zählig; äussere Kelchblätter schmal bis breit lanzettlich, innere etwas breiter; Kronblätter meist 4, herzförmig und gelb; Staubblätter zahlreich; auf einem gewölbten Blütenboden zahlreiche Fruchtknoten.
Früchte: Kahle Nussfrüchte.
Standort: Von der kollinen bis in die subalpine Stufe in Wiesen, Magerweiden, Moorwiesen und lichten Wäldern auf frischen, humosen und oft auch sauren Lehm- und Tonböden.

85 Gelber Lerchensporn – *Corydalis lutea* (L.) DC.
Merkmale: Von März bis September blühend, 10–30 cm hoch und mit einem verzweigten Rhizom.
Laubblätter: Lang gestielt, blaugrün gefärbt und vielfach 3-fach 3-zählig; Abschnitte ganzrandig oder ungleich gekerbt.
Blütenstand: Endständige Traube.
Blüten: In den Achseln von kleinen, fein gezähnten Tragblättern, bis 2 cm lang; Kelchblätter 2, gezähnt, 3–6 mm lang; Kronblätter 4, im vorderen Abschnitt dunkelgelb und beim Blütenstiel hellgelb; von den 2 äusseren Kronblättern das obere rückwärts gespornt, vorn verbreitert und nach oben gebogen; das untere vorn verbreitert, etwas nach unten gebogen und am Grunde nicht ausgebuchtet; die beiden inneren Kronblätter gleichartig gestaltet; Staubblätter 4; Fruchtknoten oberständig.
Früchte: Schotenförmige Kapseln.
Standort: In der kollinen und montanen Stufe auf Felsen, an Mauern, im Geröll und Bachschotter auf ziemlich feuchten und steinigen Kalkböden.

86 Echtes Labkraut, Gelbes Labkraut – *Galium verum* L.
Merkmale: Von Mai bis September blühend, 10–80 cm hoch; Stengel rund mit 4 erhabenen Linien.
Laubblätter: 15–25 mm lang, schmal lineal (nadelförmig), 1–2 mm breit, stachelspitzig, am Rande umgerollt, oberseits meist dunkelgrün, unterseits hellgrün, oft dicht kurzhaarig und in 6–12-zähligen Wirteln; nur mit geringem Futterwert.
Blütenstand: Dichte, reichblütige und endständige Rispe.
Blüten: Nach Honig duftend; Blütenstiele 1–3 mm lang und meist mit Tragblättern; Kelchblätter 4; Kronblätter 4, goldgelb gefärbt, plötzlich zugespitzt und mehr oder weniger flach ausgebreitet; Staubblätter 4; Fruchtknoten unterständig; Insektenbestäubung.
Früchte: Spaltfrüchte in 2 Teilfrüchte zerfallend.
Standort: In der kollinen und montanen Stufe an Wald- und Wegrändern, Bahndämmen, in Föhrenwäldern, Ried- und Halbtrockenwiesen, trockenen Halden auf mässig trockenen, nährstoff- und basenreichen, meist kalkhaltigen, humosen und lockeren Lehm- und Lössböden; Wurzelkriecher.

87 Dunkle Königskerze – *Verbascum nigrum* L.
Merkmale: Von Juni bis August blühend, 30–100 cm hoch und ausdauernd.
Laubblätter: Länglich bis eiförmig, oberseits grün gefärbt und nur zerstreut sternhaarig, unterseits filzig behaart; grundständige lang gestielt, am Grunde herzförmig, stumpf und oft doppelt gezähnt; untere Stengelblätter gestielt und die oberen sitzend.
Blütenstand: Zu 2–5 in den Blattachseln.
Blüten: Kelchblätter 5; Kronblätter 5, gelb oder etwas weisslich, innen meist rötlich gefleckt und bis 2,5 cm im Durchmesser; Staubblätter 5; alle Staubfäden wollig purpurviolett behaart; Fruchtknoten oberständig.
Früchte: Kapseln
Standort: In der kollinen und montanen Stufe entlang von Wegen, im Schutt, bei Ufern und in Kahlschlag-Gesellschaften auf frischen, nährstoffreichen, meist kalkarmen und sandigen oder lehmigen Böden.

88 Grossblütige Königskerze, Wollblume – *Verbascum densiflorum* BERTOL.
Merkmale: Von Juni bis September blühend, bis 1,5 m hoch und im oberen Teil Stengel kantig.
Laubblätter: 15–40 cm lang, bis 15 cm breit, wellig bis fein gekerbt, oberseits zerstreut behaart, unterseits dicht angedrückt grau- bis weissfilzig, sitzend und wechselständig angeordnet.
Blütenstand: Zu 2–8 Blüten in den Achseln der oberen Blätter; trauben- oder doldenähnlich.
Blüten: Durchmesser 3–5 cm; Blütenstiele 3–15 mm lang; Kelchblätter 5; Kronblätter 5, gelb, innen nicht punktiert und flach ausgebreitet; Staubblätter 5; die 2 unteren und längeren mit 3–5,5 mm langen Staubbeuteln; Fruchtknoten oberständig; Griffel mit keulenförmiger Narbe; diese am Griffel herablaufend; Insektenbestäubung.
Früchte: Kapseln 5–8 mm lang, mit 2 Klappen aufspringend.
Standort: In der kollinen und montanen Stufe (seltener subalpinen) in sonnigen Unkrautfluren, Kiesgruben, auf Schuttplätzen, an Ufern, Dämmen, Wegrändern, im Flussgeröll auf eher trockenen, nährstoffreichen, kalkhaltigen, auch humosen und lehmigen Böden.

89 Gemeines- oder Tüpfel Johanniskraut – *Hypericum perforatum* L.
Merkmale: Von Juni bis September blühend, 30–100 cm hoch und mit 2 Längskanten an jungen Stengeln.
Laubblätter: 1–3 cm lang, oval oder länglich oval bis schmal lineal, dicht und fein durchscheinend punktiert, ganzrandig, ungestielt und gegenständig angeordnet.
Blütenstand: Rispe mit langgestielten Blüten.
Blüten: Kelchblätter 5, lanzettlich, bis 5 mm lang und in einer feinen Spitze endend; Kronblätter 5, viel länger als die Kelchblätter, gelb und jeweils auf der einen Seite gezähnt; zahlreiche Staubblätter in Büscheln zusammengefasst; Fruchtknoten oberständig und mit meist 3 Griffeln.
Früchte: Mit Klappen sich öffnende Kapseln.
Standort: In der kollinen und montanen Stufe in Hecken, Trockenrasen, Waldlichtungen und Heidekrautheiden als Pionierpflanze auf frischen bis mässig trockenen, mässig sauren bis neutralen, humosen und auch tiefgründigen Böden aller Art.

90 Gemeines Sonnenröschen – *Helianthemum nummularium* (L) MILL.
Merkmale: Von Mai bis Oktober blühend, 10–40 cm hoch und ausdauernd.
Laubblätter: 1–5 cm lang, bis 1 cm breit, schmal oval bis linealisch, ganzrandig, am Rande etwas umgerollt, gegenständig angeordnet, mit lanzettlichen Nebenblättern, die länger als die Blattstiele sind, ledrig, oberseits mit Borstenhaaren und unterseits mit einem dichten Filz von Sternhaaren.
Blütenstand: Traubenähnlich (Wickel).
Blüten: Gestielt; Kelchblätter 5 und ungleich gross; Kronblätter 5, bis 12 mm lang und goldgelb; Staubblätter zahlreich; Fruchtknoten oberständig, aus 3 Fruchtblättern zusammengesetzt und mit einem Griffel; Insekten- und Selbstbestäubung.
Früchte: Kapseln
Standort: In der kollinen und montanen Stufe in Trockenwiesen, Kiefernwäldern, Trockenweiden und an Böschungen auf sommertrockenen und basenreichen Löss- und Lehmböden in wärmeren Lagen; Tiefwurzler.

91 Grasblättriger Hahnenfuss – *Ranunculus gramineus* L.
Merkmale: Von April bis Mai blühend, 10–40 cm hoch, kahl, ohne Rhizom und ausdauernd.
Laubblätter: Grundständige grasähnlich, schmal lineal bis lanzettlich, 10–20 cm lang und allmählich in eine feine Spitze auslaufend; Stengelblätter gleich, aber höchstens 3 cm lang; am Grunde der Pflanze ein Faserschopf aus verwitterten Blattscheiden.
Blütenstand: Einzelblüten
Blüten: Kelchblätter 5, schmal oval, grünlich, oft gelb berandet, plötzlich zugespitzt und den Kronblättern anliegend; Kronblätter 5, gelb gefärbt und mit der grössten Breite oberhalb der Mitte; Staubblätter zahlreich; zahlreiche Fruchtknoten auf einem gewölbten Blütenboden sitzend; Insektenbestäubung.
Früchte: Gekielte und kahle Nüsschen.
Standort: In der kollinen und montanen Stufe in trockenen, mageren Wiesen und trockenwarmen Rasen auf tiefgründigen und kalkreichen Böden.

92 Scharfer Hahnenfuss – *Ranunculus acris* L. s.l.
Merkmale: Von April bis September blühend, 15–90 cm hoch, mit nur kurzem Rhizom und ausdauernd.
Laubblätter: Grundständige 3- oder 5-teilig und gestielt; Fiedern tief eingeschnitten und gegen den Grund zu keilförmig verschmälert; Abschnitte auch eingeschnitten; obere Stengelblätter meist ungestielt und mit schmal lanzettlichen Abschnitten.
Blütenstand: Einzelblüten an langen, runden und nicht gefurchten Stielen.
Blüten: 2–3 cm im Durchmesser; Kelchblätter 5, schmal oval und gelblich bis grünlich; Kronblätter 5, oben abgerundet oder leicht eingeschnitten und goldgelb; Staubblätter und Fruchtknoten zahlreich.
Früchte: Nüsschen kahl und mit geradem oder wenig gebogenem Schnabel.
Standort: Von der kollinen bis in die subalpine Stufe in Wiesen, Weiden, entlang von Wegen, bei Viehlägerstellen und Hecken auf sickerfeuchten bis trockenen, nährstoff- und kalkreichen, lockeren, humosen und steinigen Lehm- und Tonböden; Nährstoffzeiger; in frischem Zustand giftig.

93 Kriechender Hahnenfuss – *Ranunculus repens* L.

Merkmale: Von Mai bis September blühend und 15–50 cm hoch.
Laubblätter: Grundständige kahl oder behaart und vielgestaltig, meist aber 1–2-fach gefiedert; untere Stengelblätter den Grundblättern gleichend; obere Blätter einfacher, aber mit schmaleren Abschnitten.
Blütenstand: Einzelblüten an langen und gefurchten Stielen.
Blüten: 2–3 cm im Durchmesser; Kelchblätter 5, behaart, an den Enden oft grünlich gefärbt und den Kronblättern anliegend; Kronblätter 5, gegen den Grund zu keilförmig verschmälert, am Ende meist abgerundet und gelb; Staubblätter und Fruchtknoten zahlreich.
Früchte: Ovale und kahle Nüsschen.
Standort: Von der kollinen bis in die subalpine Stufe in Äckern, Gräben, Gärten, Wiesen, auf Schuttstellen und entlang von Wegen auf frischen, nährstoffreichen, humosen, lehmigen und tonigen Böden; Bodenverdichtungszeiger.

94 Knolliger Hahnenfuss – *Ranunculus bulbosus* L.

Merkmale: Von Mai bis Juli blühend, 15–50 cm hoch und ausdauernd.
Laubblätter: Grundständige kahl oder behaart, gestielt und 3-zählig; Fiederblätter stark gezähnt und oft noch zusätzlich eingeschnitten; untere Stengelblätter den ersteren ähnlich, aber oft sitzend; obere einfacher gebaut.
Blütenstand: Blüten einzeln auf behaarten und gefurchten Stielen.
Blüten: 2–3 cm im Durchmesser; Kelchblätter 5, keilförmig, gelblich, behaart und nach unten gerichtet; Kronblätter 5, breit oval, nach unten keilförmig verschmälert und goldgelb; Staubblätter und Fruchtknoten zahlreich.
Früchte: Ovale, kahle Nüsschen mit abgesetztem Rand und gekrümmtem Schnabel.
Standort: Von der kollinen bis in die subalpine Stufe an Rainen, Böschungen, in trockenen Wiesen, Weiden und besonders in Kalkmagerrasen auf mässig trockenen, nicht allzu nährstoffreichen, humosen, lockeren und lehmigen Böden.

95 Acker-Hahnenfuss – *Ranunculus arvensis* L.

Merkmale: Von Mai bis Juli blühend, 15–60 cm hoch, 1-jährig, aufrecht und ohne Rhizom.
Laubblätter: Grundständige spatelförmig, grob gezähnt und gestielt; die folgenden Blätter 3-zählig, gestielt und mit schmalen, grob gezähnten oder auch geteilten Abschnitten; obere Stengelblätter sitzend und 3-zählig mit tief eingeschnittenen Fiedern.
Blütenstand: Reich verzweigter Stengel mit zahlreichen Blüten.
Blüten: 0,5–1,5 cm im Durchmesser; Kelchblätter 5, schmal oval, grünlichgelb und den Kronblättern anliegend; Kronblätter 5, oval, gegen den Grund zu keilförmig verschmälert und goldgelb; Staubblätter zahlreich; auf zerstreut behaartem Blütenboden zahlreiche Fruchtknoten.
Früchte: Nüsschen bis 7 mm lang, berandet, oval, flach und mit hakigen Stacheln.
Standort: In der kollinen und montanen Stufe auf Ödland und in Getreidefeldern auf mässig trockenen, nährstoff- und basenreichen und humosen Lehm- und Tonböden; Lehmzeiger; Fliegenblume; nordwärts bis Schottland und südwärts bis nach Nordafrika.

96 Gelbes Windröschen – *Anemone ranunculoides* L.

Merkmale: Von März bis April blühend, 10–25 cm hoch, mit horizontal kriechendem Rhizom und ausdauernd.
Laubblätter: Während der Blütezeit kaum grundständige Blätter ausgebildet; Stengelblätter 3, quirlständig angeordnet, im oberen Teil der Pflanze nur kurz gestielt oder sitzend, 3–8 cm lang, im Umriss rhombisch oder 5-eckig und 3-teilig; Fiedern grob gezähnt und oft noch tief eingeschnitten.
Blütenstand: Ein- oder zweiblütig.
Blüten: 2–3 cm im Durchmesser; an behaarten Stielen meist 5 ovale, ausserseits behaarte und gelbe Perigonblätter; Staubblätter und Fruchtblätter zahlreich.
Früchte: Dicht mit kurzen Haaren besetzte und flache Nüsschen.
Standort: In der kollinen und montanen Stufe (seltener subalpinen) in Hecken, frischen Wiesen und Obstgärten gesellig auf feuchten bis frischen, humosen, nährstoff- und basenreichen, lockeren und mehr oder weniger tiefgründigen Lehm- und Tonböden.

97 Gemeine Nelkenwurz – *Geum urbanum* L.
Merkmale: Von Mai bis August blühend, 25–85 cm hoch, ausdauernd und mit dickem Rhizom.
Laubblätter: Stengelblätter 3-zählig, mit grossen Nebenblättern und oft gestielt; im oberen Bereich auch linealisch gestaltet; bei den grundständigen Blättern das äusserste Fiederblatt mit dem endständigen Teilblatt verwachsen; Abschnitte jeweils grob gezähnt; Fiederblätter oval.
Blütenstand: Stengel 1- bis mehrblütig.
Blüten: Kelch doppelt; Kelchblätter lanzettlich bis 3-eckig, behaart, grün, bis 8 mm lang und nach der Blütezeit zurückgebogen; Kronblätter meist 5, breit oval bis rundlich, bis 8 mm lang und goldgelb gefärbt; viele Staubblätter; zahlreiche Fruchtknoten oberständig angeordnet.
Früchte: Harte Nüsschen.
Standort: In der kollinen und montanen Stufe auf Schuttplätzen, in feuchten Wäldern, Hecken, bei schattigen Zäunen und Mauern, Waldwegen und Wildlägern auf frischen, nährstoffreichen und humosen Lehm- und Tonböden.

98 Grauflaumiges Fingerkraut – *Potentilla pusilla* HOST
Merkmale: Im April und Mai blühend, 5–15 cm hoch und mit zahlreichen Büschelhaaren.
Laubblätter: Grundständig und 5- oder 7-teilig; Teilblätter länglich verkehrt eiförmig, beiderseits dicht sternhaarig, grau und jederseits mit 4–8 stumpfen Zähnen; Blattstiele behaart.
Blütenstand: 3–8-blütig, mit meist aufrechten Blüten.
Blüten: 1–2 cm im Durchmesser; äussere 5 Kelchblätter schmal oval, innere 5 Kelchblätter etwas breiter und meist zugespitzt; Kronblätter 5, herzförmig, hell- bis goldgelb gefärbt und meist etwas länger als die Kelchblätter; viele Staubblätter; zahlreiche Fruchtknoten.
Früchte: Kahle Nüsschen.
Standort: Von der kollinen bis in die subalpine Stufe auf Grasplätzen, trockenwarmen Hügeln, in Magerrasen auf warmen, trockenen, basenreichen, meist kalkhaltigen und steinigen Lehmböden in sonniger Lage; auch an extrem trockenen Standorten vorkommend; eine mittel- und südeuropäische Pflanze, die auch in den Alpen besonders in wärmeren Gegenden wächst.

99 Gold-Hahnenfuss – *Ranunculus auricomus* L.
Merkmale: Von April bis Juni blühend, 15–30 cm hoch, mit kurzem Rhizom und ausdauernd.
Laubblätter: Grundständige verschieden gestaltet, im Umriss rundlich oder nierenförmig, nur gezähnt oder geteilt; stengelständige fingerförmig geteilt und mit meist linealen, ganzrandigen oder schwach gezähnten Abschnitten.
Blütenstand: Stiele rundlich und mit einer Einzelblüte endend.
Blüten: 1–3 cm im Durchmesser; Kelchblätter 5; Kronblätter 5, gelb gefärbt und nicht selten teilweise verkümmert; Staubblätter zahlreich; an leicht gewölbtem Blütenboden zahlreiche Fruchtknoten.
Früchte: Nüsschen bis 4 mm lang, etwas aufgeblasen und meist mit einem gekrümmten Schnabel; Ameisenverbreitung.
Standort: In der kollinen (seltener montanen) Stufe in krautreichen, feuchten Laubmisch- und Auenwäldern, feuchten Fettwiesen, Wald- und Wiesenmooren und im Bachgehölz auf frischen bis feuchten, nährstoff- und basenreichen, oft kalkhaltigen und humosen Lehm- und Tonböden.

100 Trollblume – *Trollius europaeus* L.
Merkmale: Von Mai bis Juli blühend, 20–60 cm hoch, mit horizontalem Rhizom und ausdauernd.
Laubblätter: Grundständige lang gestielt und 5-teilig; Fiedern oval, gegen den Grund zu keilförmig verschmälert und besonders im oberen Bereich ungleich gezähnt; untere Stengelblätter gleich aussehend und noch gestielt; obere Stengelblätter sitzend und von einfacherer Form.
Blütenstand: 1–3 endständige Blüten.
Blüten: Perigonblätter 5–15 an der Zahl, oval, bis 2,5 cm lang und kugelförmig zusammenneigend; die zahlreichen Honigblätter bis 7 mm lang, oben abgerundet und nach dem Grund zu verschmälert; viele Staubblätter; zahlreiche Fruchtknoten mit schnabelartigen Narben.
Früchte: Mehrsamige bis 1 cm lange Balgfrüchte.
Standort: Meist in der montanen und subalpinen Stufe auf moorigen Wiesen, in Flachmooren, Bergfettwiesen, auf Lägerstellen, entlang von Bachrändern und bei Quellen auf sicker- und grundfeuchten, oft nährstoff- und basenreichen, auch kalkarmen Lehm- und Tonböden; geschützt.

101 Scharfer Mauerpfeffer – *Sedum acre* L.
Merkmale: Im Juni und Juli blühend, 3–15 cm hoch und ausdauernd.
Laubblätter: 2–5 mm lang, bis 3 mm breit, schmal eiförmig, am Ende abgerundet, fleischig, oberseits flach, unterseits gewölbt, ungestielt, wechselständig angeordnet und von scharfem Geschmack.
Blütenstand: Aus 2 bis mehreren doldenartig zusammengestellten Ästen (Trugdolden).
Blüten: Kelchblätter 5, eiförmig, bis 3 mm lang und grünlich; Kronblätter 5, schmal oval bis lanzettlich, fein zugespitzt, fast waagrecht abstehend und goldgelb gefärbt; Staubblätter 10; 5 oberständige und freie Fruchtknoten.
Früchte: 3–5 mm lange Balgfrüchte.
Standort: Von der kollinen bis in die subalpine Stufe an trockenen und sonnigen Orten in Felsen, Felsköpfen, Kiesgruben, Sandfeldern, an Mauern, auf Dämmen, Kiesdächern und im Bahnschotter auf warmen, trockenen mehr oder weniger nährstoff- und basenreichen und feinerdearmen Böden.

102 Milder Mauerpfeffer – *Sedum sexangulare* L.
Merkmale: Im Juni und Juli blühend, 5–10 cm hoch, ohne Drüsen und ausdauernd.
Laubblätter: 3–6 mm lang, bis 1,5 mm breit, schmal eiförmig, am Ende stumpf, fleischig, wechselständig angeordnet und mit einem ungefähr 0,3 mm langen Ansatz.
Blütenstand: Aus 2 bis mehreren doldenartig zusammengesetzten Ästen, die meist reichblütig sind (Trugdolden).
Blüten: Kelchblätter 5, 2–3 mm lang, eiförmig bis schmal oval und grünlich; Kronblätter 5, 4–8 mm lang, schmal oval bis lanzettlich, zugespitzt, fast waagrecht abstehend und zitronengelb; Staubblätter 10, in 2 Kreisen angeordnet; 5 freie und oberständige Fruchtknoten.
Früchte: 2–6 mm lange Balgfrüchte.
Standort: Von der kollinen bis in die subalpine Stufe an trockenen und sonnigen Orten an Mauern, in Kiesgruben, Felsen, auf Dämmen, Kiesdächern und im Bahnschotter auf warmen, mässig nährstoffreichen und meist kalkhaltigen Sand- und Steinböden.

103 Aufrechter Sauerklee – *Oxalis fontana* BUNGE
Merkmale: Von Juni bis September blühend, 10–30 cm hoch, mit knolligen Ausläufern und ausdauernd.
Laubblätter: 3-teilig; Teilblätter 5–20 mm lang, bis 25 mm breit, mit dem Stiel gelenkig verbunden, ganzrandig, am Ende ausgerandet und gegenständig angeordnet.
Blütenstand: Wenigblütige Dolde.
Blüten: Gestielt und vor dem Aufblühen nickend; Kelchblätter 5, zugespitzt und grün; Kronblätter 5, vorn abgerundet, 4–8 mm lang und mittel- bis hellgelb gefärbt; Staubblätter 10, wobei die äusseren 5 etwas kürzer sind; Fruchtknoten oberständig und mit 5 freien Griffeln.
Früchte: Die Samen ausschleudernde Kapseln.
Standort: In der kollinen Stufe in wärmeren Lagen bei Gartenbeeten, Bahnarealen, in Äckern, Unkrautfluren und auf Schuttstellen auf frischen, nährstoffreichen, meist kalkarmen, lockeren und humosen Sand- oder Lehmböden; ein Kulturbegleiter.

104 Aufrechtes Fingerkraut – *Potentilla recta* L.
Merkmale: Im Juni und Juli blühend, 25–70 cm hoch und ausdauernd.
Laubblätter: Grundständige mit bis 20 cm langen und behaarten Stielen und 5 oder 7 radiär angeordneten Teilblättern; diese sind schmal oval, oft dicht behaart und jederseits mit 7–18 groben und stumpfen Zähnen; oberste Blätter 3-zählig.
Blütenstand: Reichverzweigt, vielblütig und doldenähnlich.
Blüten: 2–2,5 cm im Durchmesser und mit Borstenhaaren versehenen Stielen; äussere 5 Kelchblätter schmal lanzettlich, innere breit lanzettlich; Kronblätter 5, herzförmig und hell- bis goldgelb gefärbt; viele Staubblätter und zahlreiche oberständige Fruchtknoten.
Früchte: Kahle Nüsschen.
Standort: In der kollinen Stufe bei trockenwarmen Hügeln, in Kiesgruben und wärmebedürftigen Unkrautgesellschaften auf sommertrockenen, kalkarmen, mehr oder weniger nährstoff- und basenreichen Sand- und Kiesböden.

105 Gänse-Fingerkraut – *Potentilla anserina* L.
Merkmale: Von Mai bis September blühend, bis 1 m lang, niederliegend und ausdauernd.
Laubblätter: Grundständige bis 20 cm lang, mit 2–5 cm langen, anliegend behaarten Stielen und unpaarig gefiedert; Fiedern schmal oval, 2–4 cm lang, mit zahlreichen spitzen Zähnen, unterseits dicht silbrig behaart und glänzend.
Blütenstand: Einzelblüten auf 4–20 cm langen und aufrechten Stielen.
Blüten: 2–3 cm im Durchmesser; äussere 5 Kelchblätter meist 3-zähnig, innere breit lanzettlich; Kronblätter 5, oval, goldgelb, vorn meist abgerundet und doppelt so lang wie die Kelchblätter; Staubblätter und Fruchtknoten zahlreich.
Früchte: Junge Nüsschen gelegentlich behaart; reife Früchte kahl.
Standort: In der kollinen und montanen Stufe entlang von Waldrändern, in Gräben, Hecken, Weiden, im Brachland und an Ufern auf feuchten bis trockenen, dichten, nährstoff- und basenreichen Lehm- und Tonböden.

106 Gemeiner Odermennig – *Agrimonia eupatoria* L.
Merkmale: Von Juni bis September blühend, 50–140 cm hoch und mit abstehend behaarten Stengeln.
Laubblätter: Alle stengelständig und unpaarig gefiedert; untere Stengelblätter bis 20 cm lang und mit 5–8 Paaren einfacher Fiedern; diese sind oval, bis 6 cm lang, breit gezähnt, oberseits behaart und unterseits auf der ganzen Fläche weiss- bis grauhaarig.
Blütenstand: Mehrere 20–40 cm lange Trauben mit kurz gestielten Blüten.
Blüten: Kelchblätter 5, mit hakig gebogenen Borsten, nach der Blütezeit zusammenneigend; Kronblätter 5 und gelb; Staubblätter 10–20; Fruchtknoten oberständig.
Früchte: Diese sind von je einem harten Fruchtbecher umschlossen.
Standort: In der kollinen und montanen Stufe in Hecken, trockenen und mageren Wiesen, lichten Wäldern und entlang von Wegrändern auf mässig trockenen bis trockenen, mehr oder weniger nährstoff- und basenreichen Böden.

107 Sichelblättriges Hasenohr – *Bupleurum falcatum* L.
Merkmale: Von Juli bis September blühend, 30–80 cm hoch, ästig verzweigt und nur zerstreut anzutreffen; bis 120 cm tief wurzelnd.
Laubblätter: Grundständige lang gestielt, schmal oval oder spatelförmig, ganzrandig, 5–7-aderig und mit der grössten Breite oberhalb der Mitte; obere Blätter lineal lanzettlich, oft etwas gebogen und mit dem Stiel den Stengel umfassend.
Blütenstand: Dolden
Blüten: Pro Dolde 3–12 Blüten; Kelchblätter 5, grünlich und schmal oval; Kronblätter 5, nicht verwachsen und gelb; Staubblätter 5 und zwischen den Kronblättern liegend; Fruchtknoten unterständig und aus 2 Fruchtblättern verwachsen.
Früchte: Spaltfrüchte zerfallen in 2 einsamige Teilfrüchte.
Standort: In der kollinen und montanen Stufe an trockenen Hängen, Rainen, auf Trockenwiesen und in lichten Wäldern auf mageren, meist trockenen, kalkreichen und humosen Böden.

108 Echter Dill – *Anethum graveolens* L.
Merkmale: Von Juni bis Oktober blühend, 40–120 cm hoch, kahl und bläulich bereift.
Laubblätter: 3–4-fach fein gefiedert; Fiederblätter 2–7 cm lang, fadenförmig und meist weniger breit als 1 mm; Blattscheiden 1–2 cm lang und an der Spitze beiderseits geöhrt.
Blütenstand: Grosse und vielstrahlige Dolden.
Blüten: Lang gestielt; Kronblätter 5, klein und gelblich; Staubblätter 5 und zwischen den Kronblättern angeordnet; Fruchtknoten aus 2 Fruchtblättern zusammengesetzt.
Früchte: Spaltfrüchte; die beiden Teilfrüchte bis 4 mm lang, linsenförmig und mit breiten Randrippen.
Standort: In der kollinen Stufe kultiviert und gelegentlich an steinigen Orten, Müll- und Verladeplätzen und in Weinbergen verwildert; wärmeliebende Gewürz- und Heilpflanze, die wahrscheinlich bereits von den Römern verwendet wurde; die ursprünglich ostmediterran-südwestasiatische Pflanze ist heute über die ganze Erde verbreitet.

109 Scharbockskraut – *Ranunculus ficaria* L.
Merkmale: Von März bis April blühend, 5–25 cm hoch, an Knoten oft wurzelnd und ausdauernd.
Laubblätter: Grundständige herz- oder nierenförmig, lang gestielt, kahl, fettig glänzend, breit und flach gekerbt bis ganzrandig und fleischig anzufühlen; Stengelblätter ähnlich ausgebildet: in ihren Achseln oft mit Brutknospen; Blätter zuweilen schwarz gefleckt.
Blütenstand: Lang gestielte Einzelblüten.
Blüten: 2–3 cm im Durchmesser; Kelchblätter 3–5, seltener bis 7, oval und am Grunde mit einem sackartigen Sporn; Kronblätter 8–12, schmal oval, stumpf und mittel- bis dunkelgelb gefärbt; viele Staubblätter; zahlreiche Fruchtblätter.
Früchte: Nüsschen meist kugelig, gestielt und etwas behaart.
Standort: In der kollinen und montanen Stufe in feuchten Wiesen, Hecken, lichten und feuchten Laubmischwäldern und bei Baumgärten auf feuchten, lehmigen und tonigen Böden; Pflanze ohne Rhizom; Wurzeln keulenförmig vergrössert; in ganz Europa verbreitet, aber ohne arktische Gebiete.

110 Frühlings-Adonisröschen – *Adonis vernalis* L.
Merkmale: Im April und Mai blühend, 10–30 cm hoch und ausdauernd; Stengel auch verzweigt.
Laubblätter: Meist sitzend, dicht stehend, 2–3-fach fiederteilig; Fiedern lang und sehr schmal linealisch gestaltet.
Blütenstand: Endständige Einzelblüten.
Blüten: 3–7 cm im Durchmesser; Kelchblätter 5, anliegend behaart und grün; Kronblätter 10–20, schmal oval, ganzrandig oder schwach gezähnt, goldgelb und unterseits gegen das Ende zu oft mit braunroten Flecken; viele Staubblätter; auf dem zylindrischen Blütenboden zahlreiche Fruchtknoten.
Früchte: Nüsschen eiförmig, bis 5 mm lang, zerstreut bis weiss behaart; Ameisenverbreitung.
Standort: In der kollinen und montanen Stufe in trockenen Magerwiesen, lichten Föhrenwäldern, an trockenwarmen und buschigen Hügeln auf trockenen, basen- und kalkreichen, neutralen, humosen und lockeren Lehm- und Lössböden; Tiefwurzler; giftig, aber als Heilpflanze verwendet; geschützt; oft als Zierpflanze in den Gärten angepflanzt.

111 Gebräuchlicher Steinsame – *Lithospermum officinale* L.
Merkmale: Von Mai bis Juli blühend, 20–90 cm hoch; mehrere Stengel beim gleichen Rhizom.
Laubblätter: 5–10 cm lang, schmal oval bis lanzettlich, ganzrandig, gegen Grund und Spitze zu allmählich verschmälert, unterseits mit hervortretenden Seitenadern und wechselständig angeordnet.
Blütenstand: Untere Blüten einzeln in Blattachseln; obere bei Hochblättern meist zu mehreren.
Blüten: Kelchblätter 5, nur am Grunde miteinander verwachsen, linealisch, stark behaart und am Ende abgestumpft; Kronblätter 5, verwachsen, gelblich, gelblichweiss bis grünlich und in der meist bis 5 mm langen Kronröhre mit 5 behaarten Falten; Staubblätter 5, nicht aus der Röhre herausragend; Fruchtknoten oberständig; Insektenbestäubung.
Früchte: Je 4 glatte Nüsschen.
Standort: In der kollinen (seltener montanen) Stufe in lichten Auen- und Laubmischwäldern, im Ufergebüsch, an steinigen Hängen, sonnigen Hügeln auf frischen bis trockenen, humosen, gern sandigen, nährstoff- und basenreichen Böden.

112 Echte- oder Gemeine Wallwurz – *Symphytum officinale* L.
Merkmale: Von Mai bis August blühend, 40–140 cm hoch und abstehend behaart; Rhizom lang.
Laubblätter: 10–25 cm lang, eiförmig bis schmal eiförmig, langsam nach oben zugespitzt, gegen den Spreitengrund zu in den geflügelten Blattstiel verschmälert und rauhaarig; Flügel bis 4 mm breit und jeweils bis zum nächsten Blatt herablaufend.
Blütenstand: Dichte, vielblütige und rundliche Rispe.
Blüten: Kelchblätter 5, schmal 3-eckig, behaart und nur im unteren Bereich verwachsen; Kronblätter 5, verwachsen, bis 2 cm lang, gelb, rötlich oder rotviolett, in der Mitte erweitert, gegen die 5 schmalen Zipfel zu wiederum verengt; Staubblätter 5; Schlundschuppen 5, zugespitzt, nicht behaart und nicht aus der Krone herausragend; Fruchtknoten oberständig; Insekten- und Selbstbestäubung.
Früchte: Nüsschen mehr oder weniger warzig.
Standort: In der kollinen und montanen Stufe in Nasswiesen, Auen- und Bruchwäldern, im Ufergebüsch und bei Gräben auf nassen und feuchten Böden.

113 Gelbe Reseda – *Reseda lutea* L.
Merkmale: Von Juni bis September blühend, 20–55 cm hoch, mit langer Pfahlwurzel und 2- bis mehrjährig; bis 75 cm tief wurzelnd.
Laubblätter: Wechselständig angeordnet, mit schmal geflügeltem Stiel und 3- oder mehrteilig; Fiederblätter ihrerseits mit 1, 2 oder 3 schmal lanzettlichen Abschnitten.
Blütenstand: Vielblütige Traube mit 2–3 mm langen Tragblättern.
Blüten: Blütenstiele 3–5 mm lang; Kelchblätter 6, bis 3 mm lang und grünlich; Kronblätter 6 und gelblich; die beiden oberen bis 5 mm lang, 3-teilig und mit kurzem Mittelabschnitt; die 4 unteren ungeteilt oder mit nur einem kleinen seitlichen Zipfel; viele Staubblätter; Fruchtknoten oberständig.
Früchte: Vielsamige Kapseln.
Standort: In der kollinen Stufe auf Schuttplätzen, an Wegrändern, in Kiesgruben, Äckern, Weinbergen und Hofanlagen auf warmen, trockenen, nährstoff- und basenreichen, meist sandigen, wenig humosen und lockeren Stein- und Lehmböden; eine ursprünglich mediterrane Pflanze.

114 Schaftlose Schlüsselblume – *Primula acaulis, P. vulgaris* L.
Merkmale: Von März bis April blühend, 5–10 cm hoch und ausdauernd.
Laubblätter: 10–15 cm lang, bis 6 cm breit, schmal verkehrt eiförmig, allmählich in den geflügelten Stiel verschmälert, etwas runzelig und unregelmässig grob gezähnt.
Blütenstand: Stengel sehr reduziert; Einzelblüten.
Blüten: Blütenstiele bis 10 cm lang und mehr oder weniger stark behaart; Kelchblätter 5, verwachsen, behaart, bis 15 mm lang und scharfkantig; Kronblätter 5, verwachsen, oval, am Ende ausgerandet, hellgelb und gegen den Schlund zu mit dunkelgelbem oder orangem Fleck; Kronzipfel flach ausgebreitet; Staubblätter 5; Fruchtknoten oberständig.
Früchte: 8–15 mm lange Kapseln.
Standort: In der kollinen und montanen Stufe in Hecken, mageren Wiesen, lichten Laubwäldern, Baumgärten und an Böschungen auf sickerfrischen, nährstoff- und basenreichen, meist kalkfreien, humosen und steinigen Lehmböden; wintermilde Klimalage bevorzugend.

115 Wald-Schlüsselblume – *Primula elatior* L.
Merkmale: Von März bis August blühend, 10–30 cm hoch, mit behaarten Blütenstielen und ausdauernd.
Laubblätter: 10–20 cm lang, bis 6 cm breit, länglich eiförmig, etwas runzelig, in der Jugend am Rande umgerollt und unregelmässig fein gezähnt.
Blütenstand: Vielblütige und einseitswendige Dolde.
Blüten: Kelchblätter 5, verwachsen, 6–15 mm lang, scharfkantig und hellgrün; Kelchzähne bis 6 mm lang und schmal 3-eckig; Kronblätter 5, verwachsen, hellgelb, ohne orangegelben Fleck, wenig duftend und mit oft ausgerandeten Kronzipfeln; Staubblätter 5; Fruchtknoten oberständig, einfächerig, mit einem Griffel und einer kopfförmigen Narbe.
Früchte: 10–15 mm lange Kapseln; diese deutlich länger wie der Kelch.
Standort: Von der kollinen bis in die subalpine Stufe in schattigen Wiesen, Hecken, an Lägerstellen und Böschungen auf sickerfrischen, neutralen, nährstoff- und basenreichen Böden.

116 Frühlings-Schlüsselblume – *Primula veris* L.
Merkmale: Von April bis August blühend, 10–30 cm hoch und samtig behaart.
Laubblätter: 5–15 cm lang, bis 4 cm breit, länglich eiförmig, oft abrupt in den geflügelten Stiel verschmälert, am Spreitengrund gestutzt bis herzförmig, etwas runzelig, am Rande umgerollt und fein oder grob gezähnt.
Blütenstand: Vielblütige und einseitswendige Dolde.
Blüten: Wohlriechend; Kelchblätter 5, verwachsen, bis 15 mm lang, scharfkantig, behaart, hellgrün und etwas aufgeblasen; Kronblätter 5, verwachsen, dunkelgelb und bei langgriffligen Pflanzen mit einem orangegelben Flecken; Kronzipfel nur wenig ausgerandet; Staubblätter 5; Fruchtknoten oberständig.
Früchte: 10–15 mm lange Kapseln; diese etwa so lang wie der Kelch.
Standort: Von der kollinen bis in die subalpine Stufe in mageren Wiesen, Hecken und bei Waldrändern auf frischen bis mässig trockenen, kalkhaltigen und neutralen Böden.

117 Gemeines Greiskraut, Gewöhnliches Kreuzkraut – *Senecio vulgaris* L.
Merkmale: Das ganze Jahr hindurch blühend, 5–35 cm hoch und ausdauernd.
Laubblätter: Lanzettlich, jederseits bis über die Mitte der Blatthälfte fiederteilig, im oberen Bereich des Stengels geöhrt und zerstreut spinnwebig behaart.
Blütenstand: Blütenköpfchen in doldenartigen Rispen.
Blüten: Blütenköpfe 5–8 mm lang, mit schwärzlichen Aussenhüllblättern und grünlichen Innenhüllblättern (hier schwarze Spitze); Kelchblätter zu einem Pappus (= Haare) umgewandelt; Kronblätter röhrenförmig verwachsen und gelb; die 5 Staubblätter zu einer Röhre verwachsen; Fruchtknoten unterständig und aus 2 Fruchtblättern verwachsen.
Früchte: Nüsse mit verwachsener Frucht- und Samenschale (= Achänen).
Standort: In der kollinen und montanen Stufe in Rebbergen, Waldschlägen, Gärten, Äckern, auf Schuttplätzen und entlang von Wegen auf frischen bis mässig trockenen, nährstoffreichen, lockeren und tonigen Böden.

118 Wermut, Absinth – *Artemisia absinthium* L.
Merkmale: Im Juli und August blühend, 30–100 cm hoch, mit einem mehrköpfigen Rhizom und ausdauernd; alte Arznei- und Gewürzpflanze; sommerwarmes Klima bevorzugend.
Laubblätter: 5–15 cm lang, breit oval, 3-fach fiederteilig, besonders unterseits angedrückt graufilzig behaart, mit lanzettlichen und zugespitzten Zipfeln; obere Blätter sitzend, einfacher geteilt oder ungeteilt.
Blütenstand: Köpfchen 4–8 mm lang und in einer Rispe vereinigt.
Blüten: Alle röhrenförmig und gelb; Staubblätter 5; Staubbeutel miteinander verklebt; innere Blüten zwittrig, äussere Blüten weiblich; Fruchtknoten unterständig; Blütenboden flach.
Früchte: Achänen zylindrisch bis eiförmig und fein gerillt.
Standort: Von der kollinen bis in die subalpine Stufe an unbebauten Orten, bei Dämmen, auf Mauern, beweideten Felshängen, entlang von Wegen und bei Hecken auf mässig trockenen, nährstoff- und basenreichen, neutralen und sandig-steinigen Lehm- und Tonböden.

119 Gemeiner Rainfarn – *Tanacetum vulgare* L.
Merkmale: Von Juni bis September blühend, 30–120 cm hoch und ausdauernd.
Laubblätter: Bis 40 cm lang und gefiedert; obere Blätter anliegend, untere lang gestielt; Fiedern lanzettlich, mit nach vorn gerichteten groben Zähnen und mittelgrün.
Blütenstand: Köpfchen in dichten und doldenartigen Rispen.
Blüten: Alle röhrenförmig und goldgelb gefärbt; Kronblätter röhrenförmig und verwachsen; Staubblätter 5; Staubbeutel miteinander verklebt; Fruchtknoten unterständig und aus 2 Fruchtblättern zusammengesetzt.
Früchte: Achänen bis 2 mm lang, drüsig punktiert und meist 5-kantig.
Standort: In der kollinen und montanen Stufe auf Schuttplätzen, in Auenwäldern, Hecken, Waldschlägen, staudenreichen Unkrautfluren, an Dämmen und bei Ufern auf sommerwarmen, frischen, nährstoffreichen, neutralen und sandigen Lehm- und Tonböden; ein Kulturbegleiter und eine Nutzpflanze.

120 Gold-Aster – *Aster linosyris* (L.) BERNH.
Merkmale: Im August und September blühend, 20–55 cm hoch, mit einem kurzen, dicken Rhizom und ausdauernd.
Laubblätter: Bis 5 cm lang, schmal lanzettlich, ganzrandig, einadrig und sitzend.
Blütenstand: Köpfchen in einer doldenartigen Traube.
Blüten: Alle röhrenförmig und gelb; Hüllblätter am Rande behaart und zugespitzt; Kronblätter verwachsen und eine lange Röhre bildend; Staubblätter 5; Staubbeutel miteinander verklebt; der Fruchtknoten unterständig und aus 2 Fruchtblättern verwachsen.
Früchte: Achänen 2–3 mm lang, dicht behaart; Pappus gelblich und bis 7 mm lang.
Standort: In der kollinen Stufe auf trockenwarmen Hügeln, Felsen, in Trockenwiesen, lichten Föhrenund Flaumeichenwäldern und entlang von Waldrändern auf trockenen, basenreichen, meist kalkhaltigen, humosen und lockeren Lehm- und Tonböden; herdenbildend und bis 55 cm tief wurzelnd; lichtliebend; wärmere Lagen bevorzugend.

121 Wiesen-Alant – *Inula britannica* L.
Merkmale: Im Juli und August blühend, 20–80 cm hoch, nach Knoblauch riechend; Rhizom kurz.
Laubblätter: Lanzettlich, ganzrandig oder mit feinen Zähnen, im oberen Teil sitzend, im unteren in den kurzen Stiel verschmälert, am Ende stumpf oder zugespitzt und kahl bis behaart.
Blütenstand: Köpfchen 3–5 cm im Durchmesser und einzeln oder in lockeren und doldenartigen Rispen; äussere Hüllblätter meist einreihig, ausserseits anliegend behaart und oft mit zurückgebogener Spitze; innere Hüllblätter kahl.
Blüten: Strahlenblüten 15–25 mm lang, weiblich, gelb und abstehend; Röhrenblüten zwittrig und gelb; Staubblätter 5; Fruchtknoten unterständig.
Früchte: Achänen bis 1,5 mm lang, gerippt, anliegend behaart; Pappus 4–6 mm lang.
Standort: In der kollinen und montanen Stufe in Sumpfwiesen, Hecken, auf Schuttstellen, an Ufern und entlang von Wegrändern auf feuchten bis sommertrockenen, nährstoff- und basenreichen, meist kalkhaltigen und sandigen oder reinen Tonböden.

122 Weidenblättriges Rindsauge – *Buphthalmum salicifolium* L.
Merkmale: Von Juni bis September blühend, 15–60 cm hoch; Zweige einfach oder verzweigt.
Laubblätter: 8–15 cm lang, oval bis lanzettlich, ganzrandig oder fein gezähnt, am Ende stumpf oder kurz zugespitzt, schwach behaart, im oberen Teil der Pflanze ungestielt; untere Blätter in einen langen Stiel verschmälert.
Blütenstand: Blütenköpfe 3–6 cm im Durchmesser, einzeln oder in lockeren Trauben am Ende der Zweige; Hüllblätter dachziegelartig angeordnet, anliegend behaart und zugespitzt; Spreublätter lanzettlich und zugespitzt.
Blüten: Zungenblüten weiblich und gelb; Röhrenblüten zwittrig und gelb; Staubblätter 5; Staubbeutelhälften unten zugespitzt; Fruchtknoten unterständig.
Früchte: Achänen kahl, 2–4 mm lang, 3-kantig oder zylindrisch; Pappus bis 6 mm lang.
Standort: Von der kollinen bis in die subalpine Stufe in wärmeren Lagen in Flachmooren, Trockenwiesen, Staudenhalden, lichten Wäldern auf sommerwarmen, kalkhaltigen, steinigen Böden.

123 Grosses Flohkraut – *Pulicaria dysenterica* (L.) BERNH.
Merkmale: Von Juni bis August blühend, 20–60 cm hoch, ausdauernd; Rhizom mit Ausläufern.
Laubblätter: 4–10 cm lang, schmal oval bis lanzettlich, ganzrandig oder entfernt buchtig gezähnt, zugespitzt, etwas wellig, oberseits zerstreut weiss behaart und unterseits weissgraufilzig; Blätter im unteren Bereich sitzend; obere mit herzförmigem Grund den Stengel umfassend.
Blütenstand: Köpfchen 1–3 cm im Durchmesser und in einer doldenartigen Rispe vereinigt.
Blüten: Zungenblüten bis 1 mm breit, gelb, weiblich, ausgebreitet und deutlich länger als die abstehend behaarten Hüllblätter; Röhrenblüten zwittrig, mit 5 Staubblättern und einem unterständigen Fruchtknoten.
Früchte: Achänen 1–2 mm lang, behaart, 8–10-rippig; Pappusborsten 2–4 mm lang.
Standort: In der kollinen und montanen Stufe an Gräben, feuchten Waldstellen, Ufern, in Moorwiesen und nassen Weiden auf nassen bis wechselfeuchten, nährstoff- und basenreichen, neutralen und humosen Lehm- und Tonböden; Wurzelkriechpionier.

124 Nickender Zweizahn – *Bidens cernua* L.
Merkmale: Von Juli bis September blühend, 15–120 cm hoch, 1-jährig und mit dünner Wurzel.
Laubblätter: 5–15 cm lang, lanzettlich, mit weit auseinanderliegenden Zähnen, zugespitzt, sitzend, gegenständig angeordnet und am Grunde paarweise etwas zusammengewachsen.
Blütenstand: Köpfchen nach der Blütezeit nickend, 2–5 cm im Durchmesser und meist einzeln; äussere Hüllblätter bis 3,5 cm lang und am Rande bewimpert; innere Hüllblätter 5–10 mm und gelb.
Blüten: Strahlenblüten oval, 10–15 mm lang, bis 5 mm breit, unfruchtbar (ohne Griffel) und gelb; innere Blüten röhrenförmig, zwittrig und bräunlichgelb gefärbt; Staubbeutel unten abgerundet; Fruchtknoten unterständig; Insektenbestäubung.
Früchte: Achänen flach, 4-kantig und mit vereinzelten Haaren.
Standort: In der kollinen Stufe auf Schuttstellen, Mooren, an Ufern, Gräben und in Siedlungsnähe beim Dorf- und Fischteich auf nährstoff- und stickstoffreichen, zeitweise überschwemmten, humosen Sand- oder Tonböden; Kulturbegleiter; Schlammpionier.

125 Spätblühende Goldrute – *Solidago gigantea* AITON
Merkmale: Von August bis Oktober blühend, 40–130 cm hoch und ausdauernd.
Laubblätter: 8–15 cm lang, lanzettlich, an beiden Enden lang zugespitzt, kahl oder unterseits den Adern entlang kurzhaarig, ganzrandig oder schwach gesägt.
Blütenstand: Gestielte Blütenköpfe in einseitswendigen Rispen zusammengefasst; Blütenköpfchenboden ohne Spreuschuppen; Hüllblätter kahl oder zerstreut behaart.
Blüten: Die je 8–15 gelben und nur weiblichen Zungenblüten sind nur wenig länger als die ebenfalls gelben und zwittrigen Röhrenblüten; Staubblätter 5; Fruchtknoten unterständig.
Früchte: Achänen 1–2 mm lang, zylindrisch und mit einem 1–2 Reihen von Borsten bestehenden Pappus.
Standort: In der kollinen Stufe auf Schuttplätzen, in Kiesgruben, Auenwäldern und im Ufergebüsch auf sommerwarmen, grund- oder sickerfeuchten, nährstoff- und basenreichen, meist tiefgründigen Lehm- und Tonböden; Ausläufer treibend; Zierpflanze aus den USA.

126 Huflattich – *Tussilago farfara* L.
Merkmale: Von März bis Mai blühend, 5–20 cm hoch und ausdauernd.
Laubblätter: Grundständige rundlich bis herzförmig, mit langen, meist rötlichen und abgeflachten Stielen, am Rande mit tiefen Buchten, die fein gesägt sind, unterseits grau- bis weissfilzig und erst nach der Blütezeit erscheinend; stengelständige Blätter klein, lanzettlich und rötlich.
Blütenstand: Einzelner Blütenkopf am Ende der Stengel 2–3 cm im Durchmesser; Hüllblätter einreihig, 10–15 mm lang, rötlichbraun gefärbt, von schuppenförmigen Stengelblättern umgeben; Boden des Blütenkopfes ohne Haare und ohne Spreublätter.
Blüten: Zungenblüten weiblich, zahlreich und bis 10 mm lang; Röhrenblüten zwittrig und aus 5 verwachsenen Kronblättern; Staubblätter 5; Fruchtknoten unterständig.
Früchte: Achänen 3–5 mm lang, zylindrisch und mit weissen Pappushaaren.
Standort: Von der kollinen bis in die subalpine Stufe an Rutschhängen, bei Schuttstellen, in Kiesgruben und bei Erdanrissen auf feuchten bis frischen, basenreichen und meist kalkhaltigen Böden.

127 Jakobs Greiskraut (Kreuzkraut) – *Senecio jacobaea* L.
Merkmale: Von Juni bis August blühend, 30–90 cm hoch, ohne Ausläufer und meist mehrjährig.
Laubblätter: Untere Stengelblätter leierförmig, die darüberliegenden bis nahe der Mittelader fiederteilig, kahl oder zerstreut behaart und mit rechtwinklig abstehenden und gezähnten Abschnitten; obere Stengelblätter den Stengel mit mehreren Zipfeln zum Teil umfassend.
Blütenstand: Köpfchen in doldenartiger Rispe; äussere Hüllblätter 2–5 mm lang, schmal lanzettlich; die 12–15 inneren zerstreut behaart; Blütenkopfboden ohne Haare und Spreuschuppen.
Blüten: Die 12–15 Zungenblüten sind weiblich und bis 12 mm lang; die Röhrenblüten sind zwittrig, mit 5 verwachsenen Kronblättern, 5 Staubblättern und einem unterständigen Fruchtknoten, der jeweils aus 2 Fruchtblättern zusammengesetzt ist.
Früchte: Achänen 2–3 mm lang und mit bis 5 mm langem Pappus.
Standort: In der kollinen und montanen Stufe in Wiesen, Weiden, Hecken, grasigen Böschungen und entlang von Waldrändern auf mässig frischen und nährstoffreichen Böden.

128 Färber-Hundskamille – *Anthemis tinctoria* L.
Merkmale: Im Juli und August blühend, 20–50 cm hoch, 2-jährig oder ausdauernd und mit etwas behaartem Stengel.
Laubblätter: Oval, meist sitzend, fiederteilig, zerstreut behaart und unterseits graugrün; Abschnitte lanzettlich und mit nach vorn gerichteten Zähnen.
Blütenstand: Lang gestielte Einzelköpfchen; Hüllblätter filzig behaart; Boden des Blütenkopfes halbkugelig und mit lanzettlichen Spreuschuppen.
Blüten: Die 12–25 Zungenblüten bis 10 mm lang und goldgelb gefärbt; Röhrenblüten zwittrig, mit jeweils 5 verwachsenen Kronblättern, 5 Staubblättern und einem unterständigen Fruchtknoten.
Früchte: Achänen 2–4 mm lang, kahl und jederseits mit 5–7 Längsrippen.
Standort: In der kollinen und montanen Stufe im Ödland, in Trockenwiesen, Äckern, entlang von Wegen, an Dämmen und bei Böschungen auf trockenen, sommerwarmen, oft humus- und feinerdearmen und flachgründigen Steinböden.

129 Wiesen-Bocksbart, Habermark – *Tragopogon pratensis* L. s.l.
Merkmale: Im Juni und Juli blühend, 30–60 cm hoch und 2- bis mehrjährig.
Laubblätter: Schmal 3-eckig, aus breitem Grund in eine lange und dünne Spitze auslaufend, sitzend, ganzrandig, kahl, den Stengel zum Teil umfassend und besonders im unteren Teil mit einem rötlich gefärbten Rand.
Blütenstand: Am Ende der Stiele bis 45 mm breite Köpfchen; Boden des Blütenkopfes kahl und ohne Spreuschuppen.
Blüten: Alle zungenförmig und zwittrig; die 5 Kronblätter zu einer gelben Zunge verwachsen; Staubblätter 5; Fruchtknoten unterständig.
Früchte: Achänen mit dem Schnabel bis 25 mm lang; Pappus mehrreihig.
Standort: In der kollinen und montanen Stufe verbreitet in Fettwiesen, Unkrautfluren und entlang von Wegen auf frischen bis mässig trockenen, mehr oder weniger nährstoff- und basenreichen, lockeren und mittelgründigen Lehm- und Tonböden.

130 Langhaariges Habichtskraut – *Hieracium pilosella* L.
Merkmale: Von Mai bis Oktober blühend, 5–30 cm hoch, mit dünnen Ausläufern versehen und ausdauernd.
Laubblätter: Grundständige lanzettlich bis schmal oval, gegen den Grund zu allmählich verschmälert, am Ende stumpf oder spitz, meist ganzrandig, oberseits hell- bis dunkelgrün (je nach Standort) und unterseits grau- bis weissfilzig.
Blütenstand: Einzelköpfchen am Ende der Stengel; Hüllblätter mit Sternhaaren, dunklen Drüsenhaaren und einfachen Haaren.
Blüten: Alle zungenförmig und zwittrig; die 5 Kronblätter zu einer hellgelben Zunge verwachsen; Staubblätter 5; Fruchtknoten unterständig.
Früchte: Achänen bis 2,5 mm lang, schwarz und mit gelblichweissem Pappus.
Standort: In der kollinen und montanen Stufe in Weiden, Heiden, Trockenwiesen, Geröllhalden und bei Grasplätzen auf mässig trockenen, kalkarmen, mageren, sandigen und lockeren Böden.

131 Steifhaariger Löwenzahn – *Leontodon hispidus* L. s.l.
Merkmale: Von Juni bis August blühend, 10–50 cm hoch und ausdauernd.
Laubblätter: Grundständige lanzettlich bis schmal oval, in den Stiel verschmälert, am Ende stumpf oder abgerundet, ganzrandig oder buchtig gezähnt und aufrecht oder dem Boden aufliegend; stengelständige nur schuppenförmig ausgebildet.
Blütenstand: Meist einköpfig; Hüllblätter 10–20 mm lang, kurz anliegend behaart und innerseits an der Spitze gekräuselt behaart.
Blüten: Alle zungenförmig und zwittrig; die 5 Kronblätter zu einer hellgelben Zunge verwachsen; Staubblätter 5; Fruchtknoten unterständig.
Früchte: Achänen bis 8 mm lang, 12–18-rippig und mit einem gelblichweissen Pappus.
Standort: Von der kollinen bis in die subalpine Stufe in Wiesen, Weiden, lichten Wäldern, Halbtrockenrasen, Moor- und Nasswiesen und im Felsschutt auf frischen, mehr oder weniger nährstoff- und basenreichen und humosen Lehm- und Tonböden.

132 Habichtskrautartiges Bitterkraut – *Picris hieracioides* L. s.l.
Merkmale: Von Juli bis Oktober blühend, 20–80 cm hoch, mit einem mehrköpfigen Rhizom und jeweils 2- bis mehrjährig.
Laubblätter: Lanzettlich bis schmal oval, im unteren Teil der Pflanze in einen geflügelten Stiel verschmälert, im oberen Bereich sitzend und den Stengel zum Teil umfassend, am Ende zugespitzt, ganzrandig oder buchtig gezähnt und steifhaarig.
Blütenstand: Blütenköpfe in doldenartigen Rispen; mit zahlreichen behaarten und dachziegelig angeordneten Hüllblättern.
Blüten: Alle zungenförmig und zwittrig; die 5 Kronblätter zu einer mittelgelben Zunge verwachsen, die auf der Aussenseite oft etwas rötlich gefärbt ist; Staubblätter 5; Fruchtknoten unterständig.
Früchte: Achänen mit dem Schnabel bis 5 mm lang und etwas sichelförmig gebogen.
Standort: In der kollinen und montanen Stufe an Dämmen, in Steinbrüchen, Wiesen und Kiesgruben auf mässig frischen, nährstoff- und basenreichen Böden.

133 Gewöhnliches- oder Wiesen-Ferkelkraut – *Hypochoeris radicata* L.
Merkmale: Von Juli bis Oktober blühend, 20–50 cm hoch und ausdauernd.
Laubblätter: Grundständige lanzettlich bis schmal oval, tief gezähnt bis fiederteilig, ungestielt, gegen den Grund zu verschmälert, am Ende meist stumpf, kahl oder behaart, nicht gefleckt und dem Boden meist anliegend.
Blütenstand: Stengel einfach oder verzweigt und dann mehrköpfig.
Blüten: Alle zungenförmig und zwittrig; die 5 Kronblätter zu einer gelben Zunge verwachsen; ihre Aussenseite oft rötlich oder grünlich gefärbt; Staubblätter 5; Fruchtknoten unterständig und aus jeweils 2 Fruchtblättern verwachsen.
Früchte: Achänen mit dem Schnabel bis 15 mm lang und mit gelblichweissem Pappus.
Standort: In der kollinen und montanen Stufe verbreitet in Magerwiesen, Weiden, Parkanlagen, Heiden und lichten Wäldern auf frischen bis mässig trockenen, mässig nährstoff- und basenreichen und kalkarmen Böden.

134 Löwenzahnblättriger Pippau – *Crepis vesicaria ssp. taraxacifolia* THUILL.
Merkmale: Im Mai und Juni blühend, 20–70 cm hoch, nach bitteren Mandeln riechend und 1- oder auch 2-jährig.
Laubblätter: Lanzettlich bis schmal oval, im unteren Teil der Pflanze in den geflügelten Stiel verschmälert, im oberen Bereich sitzend und mit kleinen Zipfeln den Stengel zum Teil umfassend, buchtig gezähnt bis fiederteilig und kahl oder mit wenigen gelblichen Haaren.
Blütenstand: Stengel verzweigt und vielköpfig.
Blüten: Alle zungenförmig und zwittrig; die 5 Kronblätter zu einer gelben Zunge verwachsen; Kronröhre ausserseits behaart; Staubblätter 5; Fruchtknoten unterständig und aus 2 Fruchtblättern verwachsen.
Früchte: Achänen mit dem Schnabel bis 9 mm lang und mit einem weisslichen Pappus.
Standort: In der kollinen und montanen Stufe in Unkrautfluren, Wiesen, an Mauern, Böschungen und entlang von Wegen auf frischen bis mässig trockenen, nährstoff- und basenreichen Böden.

135 Wiesen-Löwenzahn – *Taraxacum officinale* WEBER s.l.
Merkmale: Von April bis Oktober blühend, 5–30 cm hoch, mit vielgestaltigen Blättern und ausdauernd.
Laubblätter: Lanzettlich, meist bis zur Mittelader geteilt, mit 3-eckigen, oft gezähnten Abschnitten und einem grossen Endabschnitt, gestielt und kahl; am Grunde der Rosette weissflockig behaart.
Blütenstand: Am Ende eines hohlen und dünnwandigen Stengels ein grösseres Köpfchen; Hüllblätter schmal lanzettlich und grün.
Blüten: Alle zungenförmig und zwittrig; die 5 Kronblätter zu einer gelben Zunge verwachsen; Kronröhre kahl; Staubblätter 5; Fruchtknoten unterständig.
Früchte: Achänen zylindrisch, bräunlich und mit einem weissen Pappus.
Standort: Von der kollinen bis in die subalpine Stufe verbreitet in Wiesen, Weiden, Äckern, entlang von Wegen, auf Schuttplätzen und bei Unkrautfluren auf mässig feuchten bis mässig frischen, nährstoffreichen und neutralen Böden.

136 Kleinköpfiger Pippau – *Crepis capillaris* (L.) WALLR.
Merkmale: Von Juni bis September blühend, 15–80 cm hoch und 1- oder 2-jährig.
Laubblätter: Schmal oval bis lanzettlich, im oberen Teil der Pflanze sitzend, den Stengel mit jeweils 2 Zipfeln umfassend und im unteren Bereich in den geflügelten Stiel verschmälert (Blätter vielgestaltig).
Blütenstand: Vielköpfige Rispe; Hüllblätter gelegentlich mit dunklen Haaren, bis 8 mm lang und mit einigen Drüsen besetzt.
Blüten: Alle zungenförmig und zwittrig; die 5 Kronblätter zu einer gelben Zunge verwachsen; Kronröhre kahl; Staubblätter 5; Fruchtknoten unterständig.
Früchte: Achänen 1–3 mm lang, 10-rippig, im oberen Teil verschmälert und behaart.
Standort: In der kollinen und montanen Stufe auf Schuttstellen, an Dämmen, in Wiesen, Weiden, Äckern und entlang von Wegen auf frischen bis mässig trockenen, humosen, lehmigen, meist kalkarmen, mässig nährstoff- und basenreichen Böden.

137 Wiesen-Pippau – *Crepis biennis* L.
Merkmale: Von Mai bis Juli blühend, 30–100 cm hoch, mit holziger Pfahlwurzel und 2-jährig.
Laubblätter: Schmal oval bis lanzettlich, unregelmässig buchtig gezähnt bis fiederteilig, beiderseits der Hauptader mit langen oft etwas gelblichen Haaren, im unteren Bereich in den geflügelten Stiel verschmälert, im oberen Bereich sitzend und hier den Stengel umfassend.
Blütenstand: Rispen mit zahlreichen lang gestielten Köpfchen; Hüllblätter der Köpfchen 2-reihig, bis 14 mm lang und kurz weiss anliegend behaart.
Blüten: Goldgelbe und lanzettliche Zungenblüten aus 5 verwachsenen Kronblättern; Staubblätter 5; Fruchtknoten unterständig.
Früchte: Achänen bis 18-rippig, 4–7 mm lang, oft kurz behaart und mit einem weissen Pappus; Insekten- und Selbstbestäubung.
Standort: In der kollinen und montanen Stufe verbreitet in Fettwiesen und entlang von Wegen auf mässig feuchten bis frischen, nährstoffreichen, humosen und mittel- bis tiefgründigen Böden.

138 Gemeine Gänsedistel, Kohl-Gänsedistel – *Sonchus oleraceus* L.
Merkmale: Von Juni bis Oktober blühend, 20–100 cm hoch und 1- bis 2-jährig.
Laubblätter: Oval bis lanzettlich, ungeteilt oder beiderseits bis nahe der Mittelader fiederteilig; Blattrand jeweils ungleich und spitz gezähnt; Stengelblätter sitzend und den Stengel mit breiten Zipfeln umfassend.
Blütenstand: Gestielte Blütenköpfe in einer Rispe vereinigt; Hüllblätter verschieden lang und am Grunde weissflockig.
Blüten: Zungenblüten gelb, aus 5 Kronblättern verwachsen, ausserseits oft etwas rötlich und oft bis 2 cm lang; Staubblätter 5; Fruchtknoten unterständig.
Früchte: Achänen schmal verkehrt eiförmig, braun und bis 3 mm lang.
Standort: In der kollinen und montanen Stufe in Äckern, Gärten, auf Schuttplätzen, entlang von Wegen und bei Mauern auf frischen bis mässig trockenen, nährstoffreichen und humosen Böden; bis 1 m tief wurzelnd.

139 Wilder Lattich – *Lactuca serriola* L.
Merkmale: Von Juli bis September blühend, 30–140 cm hoch, 1- bis 2-jährig und mit einer langen Pfahlwurzel versehen.
Laubblätter: Grob gezähnt bis fiederteilig, unterseits bei der Mittelader mit borstenförmigen Haaren, blaugrün und steif; Abschnitte unregelmässig geformt und gezähnt; Stengelblätter sitzend und den Stengel mit 2 Zipfeln umfassend.
Blütenstand: Kegelförmige Rispe mit zahlreichen gestielten Blütenköpfen.
Blüten: Zungenblüten mittel- bis meist hellgelb, aus 5 Kronblättern verwachsen, 1–2 cm lang und am oberen flachen Ende 5-zähnig; Staubblätter 5; Fruchtknoten unterständig und aus 2 Fruchtblättern verwachsen.
Früchte: Achänen mit dem Schnabel bis 7 mm lang und jederseits mit 5–7 Längsrippen.
Standort: In der kollinen und montanen Stufe häufig in sonnigen Unkrautfluren, Hecken, entlang von Wegrändern und auf Bahnanlagen auf mässig trockenen, nährstoff- und basenreichen Böden.

140 Gemeines Leinkraut – *Linaria vulgaris* MILLER
Merkmale: Von Juni bis September blühend, 20–60 cm hoch, aufrecht, am Grunde auch verzweigt und ausdauernd.
Laubblätter: Lineal lanzettlich, nach unten keilförmig verschmälert, 1,5–3 cm lang, dicht stehend, am Rande etwas nach unten eingerollt, wechselständig angeordnet und graugrün gefärbt.
Blütenstand: Am Ende des Stengels eine dichtblütige Traube.
Blüten: Kelchblätter 5, mit 3-eckigen Zähnen und meist drüsig; Kronblätter 1–2 cm lang, hellgelb, mit einem orangegelben Gaumen und 2-lippig; Sporn etwas kürzer als die Krone; die 4 Staubblätter in der Krone eingeschlossen; Fruchtknoten oberständig, aus 2 Fruchtblättern zusammengesetzt.
Früchte: Kapseln sich mit 4–10 grossen Zähnen öffnend.
Standort: In der kollinen und montanen Stufe an steinigen Orten, bei Wegrändern, auf Schuttplätzen, im Bahnareal, in Äckern und Steinbrüchen auf mässig frischen bis trockenen und nährstoffreichen Böden.

141 Ginsterblättriges Leinkraut – *Linaria genistifolia* (L.) MILL.
Merkmale: Von Juni bis September blühend, 30–80 cm hoch und 1-jährig.
Laubblätter: 2–6 cm lang, oval, zugespitzt, ungestielt, an der Basis abgerundet, unbehaart, blaugrün gefärbt und wechselständig angeordnet.
Blütenstand: Pflanze im oberen Teil stark verzweigt und mit zahlreichen, vielblütigen und endständigen Trauben, die immer im unteren Teil mit dem Blühen beginnen.
Blüten: Kelchblätter 5, zugespitzt und blaugrün; Kronblätter 5, gelb gefärbt und in 2 Lippen gegliedert; Oberlippe 2-teilig; Unterlippe 3-teilig; Sporn sehr lang ausgezogen; 4 Staubblätter in der Krone eingeschlossen; Fruchtknoten oberständig und aus 2 Fruchtblättern zusammengesetzt; Insektenbestäubung.
Früchte: Mehrsamige und 2-klappig aufspringende Kapseln.
Standort: In der kollinen Stufe in trockenen Wiesen, Rasengesellschaften, Hafenanlagen und Unkrautfluren auf trockenen, sandigen und oft kiesigen Böden; aus SE-Europa eingewandert.

142 Kleines Springkraut – *Impatiens parviflora* DC.
Merkmale: Von Juni bis Oktober blühend, 15–80 cm hoch, 1-jährig, kahl und einfach oder ästig.
Laubblätter: 4–12 cm lang, breit lanzettlich bis oval, gestielt, zugespitzt, wechselständig angeordnet und grob gezähnt; Blattzähne mit deutlicher Spitze.
Blütenstand: Aufrechte Traube.
Blüten: Zwittrig, zygomorph (mit nur einer Symmetrieachse) und mittel- bis hellgelb gefärbt; Kelchblätter 3, davon 2 verkümmert; das 3. mit einem bis 1 cm langen und geraden Sporn; Kronblätter 5; die seitlichen paarweise verwachsen, so dass 3 Kronblätter entstehen; Staubblätter 5; Staubbeutel verwachsen; Fruchtknoten oberständig und aus 5 Fruchtblättern zusammengesetzt.
Früchte: Keulenförmige, bis 2 cm lange und bei Berührung aufspringende Kapseln.
Standort: In der kollinen und montanen Stufe in Parkanlagen, Waldlichtungen, Gärten, Hecken, an Wegrändern und auf Schuttstellen auf feuchten bis frischen, nährstoffreichen, meist kalkarmen, mässig sauren und humosen Böden in luftfeuchter Lage.

143 Wald-Springkraut – *Impatiens noli-tangere* L.
Merkmale: Von Juni bis August blühend, 30–90 cm hoch, 1-jährig und kahl.
Laubblätter: 3–12 cm lang, schmal eiförmig bis eiförmig, gestielt, am Ende nur mit einer kurzen Spitze, wechselständig angeordnet und sehr grob gezähnt; vielfach mit feiner aufgesetzter Spitze.
Blütenstand: Blüten einzeln oder in wenigblütigen und hängenden Trauben.
Blüten: Zwittrig, zygomorph und gelb gefärbt; Kelchblätter 3, davon 2 nur sehr klein; das 3. mit einem bis 3 cm langen und gekrümmten Sporn; Kronblätter 5; die seitlichen paarweise verwachsen, so dass 3 Kronblätter entstehen; grösstes Kronblatt 2–2,5 cm lang, oft genau so breit, abgerundet und gegen den Schlund zu rot punktiert; Staubblätter 5; Fruchtknoten oberständig.
Früchte: Spindelförmige, bis 3 cm lange und aufspringende Kapseln (mit Schleuderverbreitung).
Standort: In der kollinen und montanen Stufe in Buchen- und Fichtenmischwäldern, Schlucht- und Auenwäldern, an Bachquellen, Waldbächen auf nassen bis feuchten, nährstoffreichen, humosen und gut durchlüfteten Lehm- und Tonböden.

144 Gauklerblume – *Mimulus guttatus* DC.
Merkmale: Von Juli bis September blühend, 25–60 cm hoch, ausdauernd und oft mit einzelnen Drüsenhaaren.
Laubblätter: Breit lanzettlich bis rundlich, unregelmässig gezähnt, im unteren Pflanzenteil gestielt, mit kleinen Nebenblättern und im oberen Teil ungestielt und den Stengel zum Teil umfassend.
Blütenstand: Gestielte Blüten einzeln in den Achseln der oberen Laubblätter.
Blüten: Kelchblätter 5, röhrig verwachsen, mit Kanten und 2-lippig; Kronblätter 5, verwachsen, gelb gefärbt und 2–4 cm lang; Oberlippe 2-teilig, Unterlippe 3-teilig, mit meist flachen Abschnitten und braunroten Punkten und Flecken; Staubblätter 4; Fruchtknoten oberständig, aus 2 Fruchtblättern.
Früchte: 2-klappig aufspringende Kapseln; Verbreitung meist über das Wasser.
Standort: In der kollinen und montanen Stufe auf Kiesbänken, Ufern von Flüssen, in Gräben und an Quellen auf nassen, zeitweise überschwemmten, nährstoffreichen, meist kalkarmen und kiesig-sandigen Tonböden; Pionierpflanze.

145 Aufrechter Ziest – *Stachys recta* L. s.l.
Merkmale: Von Juni bis Oktober blühend, 20–70 cm hoch und ausdauernd.
Laubblätter: 2–5 cm lang, lanzettlich bis oval, kurz gestielt oder sitzend, gezähnt und zerstreut behaart oder kahl.
Blütenstand: Zahlreiche übereinanderliegende 4–8-blütige Quirlen.
Blüten: Mehr oder weniger sitzend; Kelchblätter 5, verwachsen, 6–8 mm lang, grün, behaart und mit stechend begrannten Zähnen; Kronblätter in 2 Lippen, weisslichgelb bis gelb und 10–20 mm lang; Kronröhre leicht gebogen und behaart; Staubblätter 4; oberständiger Fruchtknoten aus jeweils 2 Fruchtblättern zusammengesetzt.
Früchte: Je 4 Zerfallfrüchte.
Standort: In der kollinen und montanen Stufe auf trockenwarmen Hügeln, bei Zäunen, entlang von Wald- und Wegrändern, in Äckern und sonnigen Hecken auf sommerwarmen, ziemlich trockenen, kalkhaltigen und lockeren Böden.

146 Hopfenklee – *Medicago lupulina* L.
Merkmale: Von Mai bis September blühend, 5–30 cm hoch und 1- bis mehrjährig.
Laubblätter: 3-teilig; Teilblätter verkehrt eiförmig oder rautenförmig, besonders im oberen Bereich fein gezähnt, zerstreut anliegend behaart und stumpf oder etwas ausgerandet; oberstes Teilblatt gestielt und etwas grösser als die beiden anderen.
Blütenstand: Kopfartige Trauben, die in den Achseln von Stengelblättern stehen.
Blüten: Kurz gestielt; Kelchblätter 5, grün und mit je einer feinen Spitze; Krone 5-teilig (in Schiffchen, Fahne und 2 Flügel gegliedert), gelb und bis 3,5 mm lang; Staubblätter 10 (oberster Staubfaden frei); Fruchtknoten oberständig.
Früchte: Nieren- oder sichelförmige Hülsen.
Standort: In der kollinen und montanen Stufe entlang von Wegen, an Dämmen, in trockenen Wiesen, auf Schuttplätzen, bei Waldrändern und in Kalk-Magerrasen auf sommerwarmen, basenreichen, meist kalkhaltigen, humosen und tiefgründigen Böden.

147 Echter Honigklee – *Melilotus officinalis* (L.) LAM.
Merkmale: Von Juni bis Oktober blühend, 20–140 cm hoch und 1–2-jährig.
Laubblätter: Dreiteilig; Teilblätter verkehrt eiförmig bis lanzettlich, im untersten Bereich meist ganzrandig, sonst grob gezähnt und am Ende stumpf oder etwas ausgerandet; oberstes Teilblatt länger gestielt als die beiden übrigen.
Blütenstand: Gestielte und reichblütige Traube mit 30–70 Blüten und einer Länge von 4–10 cm.
Blüten: Dünn gestielt, mit 5 grünen Kelchblättern und gelben Kronblättern; Fahne und Flügel länger als das Schiffchen; Staubblätter 10; Fruchtknoten oberständig.
Früchte: Hülsen 3–4 mm lang, kahl, mit Längsrippen und 4–8-samig.
Standort: In der kollinen und montanen Stufe auf Erdanrissen, Schuttplätzen, entlang von Wegen, an Dämmen, auf dem Bahnareal und in Steinbrüchen auf sommerwarmen, mässig trockenen, nährstoff- und basenreichen, neutralen und steinigen Böden aller Art; gute Bienenweide; Rohbodenpionier; bis 90 cm tief wurzelnd; fast über die gesamte Erde verschleppt.

148 Wiesen-Hornklee, Gemeiner H., Schotenklee – *Lotus corniculatus* L. Agg.
Merkmale: Von Mai bis Juli blühend, 10–30 cm hoch und bogig aufsteigend.
Laubblätter: Teilblätter verkehrt eiförmig bis schmal eiförmig, 1–2 cm lang, kahl oder am Rand leicht bewimpert und stumpf oder leicht zugespitzt.
Blütenstand: 4–8-blütige Dolde.
Blüten: Kelchblätter 5, verwachsen, 5–7 mm lang, meist kahl und mit behaarten Zähnen, die vor dem Aufblühen zusammengeneigt sind; Krone 10–15 mm lang und gelb gefärbt; Schiffchenspitze meist hellgelb und aufwärts gekrümmt; Staubblätter 10; oberster Staubfaden frei; Fruchtknoten oberständig.
Früchte: Hülsen mit mehreren glatten Samen.
Standort: Von der kollinen bis in die subalpine Stufe in Wiesen, Feldern, Kalk-Magerrasen, Kiesgruben, Weiden, Hecken, entlang von Wegen und an Böschungen auf frischen bis mässig trockenen, lockeren, nährstoff- und basenreichen Lehmböden.

149 Echter Wundklee – *Anthyllis vulneraria* L. s.l.
Merkmale: Von Mai bis August blühend, 10–60 cm hoch und oft nur 2-jährig.
Laubblätter: Unpaarig gefiedert bis schmal oval, ganzrandig und die unteren gestielt; Endteilblatt viel grösser als die 2–6 seitlichen Teilblätter; diese sind oval bis lanzettlich und bis 6 cm lang.
Blütenstand: Dichte, kopfartige Blütenstände mit gefransten oder geteilten Blättern.
Blüten: Fast ungestielt; Kelch oft etwas bauchig erweitert, anliegend bis abstehend behaart, weiss und gelblich gefärbt und mit 5 kurzen, spitzen Zähnen; Krone 1–2 cm lang und goldgelb gefärbt; Fahne etwas länger als das Schiffchen und die Flügel; Staubblätter 10; Staubfäden meist alle verwachsen; Fruchtknoten oberständig; Hummelblume.
Früchte: Meist einsamige, 4–6 mm lange und gestielte Nüsschen.
Standort: Von der kollinen bis in die subalpine Stufe auf Wiesen, Weiden, in schattigen Kalk-Magerrasen, Steinbrüchen, lichten Kiefernwäldern und entlang von Wegen auf sommerwarmen, mässig trockenen, basenreichen, meist kalkhaltigen, humosen und lockeren Lehm- und Lössböden.

150 Gelbe Hauhechel – *Ononis natrix* L.
Merkmale: Im Juni und Juli blühend, 20–40 cm hoch und ausdauernd; Rhizom holzig.
Laubblätter: Gestielt; die je 3 Teilblätter 1,5–2,5 cm lang, schmal oval bis oval, besonders oberhalb der Mitte gezähnt und stumpf oder etwas ausgerandet; das mittlere Teilblatt gestielt; Nebenblätter ganzrandig.
Blütenstand: Einzelblüten oder 2–3-blütige und gestielte Traube.
Blüten: Kelchblätter 5, verwachsen, 5–7 mm lang, drüsig behaart und mit zugespitzten Kelchzipfeln; Krone 1,5–2,5 cm lang und gelb gefärbt; Fahne mit deutlich sichtbaren roten Längsstreifen; Schiffchen am Ende deutlich nach oben gekrümmt und schnabelförmig verschmälert; Staubblätter 10; alle miteinander verwachsen; Fruchtknoten oberständig; Insektenbestäubung.
Früchte: 1–2 cm lange, vielsamige und drüsig behaarte Hülsen.
Standort: In der kollinen und montanen Stufe in Trockenwiesen, steinigen Hängen, Kalk-Magerrasen, an sonnigen Wegen, Böschungen auf warmen, trockenen und basenreichen Tonböden.

151 Scheiden-Kronwicke – *Coronilla vaginalis* LAM.
Merkmale: Von Mai bis Juli blühend, 10–30 cm hoch, niederliegend, aufstrebend und ausdauernd.
Laubblätter: Unpaarig gefiedert, kurz gestielt, blaugrün gefärbt und mit 2–6 Paaren von Fiederblättern; diese sind anliegend oder aber sehr kurz gestielt, 5–13 mm lang, oval, etwas fleischig, mit knorpeligem Rand und oft mit aufgesetzter Spitze.
Blütenstand: Lang gestielte und 3–10-blütige Dolde.
Blüten: Kurz gestielt; Kelchblätter 5, verwachsen und mit 3-eckigen Zähnen; Krone 6–10 mm lang und gelb gefärbt; Stiel (= Nagel) der Kronblätter länger als der Kelch; Schiffchen stark nach oben gekrümmt; Staubblätter 10; oberstes Staubblatt frei; Fruchtknoten oberständig.
Früchte: Glieder der Hülsen mit 6 Kanten, von denen 4 wellig geflügelt sind.
Standort: In der montanen und subalpinen Stufe in wärmeren Lagen in steinigen Rasen, Kiefern-Trockenwäldern, Blaugrashalden, steinigen Weiden und bei Felsköpfen auf sommerwarmen, meist trockenen, basenreichen, kalkhaltigen, steinigen und humosen Stein- und Kiesböden.

152 Berg-Kronwicke – *Coronilla coronata* L.
Merkmale: Im Juni und Juli blühend, 20–50 cm hoch, kahl, aufrecht wachsend und ausdauernd.
Laubblätter: Unpaarig gefiedert, sehr kurz gestielt und mit 3–6 Paaren von Fiederblättern; diese sind nur sehr kurz gestielt, 15–25 mm lang, oval, mit sehr kurz aufgesetzter Spitze, etwas fleischig und unterseits meist blaugrün gefärbt.
Blütenstand: Lang gestielte 10–20-blütige Dolde.
Blüten: Mit oft rötlichen Stielen; Kelchblätter 5, mit in eine Spitze ausgezogenen 3-eckigen Zähnchen; Krone 7–10 mm lang und gelb gefärbt; Stiel (= Nagel) der Kronblätter so lang oder länger als der Kelch; Schiffchen stark nach oben gewölbt; Staubblätter 10; oberstes Staubblatt frei; Fruchtknoten oberständig.
Früchte: Hülsen gerade, bis 3 cm lang und deutlich eingeschnürt; Glieder mit 4 stumpfen Kanten.
Standort: In der kollinen und montanen Stufe in warmen, halbschattigen Lagen auf Felsen, in Bergwäldern, Waldsäumen, im Kieferngebüsch auf trockenen und basenreichen Lehm- und Tonböden.

153 Spargelerbse – *Lotus maritimus* L.
Merkmale: Von Mai bis Juli blühend, 5–30 cm hoch und ausdauernd.
Laubblätter: Gestielt; Teilblätter meist ungestielt, keilförmig oder verkehrt eiförmig, mit der grössten Breite oberhalb der Mitte, etwas fleischig und blaugrün gefärbt.
Blütenstand: Gestielte Einzelblüten.
Blüten: 5 Kelchblätter verwachsen, mit kahler Kelchröhre und zugespitzten Kelchzipfeln; Krone jeweils 2–3 cm lang, hellgelb und beim Verblühen oft rot angelaufen; Schiffchen aufwärts gekrümmt und oft dunkel gefärbt; Fahne viel grösser als Flügel und Schiffchen; Staubblätter 10; oberster Staubfaden frei; Fruchtknoten oberständig.
Früchte: Hülsen 4–5 cm lang und mit 4 Längsflügeln.
Standort: In der kollinen und montanen Stufe in trockenen Wiesen, lichten Föhrenwäldern, Moorwiesen, Kalk-Magerrasen und an tuffigen Quellen auf sommerwarmen, wechselfeuchten, auch trockenen und humosen Ton-, Mergel- und Tuffböden.

154 Wiesen-Platterbse – *Lathyrus pratensis* L.
Merkmale: Im Juni und Juli blühend, 20–90 cm hoch und ausdauernd.
Laubblätter: Gefiedert und am Ende mit einer unverzweigten oder verzweigten Ranke; Blattstiel nicht geflügelt; die beiden Teilblätter schmal oval bis lanzettlich, bis 4 cm lang, paralleladerig, zugespitzt und kahl oder kurz behaart.
Blütenstand: 3–12-blütige Traube.
Blüten: Gestielt; Kelchblätter 5, verwachsen, 5–6 mm lang, kahl oder etwas behaart und mit je einem Zahn; Krone 1–1,5 cm lang und gelb; Schiffchen aufwärts gekrümmt; Staubblätter 10, alle miteinander gleich hoch verwachsen; Fruchtknoten oberständig.
Früchte: Hülsen bis 4 cm lang und 5–12-samig.
Standort: In der kollinen und montanen Stufe in Fett- und Nasswiesen (auch in Moorwiesen), Hecken, entlang von Waldrändern und bei Ufern auf wechselfeuchten bis frischen, nährstoffreichen, meist neutralen und humosen Lehm- und Tonböden.

155 Kleine Kronwicke – *Coronilla minima* L.
Merkmale: Im Juni und Juli blühend, 10–25 cm hoch und aufsteigend.
Laubblätter: Unpaarig gefiedert und ungestielt; Fiederblätter 5, 7 oder 9, ganzrandig, schmal oval bis eiförmig und stumpf oder zugespitzt; Nebenblätter halb so lang wie die untersten Fiederblätter.
Blütenstand: Mehrblütige Dolden, die in den Achseln der Blätter stehen.
Blüten: Mit meist rötlichen Stielen; die 5 Kelchblätter glockenförmig verwachsen und kurz bezahnt; Krone 5–8 mm lang und gelb; Fahne länger als das Schiffchen; dieses deutlich gebogen und in einen kurzen Schnabel ausgezogen; Staubblätter 10; oberstes Staubblatt frei; alle anderen Staubblätter miteinander verwachsen; Fruchtknoten oberständig.
Früchte: Hülsen bis 2,5 cm lang und vielsamig; ihre Glieder mit 4 stumpfen Kanten und zur Reifezeit auseinanderbrechend.
Standort: In der kollinen Stufe in Felsensteppen, lichten Föhrenwäldern und an sandigen Böschungen auf trockenen, sandigen und kalkhaltigen Böden wärmerer Lagen.

156 Hufeisenklee – *Hippocrepis comosa* L.
Merkmale: Von Mai bis Juli blühend, 5–25 cm lang, niederliegend, ausgebreitet und ausdauernd.
Laubblätter: Unpaarig gefiedert, lang gestielt, oft zerstreut behaart und mit 4–8 Paaren von Fiederblättern; diese sind ganzrandig, schmal oval bis oval, vorn abgerundet, oft mit einer aufgesetzten Spitze und 5–15 mm lang.
Blütenstand: Lang gestielte 5–12-blütige Dolde.
Blüten: Kelchblätter 5, glockenförmig verwachsen und gezähnt; Krone 8–12 mm lang und gelb gefärbt; Schiffchen deutlich gekrümmt; Staubblätter 10; oberstes Staubblatt frei; Fruchtknoten oberständig.
Früchte: Hülsen 1–3 cm lang und mit hufeisenförmigen Gliedern.
Standort: Von der kollinen bis in die subalpine Stufe in wärmeren Lagen in lichten Wäldern, Steinbrüchen, Wiesen, Weiden und entlang von Wegen auf ziemlich trockenen, basenreichen, auch kalkfreien und humosen Lehm- oder Lössböden.

157 Perlhuhn-Schachblume – *Fritillaria meleagris* L.
Merkmale: Im April und Mai blühend, 15–35 cm hoch, mit einer Zwiebel und ausdauernd.
Laubblätter: 5–15 cm lang, bis 1 cm breit, linealisch, grasähnlich, jedoch etwas fleischig verdickt, rinnig, zu 4–6 am Stengel verteilt, wechselständig angeordnet und graugrün gefärbt.
Blütenstand: Blüten meist einzeln, seltener zu 2 oder 3 und dann jeweils eine Traube bildend.
Blüten: Bis 4 cm lang und 3–4 cm breit, jeweils nickend, glockenförmig und endständig; Perigonblätter 6, nicht verwachsen, schmal oval, stumpf endend, purpurbraun gefärbt und mit schachbrettartig gezeichneten helleren Feldern; Staubblätter 6, kürzer als die Perigonblätter; Fruchtknoten oberständig und aus 3 Fruchtblättern zusammengesetzt; Bienenblume.
Früchte: 3-fächerige Kapseln mit zahlreichen Samen in jedem Fach.
Standort: In der kollinen und montanen Stufe in nassen Wiesen und entlang von Bächen, Flüssen auf sickernassen bis wechselfeuchten, auch zeitweise überschwemmten, grundwassernahen, nährstoffreichen, neutralen und humosen Lehm- und Tonböden; Nässezeiger; giftig; auch Zierpflanze.

158 Geflecktes Knabenkraut – *Dactylorhiza maculata* SOE Agg.
Merkmale: Im Juni und Juli blühend, 20–50 cm hoch und mit handförmig geteilten Knollen.
Laubblätter: Untere 5–10 cm lang, lanzettlich, meist zugespitzt, den Blütenstand nie erreichend und oberseits mit dunkelbraunen oder schwarzen Flecken; obere schmal und klein; oberstes Laubblatt weit vom Blütenstand entfernt; unterhalb der Ähre 2–6 tragblattähnliche Blätter.
Blütenstand: 3–8 cm lange, dichtblütige und zylindrische Ähre.
Blüten: Zwei seitliche Perigonblätter waagrecht abstehend oder zurückgebogen; 3 Perigonblätter zusammenneigend; Lippe 4–8 mm lang; Sporn kegelförmig bis zylindrisch, gerade und abwärts gerichtet; Fruchtknoten unterständig und aus 3 Fruchtblättern zusammengesetzt.
Früchte: Mit Längsspalten aufspringende Kapseln, die zahlreiche Samen enthalten.
Standort: Von der kollinen bis in die subalpine Stufe in feuchten Magerrasen, Wiesen, Weiden, Hecken, Wäldern und Flachmooren auf nassen bis wechselfeuchten, neutralen bis etwas sauren und humosen Lehm- und Tonböden.

159 Niedlicher- oder schöner Lauch – *Allium pulchellum* DON.
Merkmale: Im Juli und August blühend, 25–60 cm hoch und mit Zwiebelhäuten.
Laubblätter: Schmal lineal, glatt, 1–2 mm breit und sehr lang.
Blütenstand: Halbkugelige bis kugelige Dolde.
Blüten: Blütenstiele 2–4mal so lang wie die Perigonblätter und hellviolett bis rosa gefärbt; Perigonblätter 6, am Ende stumpf, 4–6 mm lang und rot bis purpurrosa gefärbt; Staubblätter 6, die Perigonblätter deutlich überragend; Fruchtknoten oberständig, aus 3 Fruchtblättern zusammengesetzt und mit einem Griffel versehen; Insektenbestäubung.
Früchte: Häutige und 3-fächerige Kapseln.
Standort: In der kollinen Stufe in warmen und trockenen Magerrasen, Trockenwiesen und lichten Hecken auf trockenen, kalkreichen, humosen und steinigen Böden (Stein- und Kiesböden); diese aus dem östlichen mediterranen Raum stammende Lauchart reicht nordwärts bis zu den West- und Südalpen, ostwärts bis zum Kaukasus; in der Gegend im Jura, im südlichen Tessin und im Veltlin.

160 Kugelköpfiger Lauch – *Allium sphaerocephalon* L.
Merkmale: Im Juni und Juli blühend, 25–80 cm hoch, mit kugeliger bis eiförmiger Zwiebel und ausdauernd.
Laubblätter: 30–80 cm hoch, halbkeisförmig und oberseits mit breiter Rinne.
Blütenstand: Kugelige Dolde mit 2 kleinen Hüllblättern.
Blüten: Blütenstiele kurz oder bis 2mal so lang wie die Perigonblätter; Perigonblätter 6, purpurn gefärbt, 4–5 mm lang, gekielt, stumpf und zusammenneigend; Staubblätter 6, im Blühzustand die Perigonblätter überragend und mit roten Staubbeuteln versehen; Fruchtknoten oberständig und aus 3 Fruchtblättern zusammengesetzt; Insekten- und Selbstbestäubung.
Früchte: Häutige und 3-fächerige Kapseln.
Standort: In der kollinen und montanen Stufe zerstreut an felsigen Hängen, in Trockenwiesen und Trockenrasen auf warmen, trockenen, basenreichen, lockeren, kalkfreien bis kalkhaltigen und sandigen bis lehmigen Böden in sehr warmer Lage.

161 Klatsch-Mohn – *Papaver rhoeas* L.
Merkmale: Von Mai bis September blühend und 20–70 cm hoch.
Laubblätter: Unten doppelt und im mittleren und oberen Bereich einfach gefiedert; Endabschnitte zugespitzt; untere Blätter auch gestielt.
Blütenstand: Blüten einzeln am Ende der Stengel und vor dem Aufblühen nickend.
Blüten: Kelchblätter 2, oval, am Ende stumpf, behaart, ganzrandig, die Kronblätter ganz umschliessend und zur Blütezeit abfallend; Kronblätter 4, bis 4 cm lang und rot; Staubblätter zahlreich mit dunkelviolett gefärbten Staubfäden; Fruchtknoten oberständig und aus vielen Fruchtblättern zusammengesetzt.
Früchte: Kapseln kahl, 10–20 mm lang und mit 8–18 Narbenstrahlen.
Standort: In der kollinen und montanen Stufe auf Schuttplätzen, in Getreidefeldern, Äckern, entlang von Wegen und im Bahnareal auf sommerwarmen, frischen bis mässig trockenen, humosen und nährstoff- und basenreichen Lehmböden.

162 Garten-Mondviole, Zweijährige Mondviole – *Lunaria annua* L.
Merkmale: Im April und Mai blühend, 20–90 cm hoch, mit einem dicken Wurzelstock und meist zweijährig.
Laubblätter: Schmal oval, zugespitzt, mit abgerundetem Grund und weit auseinanderliegenden feinen Zähnen; untere mehr oder weniger gegenständig angeordnet und etwas gestielt; obere wechselständig und sitzend.
Blütenstand: Vielblütige und aufrechte Traube.
Blüten: Stiele kurz und abstehend behaart; Kelchblätter 4, bis 12 mm lang und am Grunde mit jeweils 2 mm langen Ausbuchtungen; Kronblätter 4, purpurn gefärbt und 10–25 mm lang; Staubblätter 6 (4 längere und 2 kürzere); Fruchtknoten oberständig und 2-fächerig.
Früchte: Ovale bis rundliche und durchsichtige Schoten.
Standort: In der kollinen Stufe in warmen Lagen auf Schuttplätzen, entlang von Wegen, in buschigen Hängen und Gärten als Zierpflanze; in Ruderalgesellschaften verwildert.

163 Wiesen-Schaumkraut – *Cardamine pratensis* L.
Merkmale: Von April bis Juli blühend, 15–60 cm hoch und vielfach unverzweigt.
Laubblätter: Grundständige rosettenartig, mit 2–7 Teilblattpaaren und einem grossen Endteilblatt; Stengelblätter mit 7, 9, 11 oder 13 schmal ovalen Teilblättern.
Blütenstand: Endständige Traube mit lang gestielten Blüten.
Blüten: Kelchblätter 4, bis 4 mm lang und hellgelb bis hellgrün; Kronblätter 4, violett, lila, rosa oder weiss und bis 14 mm lang; Staubblätter 6 (4 längere und 2 kürzere); Fruchtknoten oberständig und mit einer Scheidewand versehen.
Früchte: Stabförmige und vielsamige Schoten.
Standort: In der kollinen und montanen Stufe besonders in Fett- und Nasswiesen, Auen, feuchten Laubmischwäldern und entlang von Ufern auf feuchten bis frischen, nährstoffreichen und leicht sauren bis neutralen Lehm- und Tonböden; wichtiger Nährstoffzeiger und guter Wiesenbildner; nordwärts bis Südschweden; in den USA eingeschleppt.

164 Grosser Wiesenknopf – *Sanguisorba officinalis* L.
Merkmale: Von Juni bis September blühend, 30–90 cm hoch, meist kahl und ausdauernd.
Laubblätter: Gefiedert; Teilblätter 7, 9, 11, 13 oder 15, schmal oval, am Ende abgerundet, mit feiner Spitze, bis 5 cm lang und grob gezähnt; grundständige Blätter eine Rosette bildend; Stengelblätter nur mit wenigen Fiederblättern.
Blütenstand: Kugelige bis zylindrische, dichtblütige und bis 5 cm lange Traube.
Blüten: Jede Blüte mit einem Tragblatt und 2 Vorblättern; Kelchblätter 4, oval, bis 4 mm lang und dunkelrot; Staubblätter 4 und so lang wie die Kelchblätter; Narbe als Köpfchen ausgebildet.
Früchte: Einsamig und vom harten Kelchbecher umschlossen.
Standort: Von der kollinen bis in die subalpine Stufe in Fettwiesen, entlang von Wegen und bei Flachmooren auf sicker- bis wechselfeuchten, mehr oder weniger nährstoffreichen, neutralen bis leicht sauren und humosen Lehm- und Tonböden; Tiefwurzler; Feuchtigkeitszeiger; früher als Heilpflanze verwendet.

165 Zottiges Weidenröschen – *Epilobium hirsutum* L.
Merkmale: Von Juni bis September blühend, 40–150 cm hoch, vielästig, zottig und drüsig behaart.
Laubblätter: Schmal oval bis lanzettlich, 6–15 cm lang, bis 3 cm breit, mit vielen 0,5–1 mm langen, nach vorn gerichteten Zähnen und meist den Stengel bis zur Hälfte umfassend.
Blütenstand: Einzeln in Achseln von Stengelblättern.
Blüten: Lang gestielt; Kelchblätter 4, den Kronblättern anliegend, 8–10 mm lang, allmählich zugespitzt und stachelspitzig; Kronblätter 4, 10–18 mm lang, ganzrandig, vorn ausgerandet und rot gefärbt; Staubblätter 8; Fruchtknoten unterständig; Insektenbestäubung.
Früchte: Durch Längsspalten sich öffnende Kapseln; Samen mit Haarschopf; beim Öffnungsvorgang reissen die Früchte von oben nach unten auf und die 4 Teile der Fruchtwand werden nach aussen umgebogen; Windverbreitung.
Standort: In der kollinen und montanen Stufe in feuchten Wäldern, Gräben, Staudenfluren, an Bächen, Quellen, im Weidengebüsch auf nassen, nährstoff- und basenreichen, humosen Tonböden.

166 Berg-Weidenröschen – *Epilobium montanum* L.
Merkmale: Von Juni bis August blühend, 20–100 cm hoch, einfach oder wenigästig, ohne Ausläufer.
Laubblätter: Schmal oval, am Spreitengrund meist abgerundet, mit spitzen oder schwach abgerundeten Enden, 3–10 cm lang, ungleich gezähnt und mit bis 1 mm langen Zähnen.
Blütenstand: Blüten einzeln oder in den Achseln von Stengelblättern.
Blüten: Lang gestielt; Kelchblätter 4, 3–5 mm lang, am Ende zugespitzt; Kronblätter 4, 7–12 mm lang, ganzrandig, vorn deutlich ausgerandet, weisslichrosa und oberseits mit dunkelrosa gefärbten Streifen; Staubblätter 8, in 2 Kreisen angeordnet; Fruchtknoten unterständig.
Früchte: Durch Längsspalten sich öffnende Kapseln; diese mit gebogenen, anliegenden Haaren und abstehenden Drüsenhaaren besetzt; Samen mit Haarschopf; Windverbreitung.
Standort: Von der kollinen bis in die subalpine Stufe in krautreichen Laub- und Nadelmischwäldern, Hecken, Garten- und Parkanlagen, an Waldwegen und in Waldschlägen auf frischen, nährstoffreichen, humosen, steinigen bis lehmigen Böden in schattigen Lagen; Mullbodenpflanze.

167 Hohlknolliger Lerchensporn – *Corydalis cava* SCHWEIGGER et KOERTE
Merkmale: Von März bis Mai blühend, 10–30 cm hoch, mit kugeliger und hohler Knolle.
Laubblätter: Gestielt, blaugrün gefärbt, aus 3 Teilblättern zusammengesetzt, die ebenfalls gestielt sind; Teilblätter 3-teilig, mit mehrteiligen und gezähnten Abschnitten.
Blütenstand: Vielblütige Traube.
Blüten: 1,5–3 cm lang, in den Achseln von ovalen und ganzrandigen Tragblättern; Kelchblätter nur sehr klein; Kronblätter 4 und purpurn oder seltener weiss gefärbt; von den 2 äusseren das obere rückwärts gerichtet, am Ende nach unten gespornt, vorn verbreitert und nach oben gebogen; das untere vorn verbreitert und nach unten umgebogen; innere 2 Kronblätter gleich gestaltet und vorn verwachsen; Staubblätter 4; Fruchtknoten oberständig, aus 2 Fruchtblättern zusammengesetzt.
Früchte: 2-klappig aufspringende Kapseln, 2–2,5 cm lang und mehrsamig.
Standort: In der kollinen und montanen Stufe in Parkanlagen, krautreichen Buchen- und Eichenwäldern, Obstgärten, Weinbergen auf feuchten und nährstoffreichen Lehmböden; Lehmzeiger.

168 Blut-Weiderich – *Lythrum salicaria* L.
Merkmale: Im Juli und August blühend, 30–150 cm hoch, am Grunde verholzt und ausdauernd.
Laubblätter: 5–15 cm lang, lanzettlich, ganzrandig, am Grunde abgerundet oder ausgerandet, sitzend und am Ende zugespitzt; Blattadern deutlich hervortretend; Blätter im unteren Bereich gegenständig oder zu 3 quirlständig, in der Mitte und im oberen Bereich wechsel- bis gegenständig.
Blütenstand: Über 10 cm lange Ähre.
Blüten: In der Ähre zu mehreren in Blattachseln; Kelchblätter 4–7 mm lang, behaart, mit 12 Rippen, 2–3 mm langen Zwischenzähnen und 6 Kelchzähnen; Kronblätter meist 6 (auch 5 möglich), dunkelpurpurn gefärbt (seltener weiss), lanzettlich und 6–12 mm lang; Staubblätter 12; Fruchtknoten oberständig; Insektenbestäubung.
Früchte: 3–6 mm lange, vielsamige und vom Fruchtbecher umschlossene Kapseln.
Standort: In der kollinen Stufe in feuchten und staudenreichen Wiesen, in Gräben und Flachmooren auf nassen bis feuchten, nährstoff- und basenreichen, mässig sauren Lehm- und Tonböden.

169 Rote Waldnelke – *Silene dioica* (L.) CLAIRV.
Merkmale: Von April bis September blühend, 20–90 cm hoch, dicht behaart und ein- bis mehrblütig.
Laubblätter: Grundständige lanzettlich bis breit oval; Stengelblätter oval, ganzrandig, zugespitzt, 5–10 cm lang, behaart und ungestielt.
Blütenstand: Blüten locker rispenartig angeordnet.
Blüten: Geruchlos; Kelchblätter 5, verwachsen, 10–15 mm lang, behaart und braunrot gefärbt; Kelchzähne fein zugespitzt; Kronblätter 5, vorn oft bis in die Mitte eingeschnitten, mit abgerundeten Abschnitten, hellpurpurn gefärbt und 10–25 mm lang; am Schlundeingang mit 2-teiliger, bis 2 mm hoher Schuppe (Nebenkrone); Blüten eingeschlechtig verteilt; männliche Blüten nur mit 10 Staubblättern; weibliche Blüten mit oberständigem Fruchtknoten und 5 Griffeln; Hummelblume.
Früchte: Kapseln 8–14 mm lang und sich mit 10 Zähnen öffnen.
Standort: Von der kollinen bis in die subalpine Stufe in Laubmisch- und Auenwäldern, feuchten Fettwiesen, Hochstaudenfluren auf nährstoff- und basenreichen, humosen Lehm- und Tonböden.

170 Steinbrech-Felsennelke – *Petrorhagia saxifraga* (L.) LINK
Merkmale: Von Juni bis September blühend, 10–25 cm hoch, mit kurzem Wurzelstock, ausdauernd.
Laubblätter: 5–10 mm lang, schmal lanzettlich, ganzrandig, zugespitzt und gegenständig angeordnet.
Blütenstand: Blüten einzeln in lockeren rispenförmigen Blütenständen.
Blüten: Kelchblätter 5, verwachsen, grünlich gefärbt, 4–6 mm lang, kahl, glockenförmig und von jeweils 4 häutigen, schuppenförmigen Blättern umgeben; Kelchzähne etwa halb so lang wie die Kelchröhre; Kronblätter 5, hell lila bis satt rosa gefärbt, verkehrt eiförmig, am Ende ausgerandet, 6–10 mm lang und im unteren Bereich mit violetten Streifen; Staubblätter 10; Fruchtknoten oberständig.
Früchte: Vielsamige bis 6 mm lange Kapseln.
Standort: In der kollinen und montanen (seltener subalpinen) Stufe in Trockenwiesen, Felsen- und Trockenrasen auf warmen, trockenen, kalkreichen, neutralen, humosen und feinerdearmen Stein-, Kies- und Sandböden.

171 Gemeine Pechnelke – *Silene viscaria* (L.) JESSEN
Merkmale: Von Mai bis Juli blühend, 20–60 cm hoch, mit grundständiger Blattrosette, ausdauernd.
Laubblätter: 1–4 cm lang, schmal lanzettlich, ganzrandig, zugespitzt und gegenständig angeordnet.
Blütenstand: Blüten rispenartig/traubig angeordnet.
Blüten: Kurz gestielt; Kelchblätter 5, verwachsen, rötlich gefärbt, 10–15 mm lang und kahl; Kelch 10-rippig; Kelchzähne sehr kurz und zugespitzt; Kronblätter 5, spatelförmig, vorn abgerundet (seltener etwas ausgerandet) und 15–20 mm lang; am Schlundeingang mit bis 3 mm hohen Schuppen (Nebenkrone); Staubblätter 10; Fruchtknoten oberständig; Griffel 5; Tagfalterblume.
Früchte: Gestielte Kapseln bis 7 mm lang und sich mit 5 Zähnen öffnen; Samen bis 0,5 mm im Durchmesser und dunkel gefärbt.
Standort: In der kollinen (seltener montanen) Stufe in lichten Wäldern, lichten Gebüschen, Trockenwiesen, Magerrasen, Magerweiden und Heiden auf trockenen, mässig nährstoff- und basenreichen, neutralen bis mässig sauren, kalkarmen, humosen und sandigen Lehmböden.

172 Kornrade – *Agrostemma githago* L.
Merkmale: Von Juni bis August blühend, 20–80 cm hoch, mit verzweigten Stengeln und 1-jährig.
Laubblätter: 2–5 cm lang, sehr schmal lanzettlich, ganzrandig, zugespitzt und gegenständig angeordnet; Blätter ohne Nebenblätter.
Blütenstand: Lang gestielte Einzelblüten.
Blüten: Kelchblätter 5, 3–5 cm lang, verwachsen und behaart; Kelchzipfel länger als der verwachsene Kelchteil; Kronblätter 5, oval, 2–4 cm lang, trüb purpurn gefärbt, im unteren Teil weisslich, mit dunkelroten Streifen, am Ende etwas ausgerandet, ohne Nebenkrone und kürzer als die Kelchzipfel; Staubblätter 10; Fruchtknoten oberständig, mit 5 Griffeln und behaarten Narben; Schmetterlings- und Bienenblume.
Früchte: Vielsamige Kapseln; Samen bis 3,5 mm im Durchmesser und giftig.
Standort: In der kollinen und montanen Stufe auf Schuttplätzen, in Getreidefeldern in wärmeren Lagen auf frischen bis trockenen, etwas sauren, sandigen oder reinen Lehmböden.

173 Gebräuchliches oder Echtes Seifenkraut – *Saponaria officinalis* L.
Merkmale: Von Juli bis September blühend, 30–70 cm hoch und ausdauernd.
Laubblätter: 5–15 cm lang, lanzettlich bis elliptisch, zugespitzt, ganzrandig und gegenständig angeordnet.
Blütenstand: Rispenähnlich oder Blüten in den Achseln der oberen Blätter büschelig.
Blüten: Kelchblätter 5, verwachsen, bis 2,5 cm lang, kahl oder fein behaart; Kelchzähne verschieden lang; Kronblätter 5, rosa, hell fleischfarbig oder seltener weiss, schmal verkehrt eiförmig und am Ende abgerundet oder schwach eingeschnitten; beim Schlundeingang mit bis 2 mm hoher Schuppe; Staubblätter 10; Fruchtknoten oberständig.
Früchte: Vielsamige, bis 20 mm lange und mit Zähnen aufspringende Kapseln.
Standort: In der kollinen Stufe entlang von Wegen, an Dämmen, Flussufern, auf Kiesbänken, Schuttplätzen und in Unkrautfluren auf frischen bis mässig trockenen, nährstoffreichen und humosen Stein-, Sand- oder Kiesböden in wärmeren Lagen.

174 Kuhkraut, Kuhnelke – *Vaccaria hispanica* (MILL.) RAUSCHERT
Merkmale: Im Juni und Juli blühend, 30–60 cm hoch und 1-jährig.
Laubblätter: 5–10 cm lang, lanzettlich bis herzförmig, am Grunde verwachsen, ganzrandig, kahl, zugespitzt und blaugrün.
Blütenstand: Lockerblütige, rispenartige/doldenähnliche Blütenstände.
Blüten: Lang gestielt; Kelchblätter 5, verwachsen, 10–17 mm lang, kahl, mit meist rötlich berandeten Zähnen, scharf 5-kantig und besonders zur Fruchtzeit aufgeblasen; Kronblätter 5, rosa, schmal verkehrt eiförmig, am Ende eingeschnitten, bis 20 mm lang und mit 2 häutigen Flügelleisten; Staubblätter 10; Fruchtknoten oberständig.
Früchte: Vielsamige und bis 1 cm lange Kapseln.
Standort: In der kollinen und montanen Stufe auf Schuttplätzen, in Getreidefeldern und Äckern auf trockenen, kalkreichen, mehr oder weniger humosen und steinigen Lehm- und Tonböden; bis 50 cm tief wurzelnd.

175 Raue Nelke – *Dianthus armeria* L.
Merkmale: Von Juni bis August blühend und 25–45 cm hoch; Pflanze im oberen Teil rauhaarig und ohne sterile Triebe.
Laubblätter: Schmal lanzettlich, zugespitzt, rauhaarig und gegenständig angeordnet.
Blütenstand: 2–10 Blüten am Ende der Zweige büschelig oder kopfig angeordnet und von schmal lanzettlichen Blättern umgeben.
Blüten: Kelchblätter 5, bis 20 mm lang, dicht kurz behaart und zugespitzt; Kronblätter 5, oberseits purpurn mit zahlreichen weissen Flecken, gegen den Schlund zu Punkte dunkler werdend und mit einzelnen hellen Haaren; Staubblätter 10; Staubbeutel dunkelpurpurn; Fruchtknoten oberständig.
Früchte: Mit 4 Zähnen sich öffnende Kapseln.
Standort: In der kollinen Stufe in Trockenwiesen, Hecken, entlang von Wald- und Wegrändern und bei Schuttplätzen auf mässig frischen bis ziemlich trockenen, nährstoff- und basenreichen, humosen und reinen oder etwas sandigen Lehmböden.

176 Wilde Malve – *Malva silvestris* L.
Merkmale: Von Juni bis September blühend, 20–110 cm hoch und 2-jährig bis ausdauernd.
Laubblätter: Lang gestielt, rundlich, gelappt, am Spreitengrund herzförmig, mit meist stumpfen Zähnen und abgerundeten Lappen.
Blütenstand: Blüten zu 2–5 oberhalb der Blattachseln.
Blüten: 2 oder 3 freie Aussenkelchblätter; Kelchblätter 5, bis zur Mitte verwachsen und grün; Kronblätter 5, verkehrt eiförmig, am Grunde verwachsen, tief und breit ausgerandet, rotviolett bis weisslich und mit dunklen Streifen; Staubblätter zahlreich; Staubfäden zu einer Röhre verwachsen; zahlreiche Fruchtknoten oberständig; pro Fach je eine Samenanlage; Insektenbestäubung.
Früchte: In zahlreiche einsamige und nierenförmige Spaltfrüchte zerfallend.
Standort: In der kollinen Stufe in warmen Lagen bei Weinbergen, Äckern, Dämmen, Schuttstellen, Mauern, an Ruderalstellen und Wegrändern auf sommertrockenen, nährstoffreichen und humosen Lehm-, Sand- und Tonböden; Kulturbegleiter; seit der Steinzeit als alte Heilpflanze verwendet.

177 Kuckuckslichtnelke – *Silene flos-cuculi* (L.) CLAIRV.
Merkmale: Von Mai bis August blühend, 20–80 cm hoch, mit unverzweigten Stengeln.
Laubblätter: Schmal lineal, 4–8 cm lang, ganzrandig, vorn meist abgerundet und gegenständig angeordnet; neben den Stengelblättern grundständige Blattrosette vorhanden.
Blütenstand: Gestielte Blüten rispenartig angeordnet.
Blüten: Kelchblätter 5, verwachsen, 5–9 mm lang und kahl; Kelchzähne spitz dreieckig; die 10 Rippen dunkelrot; Kronblätter 5, rosa, (selten ganz weiss), 10–25 mm lang und tief 4-teilig; einzelne Abschnitte schmal lineal, zugespitzt oder stumpf; am Schlundeingang mit oft noch gezähnten bis 3 mm langen Schuppen (Nebenkrone); Staubblätter 10; Fruchtknoten oberständig mit 5 Griffeln.
Früchte: Kapseln bis 8 mm lang und sich mit 5 Zähnen öffnend; Samen im Durchmesser bis 1 mm, dunkel und mit körniger Oberfläche.
Standort: In der kollinen und montanen Stufe in feuchten Fettwiesen, Riedwiesen und Flachmooren auf nassen bis wechselfeuchten, nährstoffreichen, mässig sauren und humosen Lehm- und Tonböden.

178 Gebräuchlicher Eibisch – *Althaea officinalis* L.
Merkmale: Im Juli und August blühend, 50–150 cm hoch und ausdauernd.
Laubblätter: Oval, rhombisch oder 3-eckig, zugespitzt, unregelmässig und grob gezähnt, oft jederseits mit ein bis mehreren Einschnitten, zwischen den Adern meist gefaltet und graugrün.
Blütenstand: Blüten kurz gestielt und zu mehreren in den Blattwinkeln.
Blüten: Aussenkelchblätter mehr als 6, 5–10 mm lang, am Grunde verwachsen und nach oben langsam verschmälert; Kronblätter 5, verkehrt eiförmig, gegen den Grund zu keilförmig verschmälert, bis 2,5 cm lang, am oberen Ende ganzrandig, wenig ausgerandet oder unregelmässig gekerbt und weiss bis rosa gefärbt; Staubblätter zahlreich, untereinander und mit den Kronblättern verwachsen; Fruchtknoten oberständig.
Früchte: In Teilfrüchte zerfallend.
Standort: In der kollinen Stufe an Gräben, entlang der Küsten auf Salzwiesen, in Weinbergen, Äckern und Ruderalstellen auf feuchten bis trockenen, nährstoff- und basenreichen Tonböden.

179 Knotiger Storchschnabel – *Geranium nodosum* L.
Merkmale: Von Mai bis August blühend, 15–40 cm hoch, mit dünnem Rhizom und ausdauernd.
Laubblätter: Gegenständig angeordnet, beiderseits kurz und anliegend behaart; unterste im Umriss 5-eckig, 4–12 cm breit und mit unregelmässig gezähnten Abschnitten; mittlere und obere 3-teilig mit ebenfalls gezähnten Abschnitten; Nebenblätter lang zugespitzt.
Blütenstand: Meist zweiblütig.
Blüten: Gestielt; Kelchblätter 5, schmal oval, 5–10 mm lang und mit 2–4 mm langer aufgesetzter Spitze; Blütenstiele und Kelch kurz behaart; Kronblätter 5, verkehrt eiförmig, 10–18 mm lang, bei der Basis an den Rändern bewimpert, vorn ausgerandet, hell- bis mittelviolett gefärbt und mit dunkelroten Streifen; oft im unteren Bereich etwas weisslich; Staubblätter 10; Fruchtknoten oberständig.
Früchte: In 5 einsamige und bis 3,5 cm lange Teilfrüchte zerfallend; Samen mit netzartiger Struktur.
Standort: In der kollinen Stufe in schattigen Laubmischwäldern, Waldrändern und Hecken auf feuchten bis frischen, lehmigen, humosen, nährstoff- und basenreichen Böden (z.B. im südl. Tessin).

180 Blutroter Storchschnabel – *Geranium sanguineum* L.
Merkmale: Von Mai bis Juli blühend, 20–50 cm hoch, mit dickem Rhizom und ausdauernd.
Laubblätter: Handförmig 7-teilig, im Umriss nierenförmig, meist beiderseits zerstreut behaart und gegenständig angeordnet; Abschnitte mit 2–4 ganzrandigen Zipfeln; Nebenblätter stumpf oder spitz.
Blütenstand: Meist einblütig mit lang gestielten Blüten.
Blüten: Jeweils die nächststehenden Blätter weit überragend; Blütenstiele mit kurzen Haaren; Kelchblätter 5, behaart, 7–12 mm lang und mit aufgesetzter Spitze; Kronblätter 10–20 mm lang, verkehrt eiförmig, an den Rändern der Basis bewimpert, vorn unregelmässig ausgerandet und purpurrot gefärbt; Staubblätter 10; Fruchtknoten oberständig.
Früchte: Teilfrüchte 3–4 mm lang, im unteren Teil drüsig behaart; Samen mit netzartiger Oberfläche.
Standort: In der kollinen und montanen Stufe in wärmeren Lagen in Eichen- und Föhrenwäldern, Hecken, an südexponierten Hängen auf trockenen, sommerwarmen, humosen, lockeren, meist kalk- oder basenreichen, auch tiefgründigen Lehm- und Tonböden.

181 Ruprechtskraut – *Geranium robertianum* L.
Merkmale: Von Mai bis Oktober blühend, 15–50 cm hoch, 1–2-jährig, mit einer Pfahlwurzel.
Laubblätter: Im Umriss 3–5-eckig, 3–8 cm breit, bis zur Hauptader 3–5-teilig, beiderseits schwach behaart und gegenständig; Fiederblätter gestielt, ebenfalls gefiedert; Fiedern 2. Ordnung gezähnt.
Blütenstand: Meist 2-blütig.
Blüten: Gestielt, die nächststehenden Blätter aber nicht überragend; Kelchblätter 5, 5–8 mm lang, schmal oval, mit aufgesetzter Spitze und behaart; Kronblätter 5, oval, ganzrandig, vorn abgerundet (seltener ausgerandet), lang gestielt, rosa bis dunkelrosa gefärbt und bei der Basis der Ränder kahl; Staubblätter 10; Staubbeutel orange; Fruchtknoten oberständig; Insekten- und Selbstbestäubung.
Früchte: Einsamige Teilfrüchte 1,5–2,5 cm lang; Samen ohne Netzstruktur.
Standort: In der kollinen und montanen Stufe in Laubwäldern, Hecken, an Mauern, auf Schuttstellen, im Geröll und bei Felsen auf feuchten bis frischen, nährstoffreichen, lockeren, humosen und lehmigen Böden in schattiger und luftfeuchter Klimalage; Nährstoffzeiger; Mottenpflanze.

182 Bach-Nelkenwurz – *Geum rivale* L.
Merkmale: Von April bis Juli blühend, 20–50 cm hoch, mit dickem Rhizom und ausdauernd.
Laubblätter: Gefiedert; Endteilblatt halbkreisförmig, 3–8 cm im Durchmesser, oft bis gegen den Grund zu 3-teilig, mit gezähnten Abschnitten; die unteren Teilblätter kleiner und ebenfalls gezähnt.
Blütenstand: 2–6-blütig.
Blüten: Kelchblätter schmal 3-eckig, behaart, dunkelbraunrot; 1–1,5 cm lange Kronblätter, so lang wie die inneren Kelchblätter, aufgerichtet, herzförmig, nach dem Grund zu verschmälert, gelblich, mit rötlichem Rand, meist zu 5 kreisförmig angeordnet; Staubblätter zahlreich; Fruchtknoten zahlreich.
Früchte: Einsamige und harte Nüsschen mit federig behaartem und im oberen Teil hakenförmig gebogenem Griffel.
Standort: Von der kollinen bis in die subalpine Stufe an Bachufern, in Quellfluren, Flachmooren, Hochstaudenfluren, feuchten Wiesen und Berg-Auenwäldern auf feuchten bis zeitweise überfluteten, nährstoff- und basenreichen, kalkhaltigen, aber auch schwach sauren, lehmigen und tonigen Böden.

183 Akeleiblättrige Wiesenraute – *Thalictrum aquilegiifolium* L.
Merkmale: Von Mai bis Juli blühend, 30–130 cm hoch, kahl und mit beblätterten Stengeln.
Laubblätter: 1–3-fach gefiedert; Fiederblätter oval, rundlich oder herzförmig, grob und stumpf gezähnt, oft auch gelappt und mittel- bis blaugrün gefärbt.
Blütenstand: Rispen reich verzweigt und vielblütig; Blüten aufrecht stehend.
Blüten: Gelbgrüne bis hellviolette Perigonblätter 3–6 mm lang, unscheinbar und meist schon zur Blütezeit abfallend; Staubblätter zahlreich und länger als die Perigonblätter; Staubfäden oben verdickt; Fruchtknoten zu mehreren und jeweils einsamig; Pollenblume (Bienenblume).
Früchte: Nüsschen auf langen und dünnen Stielen, 4–7 mm lang, mit 3 flügelartigen Kanten und mit hakig gebogener Narbe.
Standort: Von der kollinen bis in die subalpine Stufe im Erlengebüsch, in Hochstaudenfluren, Auenwäldern und schattigen Wiesen auf wechselnassen bis zeitweise überschwemmten, nährstoffreichen, meist kalkhaltigen Lehm- und Tonböden; Nährstoff- und Nässezeiger.

184 Brustwurz – *Angelica sylvestris* L.
Merkmale: Von Juli bis September blühend, bis 2 m hoch und meist 2-jährig.
Laubblätter: Im Umriss 3-eckig, ohne Stiel bis 45 cm lang, 2- bis seltener 3-fach gefiedert; Abschnitte letzter Ordnung schmal oval bis eiförmig, kurz zugespitzt, bis 15 cm lang, kurz gestielt oder sitzend, ungeteilt oder 2–3-teilig, am Grunde oft asymmetrisch und einfach oder doppelt gezähnt.
Blütenstand: Dolden 1. Ordnung mit 15–40 Dolden 2. Ordnung.
Blüten: Kronblätter 5 und weisslich oder rötlich gefärbt; Staubblätter 5; Fruchtknoten aus 2 Fruchtblättern und unterständig; Griffel 2; Insektenbestäubung.
Früchte: Spaltfrüchte 3–6 mm lang, mit Randrippen und in 2 einsamige Teilfrüchte (Achänen) zerfallend.
Standort: Von der kollinen bis in die subalpine Stufe verbreitet in Auenwäldern, Hochstaudenfluren, Nasswiesen, Flachmooren, Waldlichtungen und an Ufern auf wechselfeuchten, nährstoffreichen, lockeren, humosen, tiefgründigen und kiesig-sandigen Lehm- und Tonböden; bis 1 m tief wurzelnd.

185 Pyrenäen-Storchschnabel – *Geranium pyrenaicum* BURM.
Merkmale: Von Mai bis August blühend, 20–60 cm hoch, mit dicker Pfahlwurzel und ausdauernd.
Laubblätter: Rundlich bis nierenförmig, 3–8 cm breit, weich anzufühlen, gegenständig angeordnet und tief eingeschnitten mit 5, 7 oder 9 Abschnitten; diese sind nur wenig tief geteilt oder gezähnt.
Blütenstand: 2-blütig, drüsenhaarig und mit lang gestielten Blüten.
Blüten: Kelchblätter 5, drüsenhaarig, schmal oval, nicht verwachsen, blaugrün gefärbt und stachelspitzig; Kronblätter 5, violett gefärbt, tief und breit ausgerandet, 5–10 mm lang und zuunterst an den Rändern bewimpert; Staubblätter 10, mit meist violetten Staubfäden; Fruchtknoten oberständig; meist Insektenbestäubung.
Früchte: Bis 2 cm lang und in 5 einsamige Teilfrüchte zerfallend.
Standort: In der kollinen und montanen Stufe in Fettwiesen, Weiden, auf Schuttplätzen, an Wegrändern und Böschungen auf frischen bis mässig trockenen, nährstoffreichen und humosen Lehmböden.

186 Sigmarswurz, Rosen-Malve – *Malva alcea* L.
Merkmale: Von Juli bis September blühend, 30–110 cm hoch und ausdauernd.
Laubblätter: Stengelständige tief handförmig 5–7-spaltig (= ahornartig gelappt), mit rundlicher Spreite und gestielt; Lappen im oberen Bereich oft eingeschnitten.
Blütenstand: Gestielte Blüten einzeln in den Blattwinkeln.
Blüten: Die 3 Aussenkelchblätter länglich eiförmig oder eiförmig; Kelchblätter 5, oval, kurz zugespitzt; Kronblätter 5, oval, 20–35 mm lang, hellrosa bis weiss, am oberen Rand tief und unregelmässig eingeschnitten und mit dunklen Adern; die zahlreichen Staubblätter zu einer Röhre verwachsen; Fruchtknoten oberständig.
Früchte: Spaltfrüchte
Standort: In der kollinen und montanen Stufe entlang von Wegen, in staudenreichen Unkrautfluren, an Böschungen und Dämmen auf frischen, nährstoffreichen, oft kalkhaltigen, humosen und oft sandigen Lehmböden.

187 Ampferblättriger Knöterich – *Polygonum lapathifolium* L. s.l.
Merkmale: Von Juli bis Oktober blühend, 20–80 cm hoch, niederliegend bis aufrecht wachsend und 1-jährig; ein Ackerunkraut, das über fast die ganze Erde verbreitet ist (Ausnahme arktische Gebiete).
Laubblätter: Lanzettlich, 3–8 cm lang, zugespitzt, in den Stiel verschmälert, kurz geadert, sitzend, beiderseits mittel- bis blaugrün und meist schwarz gefleckt; Nebenscheiden eng anliegend und kahl oder nur am Rande sehr kurz bewimpert; Pflanze meist schon am Grunde verzweigt.
Blütenstand: Endständig, ährenartig, zylindrisch und bis 6 cm lang; Ährenstiel drüsig behaart.
Blüten: Perigonblätter 4 oder 5, rosa oder weisslich rosa gefärbt und 2–3 mm lang; Staubblätter 4 oder 5; Fruchtknoten oberständig mit kopfiger Narbe; Blüten drüsig behaart.
Früchte: Nüsse 2–3 mm lang und flach oder 3-kantig.
Standort: In der kollinen und montanen Stufe in Äckern, Gräben, auf Schuttstellen und an schlammigen Orten auf feuchten bis frischen, nährstoffreichen, neutralen bis leicht sauren, humosen Sand-, Lehm- und Tonböden; eine Pionierpflanze; 30–40 cm tief wurzelnd.

188 Gemeine Kreuzblume – *Polygala vulgaris* L.
Merkmale: Im Juni und Juli blühend, 10–30 cm hoch, mit verzweigtem Rhizom, dünner Pfahlwurzel und ausdauernd.
Laubblätter: Untere wechselständig und keine Rosette bildend; obere Blätter 10–25 mm lang, lanzettlich, meist stumpf, kurz gestielt oder anliegend, ganzrandig, meist in der Mitte am breitesten.
Blütenstand: 5–30-blütige Traube mit rot, blau oder violett gestielten Blüten.
Blüten: Zygomorph; Kelchblätter 5; die 3 äusseren sind klein, kelchblattartig, schmal 3-eckig und braunrot; die beiden äusseren sind oval, 6–8 mm lang und mit roten bis violetten Flügeln; Krone rinnenförmig mit 2 freien und einem stark gefransten Zipfel; Staubblätter 8; Fruchtknoten oberständig mit einem Griffel und einer 2-teiligen Narbe.
Früchte: Seitlich abgeflachte und meist herzförmige Kapseln.
Standort: In der kollinen und montanen Stufe in mageren Wiesen, Weiden und Heiden, entlang von Wegen, Waldrändern auf frischen bis mässig trockenen, nährstoffreichen Lehmböden.

189 Virginischer Tabak – *Nicotiana tabacum* L.

Merkmale: Von Juli bis Oktober blühend, 70–200 cm hoch, drüsig behaart und meist 1-jährig.
Laubblätter: Schmal oval bis oval, ganzrandig, zugespitzt, gegen den Grund zu verschmälert, bis über 50 cm lang und besonders die unteren am Stengel herablaufend.
Blütenstand: Am Ende der Zweige trauben- oder rispenähnliche Blütenstände.
Blüten: Gestielt; Kelchblätter 5, röhrenförmig verwachsen und grün; Kelchzähne schmal 3-eckig, ungleich lang und fein zugespitzt; Kronblätter 5, verwachsen, nach oben trichterförmig erweitert, 4 bis 5 cm lang und rosarot gefärbt; Zipfel fein zugespitzt; Staubblätter 5, so lang wie die Kronröhre; Fruchtknoten oberständig und 2-fächerig.
Früchte: Eiförmige, meist 2-klappig aufspringende Kapseln; Samen mit warziger Oberfläche.
Standort: In der kollinen Stufe kultiviert, verwildert auf Schuttplätzen auf eher feuchten, lockeren, nährstoffreichen und lehmigen Böden in wärmeren Lagen; heute auf der ganzen Welt kultiviert; im Gebiet in verschiedenen Sippen angepflanzt.

190 Bittersüss – *Solanum dulcamara* L.

Merkmale: Von Juni bis August blühend, 30–180 cm hoch, mit im unteren Teil verholzten Stengeln, kantig, oft kletternd aber auch niederliegend und ausdauernd.
Laubblätter: Breit lanzettlich, am Grunde oft herzförmig oder mit 1–2 buchtig abgetrennten ovalen Abschnitten, sonst ganzrandig und fast kahl bis dicht behaart.
Blütenstand: In langgestielten rispenartigen oder trugdoldigen und mehr oder weniger überhängenden Wickeln.
Blüten: Kelch 5-zähnig, zur Fruchtzeit kaum vergrössert; Krone bis 1,2 cm lang, violett, am Rande bewimpert, verwachsen, flach ausgebreitet, später zurückgeschlagen und mit tief 5-teiligem Rand; Staubblätter 5; Staubbeutel zu einer Röhre verbunden; Fruchtknoten oberständig und 2-fächerig.
Früchte: Eiförmige, bis 1 cm lange, leuchtend glänzend rote und saftige Beeren.
Standort: In der kollinen und montanen Stufe in Hecken, Gräben, Auenwäldern, Weidengebüschen, an Wegrändern, bei Waldschlägen auf feuchten, nährstoffreichen Lehm- und Tonböden.

191 Echte Wallwurz, Beinwell – *Symphytum officinale* L.

Merkmale: Von Mai bis August blühend, 20–120 cm hoch, mit Rhizom, dicht abstehend behaart.
Laubblätter: Schmal oval, mit der grössten Breite unterhalb der Mitte, langsam nach oben zugespitzt, ganzrandig, nach dem Grunde zu allmählich in den geflügelten Blattstiel verschmälert.
Blütenstand: Klein, dichtblütig und rispenartig/traubig.
Blüten: Kurz gestielt; Kelchblätter 5, nur im unteren Bereich verwachsen, schmal 3-eckig, behaart, mit oft dunkel gefärbter Spitze; Kronblätter 5, verwachsen, gelblich, purpurn oder rotviolett, 1–2 cm lang, mit kurzen und rückwärts gebogenen Zipfeln und oft mit dunkleren Streifen; Schlundschuppen nicht aus der Krone herausragend; Staubblätter 5; Staubfäden ungefähr in der Mitte der Kronröhre angewachsen; Fruchtknoten oberständig; Griffel aus der Kronröhre herausragend.
Früchte: In 4 Nüsschen zerfallend.
Standort: In der kollinen und montanen Stufe in Nasswiesen, Bruchwäldern, im Ufergebüsch, in Gräben auf nassen und feuchten Böden; Pflanze rauhaarig.

192 Knotige Wallwurz – *Symphytum tuberosum* L.

Merkmale: Von April bis Juli blühend, 10–40 cm hoch, mit verdicktem Rhizom und ausdauernd.
Laubblätter: Schmal oval, 3–15 cm lang, meist zugespitzt und dem Grunde zu verschmälert; untere Blätter lang gestielt.
Blütenstand: Traubig/rispig mit Hochblättern.
Blüten: Gestielt; Kelchblätter 5, nur am Grunde verwachsen, schmal 3-eckig, zugespitzt, hellgrün gefärbt und im unteren Bereich oft dunkler; Kronblätter 5, verwachsen, 1,5–2 cm lang, gelblichweiss und schmutzigrot gefärbt, mit 5 kurzen und zurückgebogenen Zipfeln; Schlundschuppen nie aus der Kronröhre herausragend; Staubblätter 5; Fruchtknoten oberständig; Insektenbestäubung.
Früchte: In 4 Nüsschen zerfallend; Teilfrüchte mehr oder weniger warzig; Ameisenverbreitung.
Standort: In der kollinen und montanen Stufe in Wiesen, Laubmischwäldern, Hecken, an Waldrändern und im Hochstaudengebüsch auf frischen, nährstoff- und basenreichen, neutralen und meist tiefgründigen Lehm- und Tonböden; Halbschatten-Schattenpflanze.

193 Tollkraut – *Scopolia carniolica* JACQ.
Merkmale: Im April und Mai blühend, 20–60 cm hoch, gabelig verästelt und reichblättrig.
Laubblätter: Verkehrt eiförmig, unterhalb der Mitte am breitesten, 10–30 cm lang, ganzrandig oder mit schwachen Buchten, mit deutlich ausgeprägter Mittelader und in den Stiel verschmälert; Stengel am Grunde mit schuppenartigen Niederblättern.
Blütenstand: Lang gestielte Einzelblüten in den Achseln von Laubblättern.
Blüten: Nickend, Kelchblätter 5, verwachsen, glockenförmig und grünlich; Kelchzähne 3-eckig; Kronblätter 5, röhrig glockenförmig verwachsen, 1,5–2,5 cm lang, aussen glänzend braun und innen mattolivgrün; Staubblätter 5, nicht aus der Kronröhre herausragend; Fruchtknoten oberständig.
Früchte: Beeren
Standort: In der kollinen Stufe in steinigen und buschigen Hügeln auf eher trockenen, mehr oder weniger nährstoffreichen, neutralen bis schwach sauren und humosen Böden in wärmeren Lagen; giftig; zuweilen aus Gärten verwildert.

194 Echter- oder Gebräuchlicher Baldrian – *Valeriana officinalis* L. Agg.
Merkmale: Von April bis Juli blühend, 10–50 cm hoch, mit Stärke gefüllten Stengeln, ausdauernd.
Laubblätter: Bei sterilen Trieben oval bis rundlich, deutlich grob gezähnt, stumpf oder zugespitzt, lang gestielt und der Spreitengrund herzförmig; stengelständige meist bis zum Grunde 3-teilig; seitliche Seitenabschnitte gezähnt; auch mehrteilige Blätter vorhanden.
Blütenstand: Schirmförmige Rispe.
Blüten: Kelch nach der Blüte lange Pappushaare bildend; Kronblätter 4 oder 5, verwachsen, bis jeweils 6 mm lang, im oberen Teil flach ausgebreitet, weisslich bis rosa gefärbt und am Ende meist abgerundet; Staubblätter 3 oder 4; Fruchtknoten unterständig; Insektenbestäubung.
Früchte: Bis 7 mm lange und mit einem Pappus versehene Nüsschen; Windverbreitung.
Standort: In der montanen und subalpinen Stufe auf Felsblöcken, in Felsspalten und in steilen Bergwäldern auf mässig feuchten bis frischen, basenreichen und steinigen Kalk- und Silikatböden; eine Licht-Halbschattenpflanze.

195 Gemeine Pestwurz – *Petasites hybridus* (L.) G.M.SCH.
Merkmale: Im März und April blühend, mit knollig verdicktem Rhizom und ausdauernd.
Laubblätter: Grundständige nierenförmig, herzförmig oder rundlich, flachbuchtig gezähnt, mit rötlichem und geriltem Stiel, anfangs graufilzig behaart, später besonders oberseits verkahlend, bis zu 60 cm im Durchmesser und erst am Ende der Blütezeit erscheinend; am Blütenstengel lanzettliche, rötlich gefärbte, im unteren Teil fast stengelumfassende und filzig behaarte Schuppenblätter.
Blütenstand: Zahlreiche wohlriechende Blütenköpfe in kurzen und dichten Trauben; Hülle der Köpfchen von 2 oder 3 Reihen kleiner Hüllblätter und aussen von Schuppenblättern umgeben.
Blüten: Alle röhrenförmig; Pappus gelblichweiss; Kronblätter 5, verwachsen und meist rötlich gefärbt; Staubblätter 5; Fruchtknoten unterständig und aus 2 Fruchtblättern verwachsen.
Früchte: Achänen 2–3 mm lang und mit 5–8 mm langem Pappus.
Standort: In der kollinen und montanen Stufe an Bach- und Flussufern, im Erlengebüsch, auf Nasswiesen und auf quelligen Mergelrutschhängen auf sickernassen und nährstoffreichen Böden.

196 Wasserdost – *Eupatorium cannabinum* L.
Merkmale: Von Juni bis September blühend, 70–150 cm hoch, mit kantigem Rhizom, beinahe überall drüsig und ausdauernd.
Laubblätter: Bis zum Grunde 3- oder 5-teilig, zerstreut behaart, meist nur kurz gestielt und gegenständig angeordnet; Abschnitte schmal oval bis lanzettlich, zugespitzt und unregelmässig gezähnt (Zähne nach vorn gerichtet).
Blütenstand: Wenigblütige Köpfchen in einer doldenartigen Rispe; Hüllblätter dachziegelartig.
Blüten: Alle röhrenförmig; Pappus einreihig; Kronblätter 5, verwachsen und hellrot bis rosa gefärbt; Fruchtknoten unterständig; Insektenbestäubung.
Früchte: Achänen 2–3 mm lang, 5-kantig, mit einem 3–5 mm langen und weissen Pappus.
Standort: In der kollinen und montanen Stufe bei feuchten Waldschlägen, Wegen, Ufern, Böschungen, in Riedwiesen und Auenwäldern auf sickerfeuchten bis frischen, nährstoff- und basenreichen, meist kalkhaltigen, humosen und lockeren Lehm- und Tonböden; guter Feuchtigkeitszeiger.

197 Acker-Kratzdistel – *Cirsium arvense* (L.) SCOP.
Merkmale: Von Juli bis September blühend, 30–120 cm hoch und ausdauernd.
Laubblätter: Lanzettlich bis schmal oval, etwas steif, oberseits kahl, unterseits kahl oder etwas behaart, ungeteilt und buchtig gezähnt oder bis zur Mitte gefiedert und sitzend; Abschnitte 3-eckig bis oval und stachelig.
Blütenstand: Einzelne Köpfchen in doldenartigen Rispen vereinigt.
Blüten: Alle röhrenförmig; Kronblätter 5, verwachsen, bis weit hinunter geteilt und lila gefärbt; Staubblätter 5; Fruchtknoten unterständig.
Früchte: Achänen 2–3 mm lang, bräunlich und mit bis 3 cm langem Pappus.
Standort: In der kollinen und montanen Stufe entlang von Wegen, in Äckern, Waldschlägen, auf Schuttstellen und bei Ufern auf frischen bis mässig trockenen, nährstoffreichen, kalkarmen und kalkreichen, humosen, auch tiefgründigen, sandigen, steinigen oder lehmigen Böden; Pionierpflanze; Kulturbegleiter; in den Äckern unbeliebt; in den USA eingeschleppt.

198 Eselsdistel – *Onopordum acanthium* L.
Merkmale: Von Juli bis September blühend, 40–140 cm hoch und 2-jährig.
Laubblätter: Schmal oval bis oval, jederseits bis zur Spreitenmitte fiederteilig, oberseits dunkelgrün und behaart, unterseits graugrün und dicht filzig behaart, sitzend und am Grunde dem Stengel herablaufend; Abschnitte 3-eckig, stachelig und zugespitzt.
Blütenstand: Köpfe 2–4 cm breit und einzeln stehend; Hüllblätter kugelig angeordnet und mit einem langen Stachel endend.
Blüten: Pappus mit rötlichen Borsten; die 5 Kronblätter verwachsen, bis 2 cm lang und purpurn gefärbt; Staubblätter 5, Fruchtknoten unterständig.
Früchte: Achänen 3–5 mm lang, mit Längsrippen und einem 4–10 mm langen Pappus.
Standort: In der kollinen und montanen Stufe in staudenreichen Unkrautfluren, auf Schutt- und Verladeplätzen, an Dämmen und entlang von Wegen auf trockenen, nährstoffreichen, humosen, steinigen, sandigen oder reinen Lehm- und Tonböden.

199 Gemeine- oder Wiesen-Flockenblume – *Centaurea jacea* L. s.l.
Merkmale: Von Juni bis September blühend, 10–50 cm hoch, mit kantigen Stengeln und ausdauernd.
Laubblätter: Untere lanzettlich bis oval, stumpf, abgerundet oder kurz zugespitzt, in kurzen Stiel verschmälert, ganzrandig, fein gezähnt oder besonders im unteren Spreitenteil unregelmässig fiederteilig; obere Stengelblätter lanzettlich bis schmal oval, sitzend und meist zugespitzt.
Blütenstand: Köpfe einzeln an Ende der Zweige.
Blüten: Röhrenförmig und die randständigen vergrössert; Kronblätter 5, verwachsen, purpurn; Staubblätter 5; Fruchtknoten unterständig; gute Bienenweide.
Früchte: Achänen bis 3 mm lang, ohne Pappus.
Standort: Von der kollinen bis in die subalpine Stufe in Wiesen, Magerrasen, Weiden, Hecken und auf Schuttplätzen auf mässig frischen bis mässig trockenen, nährstoff- und basenreichen, meist tiefgründigen, humosen und kalkhaltigen Böden.

200 Schlupfsame – *Crupina vulgaris* CASS.
Merkmale: Von Mai bis Juli blühend, 15–60 cm hoch, mit kantigen Stengeln, einer Pfahlwurzel und 1-jährig.
Laubblätter: Bis auf die Mittelader fiederschnittig; Abschnitte schmal lanzettlich, fein gesägt und drüsig bewimpert.
Blütenstand: Gestielte Köpfchen meist zu mehreren in lockeren Trauben oder Rispen; Hülle bis 2 cm lang, zylindrisch, nach oben etwas verschmälert und mit dachziegelartig angeordneten Hüllblättern.
Blüten: Röhrenförmig und 3–8 in einem Köpfchen; Pappus aus mehreren Reihen rauer, dunkler Borsten bestehend; Kronblätter 5, verwachsen und im oberen Teil einen 5-teiligen Trichter bildend; Staubblätter 5; Fruchtknoten unterständig.
Früchte: Achänen 3–5 mm lang, dunkelbraun und mit einem ebenso langen Pappus.
Standort: In der kollinen Stufe auf steinigen, trockenwarmen Hügeln und in Felsentreppen auf trockenen und steinigen Böden.

201 Einjährige Strohblume – *Xeranthemum annuum* L.
Merkmale: Im Juni und Juli blühend, 15–60 cm hoch, schon unterhalb der Mitte verzweigt, locker sparrig ausgebildet, mit kantigem Stengel, mit Pfahlwurzel und 1-jährig.
Laubblätter: Höchstens 3 cm lang, schmal lanzettlich, zugespitzt und unterseits graufilzig.
Blütenstand: Köpfe mit 100–120 Blüten; Hüllblätter dachziegelig angeordnet und mehrreihig; äussere Hüllblätter kurz zugespitzt, weisslich und kahl; die inneren mehr als doppelt so lang wie die äusseren.
Blüten: Die äusseren weiblich, meist unfruchtbar; innere zwittrig; Krone rosa bis purpurrot oder auch hellviolett gefärbt, röhrig verwachsen und im oberen Viertel 5-teilig.
Früchte: 3–4,5 mm lang, schmal kegelförmig, schwach gekrümmt, mit der grössten Breite beim Pappus und dieser (aus 5 Schuppen bestehend) 2–3 mm lang.
Standort: In der kollinen Stufe in wärmeren Lagen auf Trockenrasen, im Ödland, in Unkrautfluren auf trockenen und sandigen oder steinigen Böden.

202 Sumpf-Kratzdistel – *Cirsium palustre* (L.) SCOP.
Merkmale: Von Juli bis Oktober blühend, 30–120 cm hoch, mit kurzem Rhizom und 2-jährig.
Laubblätter: Steif, schmal oval bis lanzettlich, breitbuchtig fiederteilig, oberseits dunkelgrün und schwach behaart, unterseits graugrün und besonders anfangs weissfilzig behaart, sitzend und am Stengel weit herablaufend; Abschnitte in kurzen Stacheln endend.
Blütenstand: Köpfe in einer doldenartigen Rispe vereinigt; Hüllblätter schmal oval, zugespitzt, dunkelgrün gefärbt, oft mit weissen Rändern und einer dunklen Spitze.
Blüten: Röhrenförmig; Kronblätter 5, im oberen Abschnitt 5-teilig und purpurn gefärbt; Staubblätter 5; Fruchtknoten unterständig.
Früchte: Achänen 2–3 mm lang, gelblichbraun, ohne Flecken, mit einem 5–10 mm langen Pappus.
Standort: In der kollinen und montanen Stufe in Nass- und Moorwiesen, Flachmooren, Auenwäldern, Waldschlägen und an Quellen auf nassen bis wechselfeuchten, mässig nährstoff- und basenreichen, neutralen oder etwas sauren, sandigen oder reinen Lehm- und Tonböden.

203 Färberscharte – *Serratula tinctoria* L. s.l.
Merkmale: Von Juli bis September blühend, 20–90 cm hoch, im oberen Teil verzweigt und ausdauernd; früher als Färberpflanze verwendet.
Laubblätter: Untere oval bis lanzettlich, ungeteilt, spitz gezähnt und zugespitzt; mittlere und obere Stengelblätter bis nahe der Mittelader fiederteilig und sitzend oder kurz gestielt; Abschnitte spitz gezähnt; Endabschnitt grösser als die Seitenabschnitte.
Blütenstand: Köpfe in doldenartigen Rispen, Hülle zylindrisch; Hüllblätter mit violetter Spitze.
Blüten: Zwittrige und weibliche Blüten vorhanden, röhrenförmig ausgebildet; Kronblätter 5, im oberen Abschnitt 5-teilig und purpurn gefärbt; Staubblätter 5; Fruchtknoten unterständig.
Früchte: Achänen 3–6 mm lang, grünlich und mit bis 8 mm langem Pappus; Windverbreitung.
Standort: In der kollinen und montanen Stufe in Hochstaudenfluren, Moorwiesen, Gräben, lichten Laubwäldern und Riedwiesen auf feuchten bis wechseltrockenen, nur mässig nährstoff- und basenreichen, modrig humosen, meist kalkhaltigen und oft torfigen Lehm- und Tonböden.

204 Hasenlattich – *Prenanthes purpurea* L.
Merkmale: Von Juli bis September blühend, 20–120 cm hoch und mit verzweigten Stengeln.
Laubblätter: Schmal oval bis lanzettlich, buchtig gezähnt bis fiederteilig, zugespitzt, mit herzförmigem Grund, den Stengel zum Teil umfassend, kahl, oberseits mittelgrün und im unteren Teil der Pflanze in den geflügelten Stiel verschmälert; obere Blätter sitzend.
Blütenstand: Zahlreiche 2–5-köpfige Rispen; äussere Hüllblätter viel kleiner als die inneren; beide Sorten kahl und grünlich gefärbt.
Blüten: In den Köpfen nur Zungenblüten vorhanden; Zunge aus jeweils 5 Kronblättern verwachsen, 5-zähnig und violett bis purpurn gefärbt; Staubblätter 5, rötlich und weiss gefärbt; Fruchtknoten unterständig.
Früchte: Achänen 3–5 mm lang, 3–5-kantig und mit weissem Pappus; Pflanze ausdauernd.
Standort: Von der kollinen bis in die subalpine Stufe in krautreichen Wäldern, Hochstaudenfluren, entlang von Waldwegen auf mässig feuchten bis frischen, nährstoffreichen, meist kalkarmen Böden.

205 Roter Wiesen-Klee, Rot-Klee – *Trifolium pratense* L.
Merkmale: Von Mai bis Oktober blühend, 10–25 cm hoch und meist ausdauernd.
Laubblätter: 3-teilig und gestielt; Teilblätter elliptisch bis eiförmig, am Ende stumpf, abgerundet, leicht ausgerandet oder spitz, meist ganzrandig, oft mit weisslicher, hellgrüner oder rötlicher Zeichnung und etwas behaart.
Blütenstand: Traube eiförmig bis kugelig und einzeln oder zu mehreren.
Blüten: 5 Kelchblätter verwachsen und behaart; Kronblätter 5, rot und bis 5mal so lang wie die Kelchröhre; Fahne deutlich länger als die Flügel und das Schiffchen; Staubblätter 10; oberster Staubfaden frei; Fruchtknoten oberständig; Insektenbestäubung.
Früchte: Einsamige Nüsschen.
Standort: In der kollinen und montanen Stufe verbreitet in Fettwiesen, Weiden, Staudenfluren und lichten Wäldern auf frischen, nährstoff- und basenreichen, mässig sauren bis neutralen und mehr oder weniger humosen Lehm- und Tonböden.

206 Purpur-Klee – *Trifolium rubens* L.
Merkmale: Im Juni und Juli blühend, 15–65 cm hoch, mit zahlreichen unterirdischen Ausläufern und ausdauernd.
Laubblätter: 3-teilig, kurz gestielt und meist kahl; Teilblätter lanzettlich, 3–6 cm lang, am Ende stumpf, zugespitzt oder etwas ausgerandet und fein gezähnt; Nebenblätter krautig und sehr lang.
Blütenstand: Köpfchen eiförmig bis zylindrisch, gestielt und 2–6 cm lang.
Blüten: Die 5 Kelchblätter verwachsen, im oberen Teil lang behaart und am Innenrand Kelchröhre mit Haarring; Kelchzipfel fadenförmig und deutlich behaart; Kronblätter purpurn; Staubblätter 10, mit einem freien Staubfaden; Fruchtknoten oberständig.
Früchte: Einsamige Nüsschen.
Standort: In der kollinen und montanen Stufe in Hecken, lichten Wäldern und an trockenen Hängen auf wechseltrockenen bis trockenen, warmen, basenreichen, neutralen, humosen, lockeren und etwas sandigen Böden.

207 Saat-Esparsette – *Onobrychis viciifolia* SCOP.
Merkmale: Von Juni bis August blühend, 25–50 cm hoch und ausdauernd.
Laubblätter: Schmal oval, unpaarig gefiedert und gestielt; Teilblattpaare 6–13; Teilblätter lanzettlich, kurz gestielt, am oberen Ende abgerundet, gestutzt und oft mit einer aufgesetzten Spitze; wertvolle Futterpflanze.
Blütenstand: Schmal ovale bis 3-eckige und vielblütige Traube.
Blüten: Meist ungestielt; Kelchblätter 5, verwachsen, grünlich und mit rötlich gefärbtem und behaartem Kelchbecherrand; Krone 10–15 mm lang, rosa gefärbt; Schiffchen oft so lang wie die Fahne; Staubblätter 10; Fruchtknoten oberständig.
Früchte: Hülsen 5–8 mm lang und mit kleinen Zähnen versehen.
Standort: In der kollinen und montanen Stufe verbreitet an Dämmen, Böschungen, in trockenen Wiesen und entlang von Wegen auf warmen, mässig trockenen bis trockenen, mageren, basenreichen, humosen, meist tiefgründigen und lockeren Böden.

208 Sand-Esparsette – *Onobrychis arenaria* (KIT.) SER.
Merkmale: Im Juni und Juli blühend, 20–50 cm hoch und ausdauernd.
Laubblätter: Schmal oval, unpaarig gefiedert und gestielt; Teilblattpaare 5–12; Teilblätter lanzettlich, oft kurz gestielt und meist zugespitzt.
Blütenstand: Schmal ovale, oft lang ausgezogene und vielblütige Traube.
Blüten: Kelchblätter 5, verwachsen und hellgrün; Kelchzähne lang und schmal 3-eckig, dunkelgrün und weisslich bis hellgrün berandet; Krone 8–12 mm lang; Fahne und Schiffchen hellrosa bis weisslich, meist rot geadert und mit gleicher Länge; Staubblätter 10; oberstes Staubblatt frei; Fruchtknoten oberständig.
Früchte: Hülsen 3–6 mm lang und mit bis 1,5 mm langen Zähnen.
Standort: In der kollinen und montanen Stufe in Felsensteppen, Trockenwiesen, Kalk-Magerrasen und trockenen Kiefernwäldern auf sommerwarmen, trockenen, basenreichen und steinigen Lehm- oder Kalkböden; über einen Meter tief wurzelnd.

209 Futter-Wicke – *Vicia sativa* L. s.l.
Merkmale: Von Mai bis Oktober blühend, 15–80 cm hoch und oft etwas behaart.
Laubblätter: Oval, gefiedert, mit einer Endranke und meist gestielt; Teilblattpaare 4–7; Teilblätter lanzettlich, sehr kurz gestielt oder anliegend, gegen den Grund zu allmählich verschmälert und meist mit einer aufgesetzten Spitze.
Blütenstand: Blüten einzeln oder zu 2–3 in den Blattwinkeln und meist sitzend.
Blüten: Kelchblätter 5, verwachsen und mit rötlicher Kelchröhre; Krone bis 3 cm lang und oft verschiedenfarbig; Fahne hellrosa bis hellrotviolett und schräg aufwärts gerichtet; kleineres Schiffchen grünlichweiss bis rötlich; Flügel oft etwas dunkler als die Fahne; Staubblätter 10; Fruchtknoten oberständig.
Früchte: Hülsen 35–70 mm lang.
Standort: In der kollinen und montanen Stufe in Getreidefeldern, Äckern, entlang von Wegen und auf Schuttplätzen auf frischen, nährstoffreichen und lehmigen Böden.

210 Zaun-Wicke – *Vicia sepium* L.
Merkmale: Von Mai bis Juli blühend, 20–50 cm hoch und ausdauernd.
Laubblätter: Oval, gefiedert, mit einer oft verzweigten Endranke; Teilblattpaare 4–7; Teilblätter länglich eiförmig, bis 3 cm lang und stumpf oder zugespitzt; Nebenblätter auf der Aussenseite mit Nektardrüsen, die oft von Ameisen besucht werden.
Blütenstand: Kurze Traube mit 3–6 Blüten.
Blüten: Kelchblätter 5, verwachsen und behaart; Kelchröhre dunkelrotbraun; Krone 10–15 mm lang und rosa bis braunviolett gefärbt; Fahne und Flügel meist viel grösser als das Schiffchen; Staubblätter 10; Fruchtknoten oberständig.
Früchte: Hülsen 20–35 mm lang, kahl und flach.
Standort: In der kollinen und montanen Stufe in Hecken, Fettwiesen, Wäldern und bei Waldwegen auf feuchten bis frischen, nährstoff- und basenreichen, humosen und lockeren Lehm- und Tonböden; guter Nährstoffzeiger.

211 Dornige Hauhechel – *Ononis spinosa* L. s.l.
Merkmale: Von Juli bis September blühend, 25–60 cm hoch, mit einem holzigen Rhizom, drüsig behaart und ausdauernd.
Laubblätter: Meist 3-eckig, unpaarig gefiedert und kurz gestielt; Teilblätter schmal oval bis oval, gezähnt und grünlichweiss; Nebenblätter gezähnt; Dornen in den Blattachseln der Äste.
Blütenstand: Einzelne kurzgestielte Blüten in den Achseln der oberen Stengelblätter.
Blüten: Kelchblätter 5, verwachsen und mit Drüsenhaaren; Kelchzähne länger als die Kelchröhre; Krone 10–25 mm lang, rosa bis violettrosa oder weisslich; Fahne aussen etwas drüsig; Staubblätter je 10; Fruchtknoten oberständig.
Früchte: Hülsen aufgeblasen, drüsig behaart und bis 10 mm lang.
Standort: In der kollinen und montanen Stufe in trockenen Wiesen, sonnigen Trockenweiden, entlang von Wegen und an Böschungen auf mässig trockenen, basenreichen, meist kalkhaltigen, neutralen und humosen Lehm- und Tonböden; Magerkeitszeiger; ein Weideunkraut.

212 Dost, Wilder Majoran – *Origanum vulgare* L.
Merkmale: Von Juli bis September blühend, 20–50 cm hoch, aromatisch riechend und ausdauernd.
Laubblätter: Meist oval, mit der grössten Breite unterhalb der Mitte, gestielt, 10–40 mm lang, ganzrandig oder undeutlich stumpf gezähnt, unterseits graugrün und am Ende stumpf oder abgerundet.
Blütenstand: Rispenartiger Gesamtblütenstand; Teilblütenstände mit ährenartig angeordneten Blüten; Tragblätter bis 6 mm lang.
Blüten: Kelchblätter 5 und verwachsen; Krone rosa bis fleischrot und 3–8 mm lang; Staubblätter jeweils 4 und aus der Kronröhre herausragend; Staubbeutel mit gespreizten Hälften; Fruchtknoten oberständig; Insektenbestäubung; gute Bienenfutterpflanze.
Früchte: Eiförmige bis kugelige Zerfallfrüchte.
Standort: In der kollinen und montanen Stufe in Trockenweiden, am Rand sonniger Hecken, in lichten Kiefernwäldern, Magerrasen und an Böschungen auf mässig trockenen und basenreichen Böden; gute Bienenfutterpflanze.

213 Bunte Kronwicke – *Securigera varia* (L.) LASSEN (*Coronilla varia*)
Merkmale: Im Juli und August blühend, 40–80 cm hoch, mit niederliegenden und aufsteigenden Stengeln und ausdauernd.
Laubblätter: Schmal oval, unpaarig gefiedert und sehr kurz gestielt; Teilblattpaare 6–12; Teilblätter kurz gestielt, schmal oval, mit aufgesetzter Spitze und ganzrandig.
Blütenstand: Lang gestielte, meist kugelige und bis 20-blütige Traube.
Blüten: Kurz gestielt; Kelchblätter 5, verwachsen, gelblichgrün gefärbt und mit kurzen Kelchzähnen, die in eine Spitze ausgezogen sind; Krone aus lilafarbener Fahne, 2 weisslichen bis rosa gefärbten Flügeln und einem weissen Schiffchen mit dunkelpurpurner, gebogener Spitze; Staubblätter 10; oberstes Staubblatt mit den restlichen nicht verbunden; Fruchtknoten oberständig.
Früchte: Hülsen bis 8 cm lang, etwas eingeschnürt und später in einzelne Glieder zerfallend.
Standort: In der kollinen und montanen Stufe in Rainen, Hecken, Steinbrüchen, Halbtrockenrasen, trockenen Wiesen, entlang von Wegen und an Böschungen auf kalkhaltigen, basenreichen Böden.

214 Rundblättrige Hauhechel – *Ononis rotundifolia* L.
Merkmale: Von Mai bis Juli blühend, 10–35 cm hoch, mit holzigem Rhizom und ausdauernd.
Laubblätter: Oval, unpaarig gefiedert, lang gestielt und mit fein gezähnelten, flach ausgebreiteten Nebenblättern; Nebenteilblätter oval bis rundlich, gezähnt, 1–3 cm lang und meist anliegend; Endteilblatt breit oval bis rundlich, buchtig gezähnt und lang gestielt.
Blütenstand: In den Achseln von Stengelblättern einzelne Blüten oder bis 3-blütige Trauben.
Blüten: Kelchblätter 5, verwachsen, grünlich gefärbt und etwas behaart; Kelchzähne schmal 3-eckig und dunkelgrün gefärbt; Krone 15–25 mm lang und rosa gefärbt; Fahne viel grösser als Schiffchen und Flügel und oft etwas behaart; Staubblätter 10; Staubfäden alle miteinander verwachsen; Fruchtknoten oberständig.
Früchte: Hülsen 20–25 mm lang, meist flach ausgebildet und bis 9-samig.
Standort: In der kollinen und montanen Stufe an Felshängen und in lichten Kiefernwäldern auf trockenen, steinigen und kalkreichen Böden in wärmeren Lagen.

215 Bohnenkraut – *Satureja hortensis* L.
Merkmale: Von Juli bis September blühend, 10–25 cm hoch, mit verzweigter Wurzel, ohne Verholzung und 1-jährig.
Laubblätter: Lanzettlich bis schmal lanzettlich, 1–3 cm lang, kurz gestielt, ganzrandig, kurz behaart oder kahl und am oberen Ende stumpf oder zugespitzt; riechen stark aromatisch.
Blütenstand: Einzeln oder zu 2 oder 3 halbquirlartig in den Achseln der obersten Stengelblätter.
Blüten: Kurz gestielt; Kelch 5-teilig, glockenförmig geformt, 10-aderig, bis 6 mm lang und mit 5 ausgezogenen Zähnen; Krone bis 8 mm lang und weisslich oder lila gefärbt; Staubblätter 4; Fruchtknoten oberständig; Äste des Griffel ungefähr gleich lang ausgebildet.
Früchte: 4 Zerfallfrüchte.
Standort: In der kollinen und montanen Stufe auf Schuttstellen, an felsigen Hängen und entlang von Bahndämmen auf feuchten bis frischen, lockeren und nährstoffreichen Böden in wärmeren Lagen; häufig in Gärten als Gewürz- und Heilpflanze angepflanzt; in wärmeren Gegenden verwildert.

216 Wirbeldost – *Clinopodium vulgare* L., *Satureja vulgaris* (L.)
Merkmale: Von Juli bis September blühend, 15–60 cm hoch, mit unterirdischen Ausläufern und ausdauernd.
Laubblätter: Oval bis eiförmig, 20–45 mm lang, kurz gestielt, ganzrandig oder schwach gezähnt, oft dicht behaart, nur selten drüsig punktiert und am Ende stumpf oder ausgerandet.
Blütenstand: In den Achseln der obersten Blattpaare 10–20 Blüten kopfartig angeordnet.
Blüten: Kelch 5-teilig, schmal röhrenförmig, 13-aderig, bis 10 mm lang und in 2 Lippen gegliedert; Kelchröhre im Innern behaart; Krone karminrot und 10–20 mm lang; Oberlippe und Unterlippe mit je 3 und 2 Zähnen; Staubblätter 4; Fruchtknoten oberständig; Insektenbestäubung.
Früchte: 4 Zerfallfrüchte; mit einer Wind- und Klettverbreitung.
Standort: In der kollinen und montanen Stufe in Hecken, entlang von Wald- und Wegrändern, lichten Eichen- und Kiefernwäldern auf mässig frischen, nährstoff- und basenreichen, oft kalkhaltigen, lockeren und humosen Lehm- und Tonböden; Licht-Halbschattenpflanze; in ganz Europa häufig.

217 Echte Bergminze, Echter Bergthymian – *Calaminthe nepeta* SCHEELE s.l.
Merkmale: Von Juli bis September blühend, 20–60 cm hoch, mit aufrechten oder aufsteigenden Stengeln und ausdauernd.
Laubblätter: Oval bis rundlich, gestielt, am oberen Ende stumpf oder abgerundet, beiderseits behaart, 10–20 mm lang, gekerbt bis gesägt oder seltener ganzrandig.
Blütenstand: Mehrere 3–15-blütige Halbquirlen am Ende der Stengel.
Blüten: Kurz gestielt; Kelchblätter 5, verwachsen, mit 13 Adern und spitzen Zähnen; Krone jeweils 10–20 mm lang und lila bis hellviolett gefärbt; Oberlippe 3-zähnig, Unterlippe 2-zähnig; Staubblätter je 4; Fruchtknoten oberständig; Insektenbestäubung.
Früchte: 4 Zerfallfrüchte eiförmig und bis 1,5 mm lang.
Standort: In der kollinen und montanen Stufe entlang von Wegrändern, in Hecken, bei Felsen, Mauern und in Steinschuttfluren auf mässig trockenen bis trockenen, basenreichen, kalkhaltigen, meist humosen und feinerdearmen Böden in wärmeren Lagen.

218 Immenblatt – *Melittis melissophyllum* L.
Merkmale: Im Mai und Juli blühend, 15–60 cm hoch, mit kriechendem Rhizom und ausdauernd.
Laubblätter: Oval, eiförmig bis herzförmig, 4–9 cm lang, gestielt, am Spreitengrund meist abgerundet, regelmässig grob gezähnt und zerstreut behaart.
Blütenstand: Gestielte Blüten einzeln oder zu 2 oder 3 in den Achseln der oberen Laubblätter.
Blüten: Kelchblätter 5, verwachsen, glockenförmig, 10-adrig, hell- bis mittelgrün gefärbt, oft auf den Adern drüsig behaart und 15–20 mm lang; Krone 30–40 mm lang, purpurn, rosa oder weiss gefärbt und 2-lippig; Unterlippe mit rötlichvioletten Flecken, 3-teilig und mit breitem Mittelabschnitt; Oberlippe ganzrandig und fein drüsig behaart; Staubblätter 4; Fruchtknoten oberständig.
Früchte: Zerfallfrüchte eiförmig, mehr oder weniger 3-kantig und bis 5 mm lang.
Standort: In der kollinen und montanen Stufe in lichten Laubmischwäldern und sonnigen Hecken auf mässig frischen bis ziemlich trockenen, basenreichen, meist kalkhaltigen, lockeren, humosen und oft steinigen Böden.

219 Wald-Ziest – *Stachys sylvatica* L.
Merkmale: Von Juli bis September blühend, 25–90 cm hoch, ausdauernd; Ausläufer unterirdisch.
Laubblätter: Oval bis schmal herzförmig, lang gestielt, 4–10 cm lang, zugespitzt, grob gezähnt, beiderseits behaart und mit herzförmigem Grund.
Blütenstand: Kurz gestielte Blüten am Ende der Stengel in zahlreichen übereinanderliegenden, meist 6-blütigen Quirlen zusammengefasst und einen traubenähnlichen Blütenstand bildend.
Blüten: Kelchblätter 5, verwachsen, 4–8 mm lang, dicht behaart, grünlichrot, mit je einem begrannten Zahn; Kronblätter 5, verwachsen, 10–15 mm lang, braunrot, 2-lippig; Oberlippe ganzrandig, oft behaart; Unterlippe länger, vielfach 3-lappig; Staubblätter 4, Fruchtknoten oberständig.
Früchte: 4 Zerfallfrüchte 10–20 mm lang.
Standort: In der kollinen und montanen Stufe entlang von Hecken, Waldwegen, in feuchten Laubmisch- und Auenwäldern und bei Waldquellen auf nassen bis feuchten, nährstoffreichen, neutralen und humosen Lehm- und Tonböden.

220 Acker-Minze – *Mentha arvensis* L.
Merkmale: Von Juni bis Oktober blühend, 15–35 cm hoch, mit blattlosen unterirdischen und beblätterten oberirdischen Ausläufern, ausdauernd und auffallend aromatisch duftend.
Laubblätter: Lanzettlich bis oval, 2–8 cm lang, nicht sehr tief gezähnt, mit nach vorn gerichteten Zähnen und anliegend kurz zottig behaart.
Blütenstand: Blüten in reichblütigen, kugeligen Scheinquirlen in den Achseln von Blättern.
Blüten: Kelch glockenförmig, 2–3 mm lang, mit 5 gleichartigen kurz 3-eckigen Zähnen und dicht abstehend behaart; Kelchröhre innen kahl; Krone 4–6 mm lang, rosa bis violett gefärbt, mit oben einer erweiterten Röhre und 4-teiligem Rand; Staubblätter 4, alle aus der Kronröhre herausragend; Fruchtknoten oberständig.
Früchte: In 4 glatte Teilfrüchte zerfallend.
Standort: In der kollinen und montanen Stufe in Nasswiesen, Unkrautfluren, Äckern, Gärten, auf Schuttplätzen auf nassen bis feuchten, nährstoffreichen und meist kalkarmen Lehm- und Tonböden.

221 Gefleckte Taubnessel – *Lamium maculatum* L.
Merkmale: Von April bis September blühend, 15–40 cm hoch und ausdauernd; Ausläufer lang.
Laubblätter: Breit herzförmig bis 3-eckig, meist rötlich gestielt, zugespitzt und gekerbt.
Blütenstand: In den Achseln der oberen Blattpaare sitzende Blüten in Quirlen.
Blüten: Kelchblätter 5, verwachsen, bis 12 mm lang, grünlich bis violett, ohne Flecken, etwas behaart und mit je einem schmal 3-eckigen Zahn; Krone 20–30 mm lang, meist purpurn gefärbt und mit gekrümmter Kronröhre; Oberlippe gekrümmt und am Rande kurz behaart; Unterlippe oft mit dunkler oder weisslicher Zeichnung; Staubblätter 4; Staubbeutel violettbraun, bärtig behaart und mit orange-gelben Pollenkörnern; Fruchtknoten oberständig.
Früchte: Glatte und 3 mm lange Zerfallfrüchte; Ameisenverbreitung.
Standort: Von der kollinen bis in die subalpine Stufe in Auenwäldern, Hecken, Wiesen, entlang von Wegen, Zäunen und Ufern auf feuchten bis frischen, nährstoffreichen, meist kalkhaltigen und neutralen Böden.

222 Acker-Taubnessel – *Lamium purpureum* L.
Merkmale: Von März bis Oktober blühend, 5–25 cm hoch, am Grunde sehr oft verzweigt und ein- oder 2-jährig.
Laubblätter: 3-eckig oder herzförmig, meist grünlich gestielt, am Ende abgerundet, stumpf oder zugespitzt, stumpf gezähnt, etwas behaart und oberseits rot überlaufen.
Blütenstand: In Achseln der oberen Blattpaare sitzende Blüten in quirlähnlichen Blütenständen.
Blüten: Kelchblätter 5, verwachsen, meist grünlich gefärbt, zerstreut behaart und mit je einem dunkelroten Zahn; Krone 8–12 mm lang, rosa bis purpurn und mit gerader Kronröhre; Oberlippe gekrümmt und kurz behaart; Unterlippe dunkler gefleckt; Staubblätter 4; diese mit violettbraunen Staubbeuteln; Fruchtknoten oberständig.
Früchte: Glatte und 2–3 mm lange Zerfallfrüchte.
Standort: Von der kollinen bis in die subalpine Stufe in Wiesen, Weinbergen, Äckern, Gärten, auf Schuttplätzen und entlang von Wegen auf frischen, nährstoffreichen und lockeren Böden.

223 Gemeine Brunelle – *Prunella vulgaris* L.
Merkmale: Von Juni bis September blühend, 5–25 cm hoch und ausdauernd.
Laubblätter: Grundständige schmal eiförmig, 10–35 mm lang, ganzrandig oder mit kurzen Zähnen, gestielt und meist stumpf; stengelständige im unteren Teil gestielt, im oberen Bereich der Pflanze kurz gestielt oder sitzend.
Blütenstand: Ähre aus zahlreichen übereinanderliegenden Scheinquirlen.
Blüten: Kelchblätter 5, verwachsen, unregelmässig 10-aderig und deutlich behaart; Krone blauviolett bis purpurn; Oberlippe aufgerichtet, im oberen Teil abgerundet, seitlich zusammengedrückt und ganzrandig; Unterlippe mit gezähntem Rand; Staubblätter 4, unter der Oberlippe aufsteigend; Fruchtknoten oberständig.
Früchte: Eiförmige, etwas 3-kantige und bis 2 mm lange Zerfallfrüchte.
Standort: Von der kollinen bis in die subalpine Stufe in Wiesen, Weiden, Rasen, lichten Wäldern, entlang von Waldwegen auf frischen, nährstoffreichen und neutralen Böden.

224 Gemeiner Hohlzahn – *Galeopsis tetrahit* L.
Merkmale: Von Juni bis Oktober blühend, mit verdickten Stengeln unter den Blattansatzstellen und 20–80 cm hoch.
Laubblätter: Breit lanzettlich, 4–12 cm lang, gestielt, am Grund verschmälert, am Ende zugespitzt, kahl oder zerstreut behaart und buchtig gezähnt.
Blütenstand: Mehrere bis 16-blütige Quirlen am Ende der Stengel.
Blüten: Kelchblätter 5, verwachsen, bis 15 mm lang und mit je einem dunkelgrünen Zahn; Krone bis 20 mm lang, rosa bis blauviolett und mit weisser Kronröhre; Oberlippe helmförmig; Unterlippe dreiteilig, mit violetter Zeichnung und am Grunde mit einem gelben Fleck; Staubblätter 4; Fruchtknoten oberständig.
Früchte: 2–3 mm lange Zerfallfrüchte.
Standort: Von der kollinen bis in die subalpine Stufe in Äckern, Wiesen, Waldschlägen, auf Schuttplätzen, entlang von Wegen und Zäunen auf feuchten bis ziemlich trockenen Böden.

225 Echte Betonie – *Betonica-* oder *Stachys officinalis* (L.) TREVISAN
Merkmale: Von Juli bis September blühend, 20–60 cm hoch, mit knotigem Rhizom und ausdauernd.
Laubblätter: Schmal oval, im mittleren und unteren Bereich gestielt, am Spreitengrund herzförmig, zugespitzt, 4–12 cm lang und zerstreut behaart.
Blütenstand: Kompakte und 8–14-blütige Teilblütenstände.
Blüten: Kelchblätter 5, verwachsen, 5–8 mm lang, grünlich bis dunkelrot, besonders im unteren Teil behaart, mit je einem bis 3 mm langen begrannten Zahn; Krone 10–15 mm lang, weisslich bis dunkelrosa, mit gekrümmter Kronröhre; Oberlippe meist ganzrandig, nach vorn oder nach hinten gekrümmt; Unterlippe mit 3 Abschnitten; Staubblätter 4; Fruchtknoten oberständig.
Früchte: 4 Zerfallfrüchte glatt und bis 2,5 mm lang.
Standort: In der kollinen und montanen Stufe in Moorwiesen, mageren Bergwiesen, Laubmischwäldern und Riedwiesen auf zeitweise nassen, sommertrockenen, meist kalkarmen, neutralen bis mässig sauren und lehmigen oder torfigen Böden; Magerkeitszeiger; früher eine Arzneipflanze.

226 Schmalblättriger Hohlzahn – *Galeopsis angustifolia* (EHRH.) HOFFM.
Merkmale: Von Juni bis Oktober blühend, 10–60 cm hoch und 1–2-jährig; Stengel nicht verdickt.
Laubblätter: Schmal oval bis lanzettlich, ganzrandig oder jederseits mit höchstens 4 Zähnen, kurz gestielt oder sitzend und am Ende zugespitzt.
Blütenstand: Am Ende der Zweige mehrere übereinanderliegende, bis 12-blütige Quirlen.
Blüten: Mehr oder weniger sitzend; Kelchblätter 5, verwachsen, 3–7 mm lang, dicht anliegend behaart und mit je einem fein zugespitzten Zahn; Krone 10–25 mm lang, hell- bis mittelkarminrot und mit gerader, behaarter Kronröhre; Unterlippe meist breiter als die Oberlippe; diese meist nach vorn gebogen und kurz behaart; Staubblätter 4; Fruchtknoten oberständig.
Früchte: 4 Zerfallfrüchte bis 3 mm lang.
Standort: Von der kollinen bis in die subalpine Stufe in Geröll- und Schutthalden, Äckern, im Ödland, auf Dämmen und in Kiesgruben auf trockenen, basenreichen, meist humus- und feinerdearmen und lockeren Steinschuttböden; bis 1 m tief wurzelnd; Pionierpflanze.

227 Edel-Gamander – *Teucrium chamaedrys* L.
Merkmale: Im Juli und August blühend, 10–30 cm hoch, im unteren Bereich Stengel verholzt.
Laubblätter: Oval bis schmal oval, oft in den Stiel verschmälert, 10–25 mm lang, jederseits unregelmässig grob gezähnt, am Ende abgerundet oder stumpf, meist behaart; Unterseite weisslichgrün.
Blütenstand: Blüten einzeln oder zu 2–6 quirlständig in den Achseln der oberen Blätter.
Blüten: Gestielt; Kelchblätter 5, verwachsen, grünlich bis rötlich gefärbt, mit 10 dunkler gefärbten Adern, 5–8 mm lang, etwas behaart und mit je einem schmal 3-eckigen kurz begrannten Zahn; Krone 10–15 mm lang und rosa gefärbt; Oberlippe fehlend; Unterlippe 5-teilig und mit einem grossen, ganzrandigen oder etwas gezähnten Mittelabschnitt; 4 Staubblätter aus der Kronröhre herausragend; Fruchtknoten oberständig.
Früchte: 4 Zerfallfrüchte 1–2,5 mm lang, eiförmig bis kugelig, mit einer geaderten Oberfläche.
Standort: Von der kollinen bis in die subalpine Stufe in Trockenwiesen, lichten Eichen- und Föhrenwäldern auf mässig trockenen bis trockenen, basenreichen, humosen, lockeren und steinigen Böden.

228 Feld-Löwenmaul – *Misopates orontium* (L.) RAPIN
Merkmale: Von Juli bis Oktober blühend, 15–30 cm hoch, kaum verzweigt, oben drüsig behaart, unten fast kahl und 1-jährig.
Laubblätter: Schmal lanzettlich bis lanzettlich, kurz gestielt, unten gegenständig und oben wechselständig angeordnet und bis 15mal so lang wie breit.
Blütenstand: Blüten einzeln in den oberen Blattwinkeln.
Blüten: Kurz gestielt; Kelch 5-teilig; Krone rosa, dunkler geadert, 10–14 mm lang, mit dunklem Gaumen, am Grunde sackartig erweitert, aus 5 Kronblättern verwachsen und 2-lippig; Staubblätter jeweils 4; Fruchtknoten oberständig.
Früchte: Kapseln mit 2 ungleichen Fächern und sich mit 3 Poren öffnend; Samen 1 mm lang.
Standort: In der kollinen Stufe in Äckern, Weinbergen, Brachen und im Ödland auf frischen, nährstoff- und basenreichen, kalkarmen, mehr oder weniger humosen, sandigen oder steinigen Lehmböden in wintermilder humider Klimalage; Lehmzeiger.

229 Löwenschwanz – *Leonurus cardiaca* L.
Merkmale: Von Juni bis September blühend, 30–120 cm hoch und ausdauernd.
Laubblätter: Bis weit hinauf rundlich, rötlich gestielt, behaart, ahornblattartig 3–7-fach gelappt und am Grunde gestutzt oder herzförmig; Lappen spitz gezähnt bis gelappt; oberste Blätter lanzettlich, kleiner und mit wenigen Zähnen.
Blütenstand: Zahlreiche Blüten in quirlähnlichen Teilblütenständen in Scheinähren zusammen.
Blüten: Kelchblätter 5, verwachsen, dunkelrot bis schwärzlich gefärbt, 4–8 mm lang, mit stachelig begrannten Zähnen; Krone 7–12 mm lang und hellpurpurn bis fleischrot; Oberlippe gewölbt oder helmförmig gebogen, ganzrandig und aussen deutlich behaart; Unterlippe 3-teilig und mit breitem Mittelband; Staubblätter 4, unter der Oberlippe aufsteigend; Fruchtknoten oberständig.
Früchte: Die je 4 Zerfallfrüchte behaart.
Standort: In der kollinen und montanen Stufe in Hecken, Gärten, auf Schuttplätzen, an Wegrändern, Mauern, Zäunen auf frischen, nährstoffreichen, neutralen, humosen und lehmigen Böden.

230 Dunkle Akelei – *Aquilegia atrata* KOCH
Merkmale: Im Juni und Juli blühend, 20–70 cm hoch, oft an Stengeln drüsig behaart.
Laubblätter: Grundständige lang gestielt, 3-teilig; Abschnitte 1. Ordnung gestielt, 3-teilig; Abschnitte 2. Ordnung eingeschnitten oder 3-teilig; Zipfel stumpf bis abgerundet; untere Stengelblätter gleich aussehend; die oberen schmal oval, ungestielt, nur wenig gezähnt bis ungeteilt.
Blütenstand: Einzelblüten oder wenigblütige Traube.
Blüten: Perigonblätter 5, dunkelviolett, 15–25 mm lang, zugespitzt, oft mit weisser Spitze; Honigblätter 5, kronblattartig ausgebildet, dunkelviolett, zusammenneigend und mit am Ende je einem gekrümmten Sporn; von den zahlreichen Staubblättern sind die innersten steril (= Staminodien); meist 5 Fruchtknoten.
Früchte: Balgfrüchte mehrsamig, oft mit Drüsenhaaren und 2–3 cm lang.
Standort: Von der kollinen bis in die subalpine Stufe in lichten Wäldern, Hecken, Riedwiesen, Zwergstrauchheiden, an Waldrändern auf mässig trockenen, mässig nährstoffreichen, kalkhaltigen Böden.

231 Drüsiges Springkraut – *Impatiens glandulifera* ROYLE
Merkmale: Von Juli bis September blühend, 1–2 m hoch, kahl und 1-jährig.
Laubblätter: Lanzettlich, 10–25 cm lang, gestielt, keilförmig verschmälert, am Ende zugespitzt, fein scharf gezähnt und im unteren und mittleren Teil gegenständig angeordnet; am Blattstiel gestielte Drüsen vorhanden.
Blütenstand: Am Ende der Stengel 5–20 Blüten in aufrechten Trauben.
Blüten: Zygomorph (Blüten mit nur einer Symmetrieachse); Kelchblätter verwachsen und rötlich gefärbt; von den 5 weinroten Kronblättern sind die seitlichen paarweise verwachsen; Sporn kurz und zurückgebogen; Staubblätter 5; Staubfäden frei; Staubbeutel verwachsen und den Griffel überdeckend; Fruchtknoten oberständig und aus 5 Fruchtblättern zusammengesetzt.
Früchte: Mehrsamige Kapseln keulenförmig und 20–50 mm lang; Schleuderverbreitung.
Standort: In der kollinen Stufe an Bachufern und in Auenwäldern auf nassen bis feuchten, nährstoffreichen, humosen und sandigen, lehmigen oder tonigen Böden.

232 Balfours Springkraut – *Impatiens balfourii* HOOKER
Merkmale: Von Juli bis Oktober blühend, 50–100 cm hoch, als Zierpflanze verbreitet, oft verwildert und 1-jährig.
Laubblätter: Breit lanzettlich, 5–15 cm lang, oft in den Stiel verschmälert, kurz zugespitzt, gezähnt, wechselständig angeordnet, unterseits graugrün gefärbt und ohne Drüsen am Blattstiel.
Blütenstand: Trauben höchstens 10-blütig.
Blüten: Zygomorph; Kelchblätter verwachsen; von den 5 Kronblättern sind die seitlichen paarweise verwachsen, wobei der obere Blütenteil weiss und der untere rot gefärbt ist; Sporn lang, gestreckt oder fein nach oben gewölbt; Staubblätter 5; Staubfäden frei; Staubbeutel verwachsen und den Griffel überdeckend; Fruchtknoten oberständig, aus 5 Fruchtblättern verwachsen.
Früchte: Mehrsamige Kapseln, deren Samen bei Berührung weggeschleudert werden.
Standort: In der kollinen Stufe an Weg- und Waldrändern, in Hecken, Ruderalstellen und Gärten auf frischen, nährstoffreichen, sandigen, lehmigen oder tonigen Böden; aus dem Himalaya stammend.

233 Feld-Steinquendel – *Acinos arvensis* (L.) DANDY
Merkmale: Von Juni bis September blühend, 10–40 cm hoch, nach Minze riechend, mit niederliegendem, aufsteigendem oder aufrechtem Stengel, behaart und 1- bis 2-jährig.
Laubblätter: Kurz gestielt, lanzettlich bis oval, mit der grössten Breite in der Mitte, 1–2 cm lang, jederseits mit 1–4 kurzen spitzen Zähnen, am Rande oft etwas eingerollt, unterseits mit oft stark hervortretenden Adern und zerstreut behaart bis kahl.
Blütenstand: Meist zu 3 Blüten quirlständig in den Achseln der obersten Blätter.
Blüten: Kurz gestielt; Kelch röhrig, 13-aderig, 5–7 mm lang, 2-lippig, mit 5 lang zugespitzten Zähnen und nach dem Verblühen zusammenneigend; Krone bis 1 cm lang, blauviolett, mit 2-lippigem Rand (Oberlippe flach und 2-teilig, Unterlippe 3-teilig); Staubblätter 4; Fruchtknoten oberständig.
Früchte: Teilfrüchte eiförmig und bis 1,5 mm lang.
Standort: In der kollinen und montanen Stufe in lückigen Magerrasen, Kiesgruben, an Mauern, Dämmen, Erdanrissen auf trockenen, basenreichen, humusarmen Sandböden; Pionierpflanze.

234 Zimbelkraut, Mauer-Leinkraut – *Cymbalaria muralis* G.M.SCH.
Merkmale: Von Juni bis Oktober blühend, 10–30 cm hoch, mit fadenförmigen Stengeln, niederliegend oder auch hängend.
Laubblätter: Rundlich bis herzförmig, 5–7-zähnig oder bis nahe zur Mitte 5–7-teilig, lang gestielt, oberseits grün, unterseits oft rötlich und wechselständig angeordnet.
Blütenstand: Blüten einzeln in den Blattachseln.
Blüten: 5 Kelchblätter mit schmal ovalen und langen Zipfeln; Krone ohne Sporn 3–7 mm lang, hell- bis mittelviolett gefärbt und mit hell- bis dunkelgelbem Gaumen; Sporn gerade und halb so lang wie die Krone; Oberlippe ausgerandet und meist flach; Unterlippe 3-teilig; die 4 Staubblätter in der Krone eingeschlossen; Fruchtknoten oberständig; Insekten- und Selbstbestäubung.
Früchte: Kapseln sich mit 2 dreizähnigen Poren öffnend.
Standort: In der kollinen Stufe in Mauerspalten, bei Schuttplätzen und an Felsen auf frischen, oft etwas durchsickerten, mässig nährstoffreichen und meist kalkhaltigen Steinböden; Spaltenkriecher.

235 Schmalblättrige Spornblume – *Centranthus angustifolius* (MILLER) DC.
Merkmale: Von Juni bis August blühend, 20–60 cm hoch, mit einem oft stark verzweigten Rhizom und ausdauernd.
Laubblätter: Schmal lanzettlich, mit verschmälertem Grund, sitzend, meist ganzrandig, am Ende stumpf oder zugespitzt, oberseits dunkelgrün, unterseits blaugrün und gegenständig angeordnet.
Blütenstand: Schirmförmige und dichtblütige Rispe.
Blüten: Kelch aus 5 eingerollten Zipfeln, die sich zur Fruchtzeit zu federig behaarten Borsten umwandeln; Krone mit 5–10 mm langer Röhre, 5 ausgebreiteten Zipfeln, einem langen Sporn und rosa gefärbt; Staubblatt 1; 3 Fruchtblätter zu einem unterständigen Fruchtknoten verwachsen; dabei ist nur 1 Fach fruchtbar, die beiden anderen sind völlig reduziert.
Früchte: 4–6 mm lange Nüsschen mit 8–10 mm langen Pappusborsten.
Standort: In der kollinen und montanen Stufe im Kalkgeröll, in Fels- und Mauerspalten auf trockenen Böden in sonnigen Lagen.

236 Pfingstrose – *Paeonia officinalis* L.
Merkmale: Im Mai und Juni blühend, 50–100 cm hoch, mit verholztem Rhizom und ausdauernd.
Laubblätter: Im Umriss rundlich, doppelt 3-zählig zusammengesetzt, gestielt, dunkelgrün gefärbt und bis 30 cm im Durchmesser; Abschnitte schmal oval bis lanzettlich, ganzrandig und zugespitzt.
Blütenstand: Grosse und endständige Einzelblüten; Pflanze auch kultiviert.
Blüten: Kelchblätter 5, lanzettlich bis breit oval, oft verschieden geformt, grünlich bis rötlich gefärbt und kürzer als die Kronblätter; diese sind oval, mit der grössten Breite oberhalb der Mitte, bis 5 cm lang und rot gefärbt; Staubblätter zahlreich, am Grunde in einen Nektarring verwachsen; mehrere (2 oder 3) freie, mehrsamige und oberständige Fruchtknoten mit sitzender Narbe; Insektenbestäubung.
Früchte: Balgfrüchte 2–5 cm lang und filzig behaart.
Standort: In der kollinen und montanen Stufe in lichten Buschwäldern, Flaumeichen- und Hopfenbuchenwäldern und an sommerwarmen Hängen auf trockenen und kalkreichen Böden; in Kultursorten als Zierpflanze angepflanzt.

237 Zweiblättriger Blaustern – *Scilla bifolia* L.
Merkmale: Im März und April blühend, 10–25 cm hoch, mit einer Zwiebel und ausdauernd.
Laubblätter: Meist 2; diese sind lineal lanzettlich, ungestielt, paralleladerig, 5–10 cm lang, hohlrinnig und mit einer stumpfen Spitze versehen; Blätter im Frühling mit den Blüten erscheinend.
Blütenstand: 2–8-blütige Traube.
Blüten: Perigonblätter 6, schmal oval, meist stumpf oder abgerundet, 5–15 mm lang, blau, rot oder seltener weiss gefärbt und flach ausgebreitet; Staubblätter 6; Staubbeutel violett; Fruchtknoten oberständig; Insektenbestäubung.
Früchte: 3-fächerige und kugelige Kapseln; Ameisenverbreitung.
Standort: In der kollinen und montanen Stufe in Eichen-Hagebuchenwäldern, Buchen- und Auenwäldern, Parkanlagen, Gärten und Auenwiesen auf frischen, kalkhaltigen, tiefgründigen, nährstoff- und basenreichen, humosen und lockeren Lehm- und Tonböden; Halbschattenpflanze; Mullbodenpflanze; eine südeuropäische Pflanze, die nordwärts bis nach Mitteldeutschland reicht.

238 Spanisches Hasenglöckchen – *Hyacinthoides hispanica* ROTHM.
Merkmale: Von März bis Mai blühend, 10–30 cm hoch, mit einer Zwiebel und ausdauernd.
Laubblätter: Grundständig, lanzettlich, ungestielt, paralleladerig, 10–30 cm lang, etwas hohlrinnig und zugespitzt; Blätter im Frühling mit den Blüten erscheinend.
Blütenstand: Vielblütige, meist allseitswendige Traube.
Blüten: Perigonblätter 6, lanzettlich, zugespitzt, weisslich und violett gefärbt und flach ausgebreitet; Staubblätter 6; Staubbeutel meist violett; Fruchtknoten oberständig, aus 3 Fruchtblättern verwachsen; Insektenbestäubung.
Früchte: 3-fächerige und kugelige Kapseln; Ameisenverbreitung.
Standort: In der kollinen Stufe in Eichen- und Buchenmischwäldern, Buchen- und Auenwäldern, in Parkanlagen und Gärten auch als Zierpflanze angepflanzt auf frischen, nährstoff- und basenreichen, humosen, oft kalkarmen und lockeren Lehm- und Tonböden; Halbschattenpflanze; aus dem westlichen Mittelmeergebiet stammend.

239 Sibirische Schwertlilie – *Iris sibirica* L.
Merkmale: Im Juni und Juli blühend, 40–100 cm hoch, mit einem dünnen Rhizom und ausdauernd.
Laubblätter: 30–80 cm lang, vorwiegend grundständig, schwertförmig, langsam zugespitzt und beiderseits gleichfarbig.
Blütenstand: Einzelne Blüten oder mehrere davon jeweils von einem häutigen und durchscheinenden Hochblatt (= Spatha) umschlossen.
Blüten: Perigonblätter 6, die am Grunde in eine schmale Röhre verwachsen sind; freier Teil der äusseren 3 Perigonblätter abstehend bis zurückgebogen, 3–5 cm lang und ohne abstehende Haare; freier Teil der inneren Perigonblätter schmal oval und grösser als die Narben; die 3 Staubblätter nicht verwachsen; Fruchtknoten unterständig und aus 3 Fruchtblättern verwachsen.
Früchte: 3-fächerige Kapseln mit zahlreichen Samen.
Standort: In der kollinen Stufe in Gräben, Sumpfwiesen und Flutmulden auf wechselnassen, im Sommer oberflächlich austrocknenden, nur mässig nährstoffreichen Schlick- und Tonböden.

240 Grasblättrige Schwertlilie – *Iris x germanica* L.
Merkmale: Von Mai bis Juli blühend, 25–80 cm hoch, mit Rhizom und ausdauernd.
Laubblätter: 20–70 cm lang, grundständig und am Stengel wechselständig angeordnet, meist breit schwertförmig und in der Mitte oder im oberen Drittel am breitesten.
Blütenstand: Einzelne Blüten oder mehrere davon jeweils von einem in der oberen Hälfte trockenhäutigen Hochblatt umschlossen.
Blüten: 6 Perigonblätter am Grunde in eine schmale Röhre verwachsen; freier Teil der 3 äusseren abstehend bis zurückgebogen, 2–5 cm lang; dunkelviolett, bis zum Rand mit dunklen Adern und gelblich gebärtet; freier Teil der inneren Perigonblätter oval und hellviolettblau; die 3 Staubblätter frei; Staubfäden so lang wie die Staubbeutel; Fruchtknoten unterständig, aus 3 Fruchtblättern.
Früchte: 3-fächerige Kapseln.
Standort: In der kollinen Stufe eingebürgert und verwildert an Felsen, Mauern, sonnigen Hügeln und in Weinbergen auf warmen, meist kalkhaltigen und basenreichen Steinböden.

241 Schopfige Bisamhyazinthe – *Muscari comosum* (L.) MILLER
Merkmale: Im April und Mai blühend, 30–80 cm hoch, mit einer Zwiebel versehen und ausdauernd.
Laubblätter: Lanzettlich, 30–80 cm lang, bis 25 mm breit, gegen die Spitze zu allmählich verschmälert und mit fein gezähntem Rand.
Blütenstand: Vielblütige, bis 10 cm lange Traube mit am Ende sterilen Blüten.
Blüten: Fertile Blüten mit 4–8 mm langen, violett gefärbten Perigonblättern und kleinen, weissen Zähnen; Staubblätter 6; Fruchtknoten oberständig; obere sterile Blüten lang gestielt; der einzige Griffel weist nur eine kleine Narbe auf.
Früchte: 3-fächerige Kapseln mit je 3 Flügeln.
Standort: In der kollinen und montanen Stufe in Magerwiesen, Unkrautgesellschaften, Weinbergen, an Böschungen und entlang von Wegen auf mässig trockenen, basenreichen, kalkhaltigen, lehmigen und sandigen Böden; eine mediterrane Pflanze, die in sonnigen und warmen Lagen bis nach Norddeutschland reicht; im Gebiet ist sie nur an sehr warmen Lagen anzutreffen.

242 Kommeline – *Commelina communis* L.
Merkmale: Von Juli bis Oktober blühend und 20–60 cm hoch; an Knoten wurzelnd.
Laubblätter: Breit lanzettlich bis schmal oval, gestielt, am Spreitengrund meist herzförmig, am Ende langsam zugespitzt, paralleladerig und 5–10 cm lang.
Blütenstand: Einzelblüten von einem gefalteten Hüllblatt (= Spatha) umgeben.
Blüten: 3 äussere Perigonblätter miteinander nicht verwachsen, schmal oval und grün gefärbt; die jeweils 3 inneren Perigonblätter nicht verwachsen, hell- bis dunkelblau gefärbt, rundlich, mit kurzen weisslichen Stielen und am Rand gefranst; von den 6 Staubblättern nur die gegen vorn gerichteten fertil; Fruchtknoten oberständig.
Früchte: Kapseln; in jedem der beiden Fächer je 2 Samen.
Standort: In der kollinen Stufe auf Schuttplätzen, in waldigen Schluchten und Weinbergen auf feuchten und nährstoffreichen Böden in wärmeren Lagen; auch als Garten- und Topfpflanzen verwendet; südlich der Nordalpen verwildert.

243 Feinstieliger Ehrenpreis – *Veronica filiformis* SMIT.
Merkmale: Von April bis August blühend, 10–40 cm hoch und drüsig behaart.
Laubblätter: Rundlich, kurz gestielt, am Grunde schwach herzförmig bis gestutzt, am Ende stumpf oder abgerundet, gezähnt und etwas behaart; in den Achseln kleine Bulbillen, die der Vermehrung dienen.
Blütenstand: Lang gestielte Blüten in den Achseln der Blätter.
Blüten: Kelchblätter 4, schmal oval und am Grunde drüsig behaart; Kronblätter 4, oval bis rundlich, 3–5 mm lang, hell lila bis hellblau und mit dunklen Adern; Staubblätter nur zu 2; Fruchtknoten oberständig und aus 2 Fruchtblättern verwachsen.
Früchte: Mehrsamige, 3–7 mm breite und schwach behaarte Kapseln.
Standort: In der kollinen und montanen Stufe in Wiesen und Weiden auf frischen, nährstoffreichen, meist kalkhaltigen, humosen, sandigen oder reinen Lehmböden in etwas wärmerer Lage; aus Nordanatolien stammend; seit 1930 eingebürgert und heute über grosse Teile der Erde verbreitet.

244 Gamander-Ehrenpreis – *Veronica chamaedrys* L.
Merkmale: Von April bis August blühend, 10–30 cm hoch und ausdauernd.
Laubblätter: Oval bis eiförmig, kurz gestielt oder sitzend, bis 35 mm lang, am Ende stumpf, grob gezähnt, behaart oder kahl und gegenständig angeordnet.
Blütenstand: In den Achseln von Blättern langgestielte und vielblütige Traube.
Blüten: Kelchblätter 4, schmal oval, 2–6 mm lang, zerstreut behaart und grün; Kronblätter 4, oval bis rundlich, meist azurblau, mit dunkleren Adern und am Rand oft etwas weisslich; Staubblätter jeweils 2; Fruchtknoten aus 2 Fruchtblättern und oberständig.
Früchte: Mehrsamige und 3-eckige Kapseln.
Standort: Von der kollinen bis in die subalpine Stufe in Wiesen, Weiden, lichten Wäldern, Hecken, Lägerstellen und entlang von Weg- und Waldrändern auf mässig feuchten bis mässig trockenen, mehr oder weniger nährstoff- und basenreichen, meist neutralen, humosen und mittelgründigen Lehmböden; ein Flach- und Kriechwurzler.

245 Grosser Ehrenpreis – *Veronica teucrium* L.
Merkmale: Von Mai bis Juli blühend, 10–40 cm hoch, aufsteigend oder aufrecht und ausdauernd.
Laubblätter: Länglich bis schmal eiförmig, 3–7 cm lang, meist sitzend, am Grunde abgerundet oder herzförmig, am Ende meist stumpf, grob gezähnt und gegenständig angeordnet.
Blütenstand: Blüten in dichten und lang gestielten Trauben in den Achseln von Blättern.
Blüten: Kelchblätter meist 5, grün und vielfach etwas behaart; Kronblätter 4, rundlich bis rhombisch, 3–6 mm lang und dunkelblau mit sehr dunklen Adern; Staubblätter 2; Fruchtknoten oberständig und aus 2 Fruchtblättern zusammengesetzt.
Früchte: Kapseln mit zahlreichen scheibenförmigen Samen.
Standort: In der kollinen und montanen Stufe in lichten Wäldern, entlang von Wald- und Wegrändern, auf Trockenwiesen und im Saum sonniger Hecken auf mässig trockenen, meist kalkhaltigen, neutralen, humosen und mittelgründigen Lehm- und Lössböden; der Ehrenpreis reicht nordwärts bis Holland und Mittelrussland und südwärts bis Mittelspanien und in die Toskana.

246 Ähriger Ehrenpreis – *Veronica spicata* L.
Merkmale: Von Juli bis September blühend, 10–30 cm hoch, mit kurzem Rhizom und ausdauernd.
Laubblätter: Lanzettlich bis schmal oval, kurz gestielt oder sitzend, 3–8 cm lang, gegen den Grund zu verschmälert, am Ende stumpf oder abgerundet, stumpf gezähnt bis ganzrandig, kahl oder etwas behaart und gegenständig angeordnet.
Blütenstand: Viel- und dichtblütige Traube.
Blüten: Kelchblätter 4, grün und mit Drüsenhaaren; Kronblätter 4 und blau; Kronröhre lang ausgebildet; Staubblätter 2; Fruchtknoten oberständig und aus jeweils 2 Fruchtblättern verwachsen; Insektenbestäubung.
Früchte: Kapseln zerstreut behaart und mit zahlreichen eiförmigen Samen.
Standort: Von der kollinen bis in die subalpine Stufe in Trockenwiesen, auf trockenen Felsköpfen, im Saum lichter Hecken und auf trockenen Schotterflächen auf trockenen, mageren, oft kalkarmen, mehr oder weniger neutralen und humosen Sand- oder Steinböden; nordwärts bis England reichend.

247 Acker-Witwenblume – *Knautia arvensis* (L.) COULTER
Merkmale: Von Mai bis September blühend, 30–100 cm hoch, mit einem verzweigten Rhizom und ausdauernd.
Laubblätter: Untere lanzettlich, gestielt, gezähnt oder fiederteilig, zugespitzt und etwas behaart; mittlere und obere Blätter lanzettlich bis oval, sitzend und meist fiederteilig; Abschnitte lanzettlich und zugespitzt.
Blütenstand: Blüten in einfachen Köpfchen; äussere Hüllblätter lanzettlich und bewimpert.
Blüten: Kelch am Grunde mit feinen Haaren; Kelchborsten 2–3 mm lang und mit je einem langen Haar endend; Kronblätter 4, röhrig verwachsen, 4-zipfelig und blau bis rotviolett gefärbt; Staubblätter je 4; Fruchtknoten unterständig und einfächerig.
Früchte: Nüsse 4–6 mm lang und an der Basis mit einem Anhängsel.
Standort: In der kollinen und montanen Stufe in Fettwiesen, Äckern, entlang von Wald- und Wegrändern auf frischen bis mässig trockenen, nährstoff- und basenreichen, humosen Böden.

248 Berg-Jasione – *Jasione montana* L.
Merkmale: Von Juli bis August blühend, 10–60 cm hoch, mit mehreren Stengeln, ohne Ausläufer und 2-jährig.
Laubblätter: Lanzettlich bis schmal oval, am Rande gewellt oder stumpf gezähnt, sitzend und am Ende meist abgerundet.
Blütenstand: Endständige und 10–25 mm breite Köpfchen mit zahlreichen kurz gestielten Blüten.
Blüten: Kelchblätter 5 und lanzettlich; Kronblätter 5, zuerst verwachsen, später in bandförmige Zipfel geteilt, 6–12 mm lang und bläulich gefärbt; die 5 Staubblätter am Grunde nicht verbreitert; Fruchtknoten unterständig.
Früchte: Am oberen Ende aufklappende Kapseln.
Standort: In der kollinen und montanen Stufe in Felsensteppen, Trockenwiesen, Sandmagerrasen, auf Felsköpfen und an Dämmen auf trockenen, sommerwarmen, kalkarmen, feinerde- und humusarmen Steinböden; bis 1 m tief wurzelnde Pionierpflanze.

249 Südliche Skabiose – *Scabiosa triandra* L.
Merkmale: Von Juni bis August blühend, 10–50 cm hoch, mit verzweigtem Stengel und mehrjährig.
Laubblätter: Grundständige und unterste Blätter schmal oval, gestielt, am Rande, auf den Adern und unterseits des Blattstiels behaart und fiederteilig mit ebenfalls fiederteiligen Abschnitten 2. Ordnung; mittlere und obere Blätter 2–3-fach fiederteilig und mit lanzettlichen Zipfeln.
Blütenstand: Flache Köpfchen 15–30 mm breit; mit vergrösserten Randblüten; Hüllblätter halb so lang oder etwas länger als die äusseren Blüten.
Blüten: Aussenkelch 1–2 mm lang, häutig und undeutlich gezähnt; meist 5 hell- bis mittelbraun gefärbte und 1–3 mm lange Kelchborsten; Krone 5-zipfelig; Staubblätter 4; Fruchtknoten aus zwei Fruchtblättern verwachsen und unterständig; Insektenbestäubung.
Früchte: Nüsschen 2–3 mm lang, 8-furchig und etwas behaart.
Standort: In der kollinen und montanen Stufe auf Grasplätzen und trockenen Hügeln, in mageren Weiden, Felsensteppen und lichten Föhrenwäldern auf trockenen und lockeren Böden.

250 Grasblättrige Skabiose – *Lomelosia graminifolia* (L.) GRENT et. BURD.
Merkmale: Von Juni bis August blühend, 20–45 cm hoch, mit holzigem Rhizom, sterilen Trieben und ausdauernd.
Laubblätter: Grasartig, ganzrandig, dunkelgrün gefärbt, beiderseits dicht anliegend behaart und gegenständig angeordnet.
Blütenstand: Blüten in 3–5 cm breiten und flachen Köpfchen mit vergrösserten Randblüten; Hüllblätter schmal lanzettlich und halb so lang wie die äusseren Blüten.
Blüten: Aussenkelch 2–4 mm lang, häutig und undeutlich gezähnt; Kelchborsten 3–5 mm lang und gelblich gefärbt; Kronblätter 5, röhrig verwachsen und violett gefärbt; Staubblätter 4; Fruchtknoten aus 2 Fruchtblättern verwachsen und unterständig angeordnet.
Früchte: Nüsschen zylindrisch und mit 8 Furchen versehen.
Standort: In der kollinen und montanen Stufe an felsigen Hängen, im Felsschutt und auf Graten auf trockenen und steinigen Böden in wärmeren Lagen; eine mittel- und südeuropäische Gebirgspflanze.

251 Acker-Schwarz-Kümmel – *Nigella arvensis* L.
Merkmale: Von Juni bis September blühend, 10–40 cm hoch, aufrecht, meist verzweigt und kahl.
Laubblätter: Nur stengelständig, 2–3-fach fiederteilig und blaugrün gefärbt; Zipfel bis 1 mm breit und nur kurz zugespitzt.
Blütenstand: Endständige Einzelblüten; Pflanze 1-jährig.
Blüten: Ohne Hochblätter; Perigonblätter 5, hellblau gefärbt, mit grünen Adern versehen, breit oval bis rundlich, in einen langen Stiel verschmälert und am Ende oft kurz zugespitzt; Honigblätter etwa 1/4 so lang wie die Perigonblätter, mit fadenförmiger Oberlippe und 2-teiliger, zerstreut bewimperter und etwas grösserer Unterlippe; die zahlreichen Staubblätter mit grannenartiger Verlängerung; Fruchtblätter miteinander bis zur Mitte verwachsen; Insektenbestäubung (Bienenblume).
Früchte: Zylindrische, 10–15 mm lange und mehrsamige Balgfrüchte.
Standort: In der kollinen Stufe in Getreideäckern und Brachfeldern auf mässig trockenen, nährstoff- und kalkreichen, mehr oder weniger humosen, meist steinigen Lehmböden; bis 60 cm tief wurzelnd.

252 Sumpf-Vergissmeinnicht – *Myosotis scorpioides* L.
Merkmale: Von Mai bis Juli blühend, 10–70 cm hoch, mit kriechendem Rhizom und mehrjährig.
Laubblätter: Lanzettlich bis schmal oval, 3–10 cm lang, sitzend, am Grunde oft abgerundet, am Ende stumpf bis zugespitzt und mehr oder weniger dicht und abstehend behaart.
Blütenstand: Verzweigt, rispenartig und stets ohne Blätter.
Blüten: Kelch 5-teilig, verwachsen, 2–4 mm lang, anliegend behaart oder auch kahl, bis auf 2/3 der Länge hinunter 5-teilig und mit 3-eckigen Kelchzipfeln; Kronblätter 5, oval bis rundlich, bis 6 mm lang, blau gefärbt und mit flach ausgebreiteten Zipfeln; Kronröhre mit gelben Schlundschuppen; die jeweils 5 Staubblätter in der Kronröhre eingeschlossen; Fruchtknoten oberständig; je 2 Fruchtblätter.
Früchte: Spaltfrüchte mit je 4 bis 2mm langen Teilfrüchten.
Standort: Von der kollinen bis in die subalpine Stufe an Ufern, bei Gräben, in Nasswiesen, Mooren und Bruchwäldern auf nassen bis feuchten, nährstoffreichen, humosen und sandigen oder reinen Lehm- und Tonböden.

253 Moorenzian – *Swertia perennis* L.
Merkmale: Im Juli und August blühend, 15–35 cm hoch, mit 4-kantigem Stengel und ausdauernd.
Laubblätter: Lanzettlich bis schmal oval, im unteren Teil der Pflanze gestielt, im oberen Teil sitzend, am Ende stumpf oder zugespitzt, ganzrandig, blaugrün gefärbt und gegenständig angeordnet.
Blütenstand: Blüten in lockeren Trauben oder Rispen.
Blüten: Kelchblätter 5, bis fast zum Grund 5-teilig, schmal 3-eckig, grünlich bis bräunlich; Kronblätter je 5, schmal oval bis schmal rechteckig, am Ende kurz zugespitzt, dunkelviolett (auch mit weissen Streifen), oft dunkler punktiert, 10–15 mm lang und am Grunde meist etwas grünlich; Staubblätter 5; Staubbeutel meist dunkelviolett; Fruchtknoten aus 2 Fruchtblättern verwachsen und oberständig.
Früchte: Kapseln eiförmig und 10–15 mm lang; Wind- und Tierverbreitung.
Standort: In der montanen und subalpinen Stufe in Flach- und Quellmooren und Sumpfwiesen auf sickernassen, mehr oder weniger nährstoff- und basenreichen, meist kalkhaltigen, mässig sauren und oft auch torfigen Böden; eine Licht-Halbschattenpflanze.

254 Borretsch – *Borago officinalis* L.
Merkmale: Bis August blühend, 20–70 cm hoch, mit Pfahlwurzel, fleischigem Stengel und 1-jährig.
Laubblätter: Schmal oval bis oval, 3–10 cm lang, in einen geflügelten Stiel verschmälert (bei den oberen oft am Stengel herablaufend), kurz zugespitzt, rau behaart und unregelmässig fein gezähnt.
Blütenstand: Vielblütige Doppelwickel.
Blüten: Blütenstiele 2–4 cm lang, deutlich abstehend behaart; Kelchblätter 5, lanzettlich, 10–15 mm lang, dunkelgrün bis schwarzgrün, zur Blütezeit ausgebreitet, deutlich abstehend behaart; Kronblätter 5, schmal oval, zugespitzt, nur am Grunde zu einer kurzen Röhre verwachsen, flach ausgebreitet und blau bis hellviolett; weisse Schlundschuppen aus der Kronröhre herausragend; Fruchtknoten aus 2 Fruchtblättern und oberständig; gute Bienenweide, Ameisenverbreitung.
Früchte: Spaltfrüchte mit je 4 nussartigen und warzigen Teilfrüchten (= Klausen).
Standort: In der kollinen Stufe auch in Gärten angepflanzt, in Weinbergen und bei Ruderalstellen auf frischen und nährstoffreichen Böden in wintermilder Klimalage; eine alte Gewürzpflanze.

255 Amethystfarbene Mannstreu – *Eryngium amethystinum* L.
Merkmale: Von Juli bis September blühend, 50–100 cm hoch, mit mehrfach verzweigten Stengeln und ausdauernd.
Laubblätter: Grundständige gestielt, 3- oder 5-eckig, bis 25 cm lang, meist 3-teilig und gegen den Grund zu ohne Zähne; Teilblätter fiederteilig; Abschnitte mit stacheliger Spitze; mittlere und obere Blätter ohne stengelumfassende Blattzipfel.
Blütenstand: Hochblätter schmal lanzettlich, viel länger als das Köpfchen und grünlich bis bläulich; Köpfchen zu mehreren, kugelig, bis 20 mm breit und besonders im oberen Teil der Pflanze bläulich.
Blüten: 5 Kelchzipfel mit ihren Grannen 2–4 mm lang; Kronblätter 5 und etwa halb so lang wie die Kelchblätter; Staubblätter 5; Fruchtknoten unterständig; Insektenbestäubung.
Früchte: Spaltfrüchte in je 2 einsamige Teilfrüchte zerfallend; diese mit undeutlichen Längsrippen.
Standort: In der kollinen Stufe in Magerwiesen, bei Wegen, an Ruderalstellen und in Weinbergen auf trockenen, steinigen und sandigen Böden in heissen Lagen; auch in Gärten gepflanzt.

256 Leberblümchen – *Hepatica nobilis* L.
Merkmale: Von März bis Mai blühend, 5–15 cm hoch, mit meist fast senkrechtem Rhizom und ausdauernd.
Laubblätter: Grundständige herzförmig, 3-lappig, oberseits mittel- bis dunkelgrün, unterseits braunrot bis violett und mit einem behaarten Stengel; die 3 stengelständigen Blätter den Perigonblättern anliegend (wie ein Kelch aussehend), oval, ganzrandig, bis 1 cm lang und sitzend.
Blütenstand: Lang gestielte Einzelblüten.
Blüten: Die 5–10 Perigonblätter verkehrt eiförmig und blau, rosarot oder seltener weiss gefärbt; Staubblätter zahlreich; Fruchtknoten zahlreich und einsamig; Insektenbestäubung.
Früchte: Nüsschen behaart; Ameisenverbreitung.
Standort: In der kollinen und montanen Stufe in krautreichen Eichenmischwäldern, Buchenwäldern, Nadelmischwäldern, entlang von Waldrändern auf frischen bis mässig trockenen, nährstoff- und basenreichen, meist kalkhaltigen, neutralen und lockeren Lehmböden; Lehmzeiger.

257 Wohlriechendes Veilchen – *Viola odorata* L.
Merkmale: Bis April blühend, 4–10 cm hoch, mit oberirdischen Ausläufern und ausdauernd.
Laubblätter: Alle grundständig, rundlich bis nierenförmig oder oval bis breit eiförmig, am Grunde meist herzförmig, am Ende stumpf oder kurz zugespitzt, zerstreut behaart oder kahl und buchtig gezähnt; Nebenblätter kleiner als der Blattstiel, breit lanzettlich bis oval und mit kleinen Fransen.
Blütenstand: Lang gestielte Blüten in den Achseln von Blättern.
Blüten: Kelchblätter 5, nicht verwachsen, lanzettlich, zugespitzt, am Grunde mit Anhängseln, mit diesen 4–7 mm lang und hell- bis mittelgrün gefärbt; Kronblätter 5, frei und dunkelviolett; unterstes Kronblatt mit dem meist geraden Sporn 10–18 mm lang; Staubblätter 5, mit kurzen und am Grunde verdickten Staubfäden; Fruchtknoten aus 3 Fruchtblättern verwachsen und oberständig.
Früchte: 3-klappig aufspringende und behaarte Kapseln.
Standort: In der kollinen und montanen Stufe entlang von Waldrändern, in Hecken und Baumgärten auf mässig feuchten bis frischen, nährstoffreichen, humosen und lehmigen Böden.

258 Hohes Veilchen – *Viola elatior* FR.
Merkmale: Im Mai und Juni blühend, 20–50 cm hoch, mit Rhizom und ausdauernd.
Laubblätter: Alle stengelständig, schmal oval bis oval, gestielt, am Spreitengrund gestutzt oder schwach in den Stiel verschmälert, am Ende zugespitzt, buchtig gezähnt, hell- bis mittelgrün gefärbt und auf den Adern oft kurz behaart.
Blütenstand: Blüten einzeln in den Achseln von Blättern.
Blüten: Kelchblätter 5, lang zugespitzt, am Rand oft kurz behaart und mit den Anhängseln 5–12 mm lang; Kronblätter 5, nicht verwachsen, hellblau bis weisslich gefärbt und an den Rändern oft mit kurzen Haaren; unterstes Kronblatt mit dem geraden Sporn bis 25 mm lang; Staubblätter 5; Fruchtknoten oberständig; Insektenbestäubung.
Früchte: 3-klappig aufspringende und spitze Kapseln.
Standort: In der kollinen Stufe in Sumpf- und Riedwiesen, Flutmulden, an Flussufern, am Rande von Auenwäldern, an Wald- und Wegrändern auf wechselnassen bis feuchten, basenreichen Tonböden.

259 Lungen-Enzian – *Gentiana pneumonantha* L.
Merkmale: Von Juli bis September blühend, 15–70 cm hoch, mit einem Rhizom und ausdauernd.
Laubblätter: Lanzettlich, sitzend, am Ende meist stumpf, 2–5 cm lang, ganzrandig, am Rande oft etwas umgerollt, meist einaderig und gegenständig angeordnet.
Blütenstand: Blüten gestielt, einzeln in den Achseln von Laubblättern oder zu mehreren.
Blüten: Kelchblätter 5, verwachsen, meist hellgrün gefärbt und mit je einem lang zugespitzten Zipfel; Kronblätter 5, verwachsen, eng glockenförmig, mit je einem ausgebreiteten Zipfel und blau; in der Kronröhre mit 5 grün punktierten Streifen; Staubblätter 5; Staubbeutel zu einer Röhre verklebt; Fruchtknoten oberständig, aus 2 Fruchtblättern verwachsen; Insektenbestäubung (Hummelblume).
Früchte: Mehrsamige und wandspaltige Kapseln.
Standort: In der kollinen Stufe in Flachmooren, Riedwiesen und Magerrasen zerstreut auf wechselfeuchten, basenreichen, meist kalkfreien oder entkalkten, neutralen bis etwas sauren und humusreichen Ton- oder Torfböden; früher als Heilpflanze verwendet; Lichtpflanze.

260 Borstige Glockenblume – *Campanula cervicaria* L.
Merkmale: Von Juni bis August blühend, 20–80 cm hoch und ausdauernd; Stengel steifhaarig.
Laubblätter: Untere schmal lanzettlich, langsam in den geflügelten Stiel verschmälert, am Ende meist stumpf, fein und stumpf gezähnt und steifhaarig; die oberen meist etwas schmäler, sitzend und den Stengel oft halb umfassend.
Blütenstand: Blüten in wenigblütigen Büscheln in den Achseln der oberen Blätter.
Blüten: Kelchblätter 5, im verwachsenen Teil weisslich, behaart und mit je einem stumpfen und dreieckigen Zipfel mit umgerollten Rändern; Kronblätter 5, verwachsen, trichter- bis glockenförmig, 10–20 mm lang, hellblauviolett und auf den Adern behaart; Staubblätter 5; Fruchtknoten unterständig; Griffel länger als die Krone, Insektenbestäubung.
Früchte: Aufrechte und behaarte Kapseln mit 3 Löchern.
Standort: In der kollinen und montanen Stufe im Saum sonniger Hecken, lichten Eichen- und Kiefernwäldern, schattigen Wiesen auf wechselfeuchten, frischen und basenreichen Böden.

261 Venus-Frauenspiegel – *Legousia speculum-veneris* (L.) CHAIX
Merkmale: Im Juni und Juli blühend, 10–30 cm hoch und 1-jährig.
Laubblätter: Lanzettlich, schmal oval bis oval, kahl, im unteren Teil der Pflanze in den Blattstiel verschmälert, im oberen Bereich sitzend, mit gewelltem oder stumpf gezähntem Rand und am Ende meist abgerundet.
Blütenstand: Kurz gestielte Blüten in wenigblütigen Rispen oder Trauben.
Blüten: Kelchblätter 5, schmal lanzettlich, zugespitzt, grün und oft länger als die Kronblätter; diese zu 5, rundlich, flach ausgebreitet, bis 25 mm breit, dunkelviolett und mit je einer kurzen Spitze; Staubblätter 5, nicht verwachsen und gegen den Grund zu etwas verbreitert; Fruchtknoten unterständig und 3-fächerig.
Früchte: 10–15 mm lange Kapseln.
Standort: In der kollinen Stufe in Getreidefeldern, Äckern und Weinbergen auf frischen bis trockenen, nährstoff- und basenreichen, meist kalkhaltigen Lehm- und Tonböden.

262 Ausgebreitete Glockenblume – *Campanula patula* L. s.l.
Merkmale: Von Juni bis August blühend, 20–50 cm hoch und 2-jährig.
Laubblätter: Im unteren Teil der Pflanze lanzettlich bis schmal oval, 10–15 mm lang, ganzrandig oder schwach gezähnt und im oberen Bereich lanzettlich.
Blütenstand: Gestielte Blüten in einer lockeren und beinahe doldentraubigen Rispe.
Blüten: Kelchblätter 5, schmal 3-eckig, lang zugespitzt und nur im unteren Teil verwachsen; Kronblätter 5, verwachsen, weit trichterförmig, 15–25 mm lang, kahl, hell- bis mittelblau oder leicht violett und bis zur Mitte verwachsen; Staubblätter 5 und am Grunde den Griffel ringförmig umschliessend; Fruchtknoten unterständig.
Früchte: Kahle und aufrechte Kapseln; diese sich mit 3 Löchern öffnend.
Standort: In der kollinen und montanen Stufe verbreitet in Fettwiesen, Weiden, Brachen und entlang von Wegen auf mässig feuchten bis frischen, nährstoffreichen, oft kalkarmen, humosen und oft sandigen Böden.

263 Knäuelblütige Glockenblume – *Campanula glomerata* L. s.l.
Merkmale: Von Juli bis September blühend, 15–50 cm hoch und ausdauernd.
Laubblätter: Lanzettlich bis oval, am Grunde abgerundet oder herzförmig, fein gezähnt, dunkelgrün bis blaugrün, 3–10 cm lang, im oberen Teil sitzend, im mittleren Bereich mit geflügeltem Stiel und unten mit langen ungeflügelten Stielen.
Blütenstand: Blüten gebüschelt in den Achseln der oberen Blätter.
Blüten: Kelchblätter 5, verwachsen, am Rande bewimpert und mit je einem schmal dreieckigen Zipfel; Kronblätter 5, verwachsen, trichter- bis glockenförmig, 15–30 mm lang, kahl oder etwas behaart und blauviolett gefärbt; Staubblätter 5; Fruchtknoten unterständig.
Früchte: Aufrechte und behaarte Kapseln.
Standort: In der kollinen und montanen Stufe in Trockenwiesen, Hecken, Weiden, entlang von Wald- und Wegrändern auf mässig frischen, mehr oder weniger nährstoff- und basenreichen und kalkhaltigen Böden.

264 Gemeiner Natterkopf – *Echium vulgare* L.
Merkmale: Von Mai bis September blühend, 30–140 cm hoch und mehrjährig.
Laubblätter: Lanzettlich, zugespitzt, behaart, im unteren Teil des Stengels in einen breit geflügelten Stiel verschmälert, im oberen Bereich sitzend und den Stengel etwas umfassend.
Blütenstand: Bis 50 cm lange und zylindrische Traube.
Blüten: Kelchblätter 4 (bis 5), nur im unteren Teil verwachsen, hellgrün und lang behaart; Kronblätter je 5, verwachsen, blau bis violett, bis 20 mm lang und mehr oder weniger deutlich zweilippig; die jeweils 5 Staubblätter deutlich aus der Kronröhre herausragend; Fruchtknoten oberständig und aus den 2 Fruchtblättern verwachsen.
Früchte: Spaltfrüchte in je 4 Teilfrüchte zerfallend.
Standort: In der kollinen und montanen Stufe an Dämmen, in Kiesgruben, entlang von Wegrändern, auf Weiden, bei Bahn- und Hafenanlagen auf mässig trockenen, steinigen und vor allem sommerwarmen Böden.

265 Nesselblättrige Glockenblume – *Campanula trachelium* L.
Merkmale: Von Juli bis September blühend, 30–90 cm hoch und ausdauernd.
Laubblätter: Grundständige und untere Stengelblätter lang gestielt; ihre Spreite ist herzförmig, zugespitzt, doppelt gezähnt und etwas steifhaarig; obere Stengelblätter herzförmig bis oval und kurz gestielt oder sitzend; Stengelblätter an einem scharfkantigen und steifhaarigen Stengel.
Blütenstand: Kurz gestielte Blüten in einer allseitswendigen und beblätterten Traube.
Blüten: Kelchblätter 5, verwachsen, breit lanzettlich, lang zugespitzt und mit langen, abstehenden Haaren; Kronblätter 5, verwachsen, meist schmal trichterförmig, 25–40 mm lang und hellblau bis hellviolett gefärbt; Kronzipfel am Rande lang behaart; Staubblätter 5; Fruchtknoten unterständig.
Früchte: Nickende und steifhaarige Kapseln, die sich mit 3 Löchern öffnen.
Standort: In der kollinen und montanen Stufe in krautreichen Eichen- und Buchenwäldern, Hecken, Waldlichtungen und entlang von Waldrändern auf mässig feuchten bis frischen, nährstoff- und basenreichen, neutralen, humosen, lockeren und oft steinigen Lehmböden.

266 Rautenblättrige Glockenblume – *Campanula rhomboidalis* L.
Merkmale: Von Juni bis August blühend, 20–60 cm hoch, am Stengel zerstreut behaart und ausdauernd.
Laubblätter: Grundständige zur Blütezeit nicht mehr vorhanden; stengelständige breit lanzettlich bis oval, sitzend oder kurz gestielt, am Ende zugespitzt, gezähnt, je nach Standort dichter oder weniger dicht beblättert und beiderseits behaart.
Blütenstand: Schräg abstehende bis nickende Blüten in einer meist einseitswendigen Traube.
Blüten: Kelchblätter 5, im unteren Teil verwachsen und mit je einem lang zugespitzten Zipfel; Buchten zwischen den Zipfeln stumpf; Kronblätter 5, verwachsen, weit glockenförmig, bis 2 cm lang und blauviolett gefärbt; Staubblätter 5; Fruchtknoten unterständig.
Früchte: Kapseln nickend, sich mit 3 nahe am Grunde befindlichen Löchern öffnend.
Standort: In der montanen und subalpinen Stufe in Fettwiesen, Weiden und zwischen Felsblöcken auf ziemlich feuchten bis frischen, nährstoffreichen, meist kalkhaltigen und lehmigen Böden.

267 Gemeine Ochsenzunge – *Anchusa officinalis* L.
Merkmale: Von Mai bis September blühend, 20–90 cm hoch, überall mit abstehenden Haaren und mehrjährig.
Laubblätter: Länglich bis lineal-lanzettlich, am Grunde oft etwas herzförmig, am Ende stumpf oder zugespitzt, 5–15 cm lang und ganzrandig oder unregelmässig gezähnt.
Blütenstand: Im oberen Teil des Stengels zahlreiche seitenständige und mehrblütige Köpfchen.
Blüten: Kelchblätter 5, verwachsen, 5-zipflig und deutlich weiss behaart; Kronblätter 5, verwachsen, mit 6–10 mm langer Kronröhre, abgerundeten Zipfeln und blau bis violett gefärbt; mit behaarten Schlundschuppen; die 5 Staubblätter in der Krone eingeschlossen; Fruchtknoten aus 2 Fruchtblättern verwachsen und oberständig angeordnet.
Früchte: Spaltfrüchte mit je 4-kantig gerippten Teilfrüchten; Ameisenverbreitung.
Standort: In der kollinen und montanen Stufe in Trockenwiesen, Äckern, entlang von Wegrändern auf Schuttplätzen und an Dämmen auf mässig trockenen, nährstoffreichen Sand- und Kiesböden.

268 Blauer Steinsame – *Buglossoides purpuro-caerulea* (L.) JOHNSTON
Merkmale: Im Mai und Juni blühend, 20–50 cm hoch, mit einem Rhizom und ausdauernd.
Laubblätter: Lanzettlich, lang zugespitzt, 5–10 cm lang, nach dem Grunde zu verschmälert, oberseits dunkelgrün, mit deutlicher Hauptader und unterseits nur die Mittelader gut sichtbar.
Blütenstand: Obere Blüten in mit Hochblättern umgebenen Wickeln.
Blüten: 5 Kelchblätter verwachsen, bis nahe zum Grunde 5-teilig, grünlich und mit schmalen, bandförmigen Zipfeln; Kronblätter 5, bis 15 mm im Durchmesser, im unteren Teil röhrig verwachsen und zuerst rot, später blauviolett gefärbt; Kronzipfel schmal oval bis schmal 3-eckig und am Ende meist abgerundet; die 5 Staubblätter nicht aus der Kronröhre herausragend; Fruchtknoten oberständig und aus 2 Fruchtblättern verwachsen.
Früchte: Spaltfrüchte mit 4–5 mm langen, glänzenden, weissen und glatten Teilfrüchten.
Standort: In der kollinen Stufe in Flaumeichenwäldern, an heissen Hängen und im Eichengebüsch auf mässig trockenen Böden.

269 Scheuchzers Glockenblume – *Campanula scheuchzeri* VILL.
Merkmale: Im Juli und August blühend, 10–20 cm hoch, mit meist kahlem Stengel (oder unten zerstreut behaart) und mit dünnem Rhizom.
Laubblätter: Grundständige nierenförmig bis rundlich, gekerbt, zur Blütezeit vertrocknet; untere Stengelblätter ungestielt, meist ganzrandig, breit bis schmal lanzettlich, beidseits verschmälert und bis 10mal so lang wie breit.
Blütenstand: Einzelblüten oder wenigblütige, lockere Traube.
Blüten: 5 Kelchblätter schmal 3-eckig bis lineal, aufrecht oder abstehend und in schmale Zipfel auslaufend; 5 Kronblätter verwachsen, bis 2,5 cm lang, zu 1/4 in breit 3-eckige Zipfel gespalten, dunkel blauviolett gefärbt, glockenförmig und nickend; Staubblätter 5; Fruchtknoten unterständig.
Früchte: Kapseln umgekehrt kegelförmig, sich mit 3 Löchern öffnend.
Standort: Von der montanen bis in die alpine Stufe in Mager- und Steinrasen, Wiesen, Weiden auf ziemlich feuchten, neutralen bis schwach sauren, mageren, humosen und lehmigen Böden.

270 Eisenkraut – *Verbena officinalis* L.
Merkmale: Von Juni bis September blühend, 30–70 cm hoch, mit 4-kantigem Stengel, ausdauernd.
Laubblätter: Im oberen Teil länglich bis eiförmig, sitzend und unregelmässig gezähnt; im mittleren Bereich oval, bis über die Mitte 3-teilig bis fiederteilig und gestielt; im unteren Teil grob gezähnt und gestielt; alle Blätter rau und gegenständig angeordnet.
Blütenstand: Schmale und vielblütige blattachselständige/endständige Ähren.
Blüten: Kelchblätter 5, röhrig verwachsen, drüsig behaart und 2–3 mm lang; Kronblätter 5, verwachsen, 3–5 mm lang und blasslila gefärbt; Staubblätter 4; Fruchtknoten oberständig und aus jeweils 2 Fruchtblättern verwachsen.
Früchte: Je 4 zylindrische bis eiförmige Spaltfrüchte; Ameisenverbreitung.
Standort: In der kollinen und montanen Stufe entlang von Wegrändern, in Gärten, Unkrautfluren, auf Schuttplätzen, Dämmen, an Mauern und Zäunen auf frischen bis ziemlich trockenen, nährstoff- und basenreichen, meist kalkhaltigen und steinigen oder reinen Lehm- und Tonböden; Heilpflanze.

271 Kornblume – *Centaurea cyanus* L.
Merkmale: Von Juni bis Oktober blühend, 20–60 cm hoch, mit weissfilziger Behaarung, 1–2-jährig.
Laubblätter: Lineal lanzettlich, im unteren Bereich gestielt, mit einzelnen kleinen Zähnen oder fiederteilig, im oberen Bereich ungeteilt, sitzend und am Stengel herablaufend.
Blütenstand: Köpfchen einzeln an der Spitze der Zweige; Hüllblätter grün gefärbt, mit hellbraunem bis violettem oder weisslichem Rand und die Anhängsel kammförmig gefranst.
Blüten: Nur Röhrenblüten vorhanden; Pappusborsten an Stelle der Kelchblätter; Krone aus 5 Kronblättern, röhrenförmig verwachsen und meist blau gefärbt; randständige Blüten vergrössert; Staubblätter 5; Fruchtknoten unterständig und aus 2 Fruchtblättern verwachsen (Bienenweide).
Früchte: Achänen; Wind- und Ameisenverbreitung.
Standort: In der kollinen und montanen Stufe in Getreidefeldern, auf Schuttplätzen und entlang von Wegen auf frischen bis mässig frischen, nährstoffreichen, oft kalkarmen, basischen bis neutralen und wenig humosen Lehm- und Tonböden; bevorzugt wärmere Lagen.

272 Garten-Salbei – *Salvia officinalis* L.
Merkmale: Von Mai bis Juli blühend, 40–70 cm hoch und ausdauernd; Stengel unten verholzt.
Laubblätter: Länglich bis oval, am Spreitengrund oft abgerundet, am Ende zugespitzt oder stumpf, ganzrandig oder fein gezähnt, mit runzeliger Oberfläche, unterseits dicht behaart, im obersten Teil sitzend und darunter gestielt.
Blütenstand: Mehrere 4–8-blütige und quirlige Teilblütenstände am Ende der Stengel.
Blüten: Kelchblätter 5, röhrig verwachsen, geadert, rötlichbraun, 8–12 mm lang und mit 3-spitziger Oberlippe; Kronblätter 5, violett, 2-lippig, 15–25 mm lang und mit fast gerader Oberlippe; Staubblätter 2; Fruchtknoten oberständig und aus 2 Fruchtblättern verwachsen.
Früchte: Spaltfrüchte in vier 2–3 mm lange Teilfrüchte zerfallend.
Standort: In der kollinen Stufe in Felsensteppen, Trockenmatten und Gärten als Gewürz- und Heilpflanze auf trockenen und kalkreichen Böden in warmer Klimalage; eine südeuropäische Pflanze aus Kultur verwildert und nur an sehr warmen Orten eingebürgert.

273 Wegwarte, Zichorie – *Cichorium intybus* L.
Merkmale: Von Juni bis September blühend, 30–120 cm hoch, sparrig verzweigt, mit kantigem Stengel und ausdauernd.
Laubblätter: Grundständige in einer Rosette, schmal oval, meist gefiedert, unterseits besonders auf den Adern zerstreut rauhaarig und in einen schmal geflügelten Stiel verschmälert; Endabschnitte sehr gross; Seitenabschnitte 3-eckig und nach hinten gerichtet; Stengelblätter grob und unregelmässig gezähnt und zugespitzt.
Blütenstand: Zahlreiche vielblütige und sitzende Körbchen.
Blüten: Alle Blüten zungenförmig; Pappus 2–3-reihig; Kronblätter 5, lanzettlich, hellblau, am Ende jeweils 5-zähnig und 15–25 mm lang; Staubblätter 5; Fruchtknoten unterständig.
Früchte: Hellbraune und bis 3 mm lange Achänen.
Standort: In der kollinen und montanen Stufe in Weiden, Trockenwiesen, Äckern, auf Schutthalden und entlang von Wegrändern auf frischen bis mässig trockenen und nährstoffreichen Böden.

274 Wiesen-Salbei – *Salvia pratensis* L.
Merkmale: Von Mai bis August blühend, 30–50 cm hoch und ausdauernd.
Laubblätter: Grundständige oval bis eiförmig, am Spreitengrund schwach herzförmig, am Ende zugespitzt oder stumpf, grob und unregelmässig gezähnt, beiderseits behaart oder auch kahl und in einer Rosette vereinigt; stengelständige auch ungestielt.
Blütenstand: Mehrere übereinanderliegende 4–8-blütige und quirlige Teilblütenstände.
Blüten: Kelchblätter 5, röhrig verwachsen, geadert, dunkel rötlichbraun, 8–12 mm lang, abstehend behaart und 2-lippig; Kronblätter 5, violett und 2-lippig; Staubblätter zu 2; Fruchtknoten oberständig und aus 2 Fruchtblättern verwachsen.
Früchte: Spaltfrüchte; in 4 Teilfrüchte zerfallend.
Standort: In der kollinen und montanen Stufe an Böschungen, Dämmen, in Halbtrockenwiesen, warmen Fettwiesen und entlang von Wegen auf mässig frischen bis trockenen, meist kalkhaltigen, humosen und lockeren Lehmböden.

275 Gundelrebe – *Glechoma hederacea* L.
Merkmale: Von April bis Juni blühend, 5–20 cm hoch, mit weit kriechendem Stengel und ausdauernd.
Laubblätter: Nieren- bis herzförmig, gestielt, am Ende abgerundet, grob und stumpf gezähnt, jeweils 2–4 cm breit, kahl bis dicht behaart und gegenständig angeordnet.
Blütenstand: Kurz gestielte Blüten zu 2–3 in den Achseln der Blätter.
Blüten: Kelchblätter 5, eng glockenförmig verwachsen, 15-aderig, kurz behaart und mehr oder weniger 2-lippig; Kronblätter 5, verwachsen, mit vorn erweiterter Röhre, blauviolett, mit flacher Oberlippe und 3-teiliger Unterlippe; Staubblätter 4; Fruchtknoten oberständig.
Früchte: Teilfrüchte eiförmig, glatt und 3-kantig.
Standort: In der kollinen und montanen Stufe in Wiesen, Weiden, Hecken, Auen- und Laubwäldern und entlang von Wald- und Wegrändern auf nassen bis frischen, nährstoff- und basenreichen, humosen, lockeren und tonigen Böden; Kriechpionier; Nährstoffzeiger.

276 Kriechender Günsel – *Ajuga reptans* L.
Merkmale: Von April bis Juli blühend, 10–25 cm hoch und ausdauernd; Ausläufer oberirdisch.
Laubblätter: Schmal oval bis oval, sitzend oder kurz gestielt, ganzrandig oder stumpf gezähnt, jeweils 3–8 cm lang, kahl oder zerstreut behaart und gegen das Ende der Pflanze zu kleiner werdend; Blätter im Blütenstand ganzrandig.
Blütenstand: Blüten zu 2–6 quirlig in den Achseln der Stengelblätter; am Ende des Stengels Blüten ährenförmig angeordnet.
Blüten: Kelchblätter 5, glockenförmig, vieladerig, mit je einem spitzen Zipfel und zerstreut behaart; Kronblätter 5, verwachsen und blau; Oberlippe kurz, gerade und deutlich 2-teilig; Unterlippe 3-teilig und mit grösserem Mittelabschnitt; 4 Staubblätter; Fruchtknoten oberständig.
Früchte: Teilfrüchte eiförmig und bis 2,5 mm lang.
Standort: Von der kollinen bis in die subalpine Stufe in Wiesen und artenreichen Wäldern auf frischen, nährstoffreichen, neutralen, mässig sauren und humosen Lehmböden; Nährstoffzeiger.

277 Genfer Günsel – *Ajuga genevensis* L.
Merkmale: Von April bis Juni (oft nochmals im August/September) blühend, 10–30 cm hoch, ohne Ausläufer, aber oft mit seitenständigen Rosetten und überall zottig behaart.
Laubblätter: Grundständige in einer Rosette, lang gestielt, am Grunde keilförmig, gekerbt bis gezähnt; stengelständige sitzend, im oberen Bereich auch 3-lappig; Hochblätter 3-lappig bis gekerbt.
Blütenstand: Übereinanderliegende, 3- bis mehrblütige Scheinquirlen.
Blüten: Kelch glockenförmig und regelmässig 5-zähnig; Krone lebhaft dunkelblau gefärbt, mit kurzer Röhre und 2-lippig; Oberlippe sehr kurz, gerade und 2-teilig; Unterlippe viel länger, 3-teilig und mit einem grösseren, ausgerandeten Mittelabschnitt; Staubblätter 4, aus der Kronröhre herausragend; Fruchtknoten oberständig.
Früchte: Spaltfrüchte in 2–3 mm lange, eiförmige und grubige Teilfrüchte zerfallend.
Standort: Von der kollinen bis in die subalpine Stufe in Trockenrasen, Weinbergen, Äckern, Erdanrissen, bei Hecken auf warmen, mässig trockenen, humosen oder rohen Lehm- oder Sandböden.

278 Quirlige Salbei – *Salvia verticillata* L.
Merkmale: Bis September blühend, 30–50 cm hoch, mit langem Rhizom, verzweigt, ausdauernd.
Laubblätter: Stengelständige meist herzförmig, gestielt, am Ende zugespitzt, 4–12 cm lang, unregelmässig gezähnt, mit schwach runzeliger Oberfläche, etwas behaart, mit 2 abstehenden Zipfeln.
Blütenstand: Zahlreiche, bis 24-blütige und quirlähnliche Teilblütenstände traubenartig am Ende der Stengel angeordnet; Tragblätter lanzettlich.
Blüten: Kurz gestielt; Kelchblätter 5, röhrig verwachsen, eng glockenförmig, 2-lippig; Oberlippe mit kurzem Mittelzipfel, 2 seitenwärts und zugespitzten Seitenzipfeln; Kronblätter 5, verwachsen, meist violett, 2-lippig, 10–15 mm lang, mit einer beinahe geraden und oberhalb der Mitte stielartig verschmälerten Oberlippe; Staubblätter 2; Fruchtknoten oberständig und aus 2 Fruchtblättern.
Früchte: Spaltfrüchte.
Standort: In der kollinen und montanen Stufe in Unkrautgesellschaften, Halbtrockenmatten, an Böschungen, bei Verladeplätzen auf mässig trockenen und nährstoffreichen Böden.

279 Acker-Rittersporn – *Consolida regalis* GRAY
Merkmale: Von Mai bis Oktober blühend, 20–50 cm hoch, dicht bis locker behaart, sparrig-ästig verzweigt und 1-jährig; Haare weiss, gebogen und anliegend.
Laubblätter: Stengelständig; untere kurz gestielt, obere sitzend; im Umriss vieleckig, bis zum Grunde 3-teilig; Abschnitte gestielt und ebenfalls bis zum Grunde geteilt; Zipfel sehr schmal.
Blütenstand: Blüten in lockeren und wenigblütigen Trauben.
Blüten: Perigonblätter 5, azurblau, seltener rötlich oder weiss, mit der grössten Breite über der Mitte, bis 15 mm lang; die 4 unteren oval, das oberste mit einem langen, hohlen Sporn; Honigblätter 2, verwachsen und mit einem gemeinsamen Sporn; Staubblätter zahlreich; ein mehrsamiger und kahler Fruchtknoten vorhanden; Blütenstiele länger als die Tragblätter.
Früchte: Kahle Balgfrüchte.
Standort: In der kollinen und montanen Stufe in Getreidefeldern und auf Schuttplätzen auf frischen bis mässig trockenen, warmen, nährstoff- und basenreichen, humosen und kalkhaltigen Böden.

280 Saat-Luzerne – *Medicago sativa* L.
Merkmale: Bis August blühend, 30–80 cm hoch, auch angepflanzt, mit unterirdischen Ausläufern.
Laubblätter: Mit 3 Teilblättern und gestielt; Teilblätter schmal oval bis oval, am Ende stumpf oder abgerundet, 10–30 mm lang und gestielt; Nebenblätter am Grunde des Blattstiels oft mit wenigen kurzen Zähnen.
Blütenstand: Kurz gestielte Blüten in gestielten und kurzen Trauben.
Blüten: Die 5 Kelchblätter mit je einem zugespitzten Zipfel; Kronblätter 5, lila bis violett gefärbt, 6–10 mm lang und in eine lange Fahne, 2 kurze Flügel und ein gerades Schiffchen gegliedert; Staubblätter 10; oberster Staubfaden frei; Fruchtknoten jeweils oberständig und aus einem Fruchtblatt bestehend.
Früchte: 2-klappig aufspringende, 3–6 mm lange, mit schraubigen Windungen versehene Hülsen.
Standort: In der kollinen und montanen Stufe als wertvolle Futterpflanze angebaut; verwildert in mageren Wiesen auf ziemlich trockenen, kalkhaltigen, nährstoff- und basenreichen Lehmböden.

281 Zaun-Wicke – *Vicia sepium* L.
Merkmale: Von Mai bis Juli blühend, 20–50 cm hoch, mit aufrechten oder kletternden Stengeln und ausdauernd.
Laubblätter: Mit 4–7 Paaren von Teilblättern; diese sind schmal oval bis oval, 6–30 mm lang, an beiden Enden meist abgerundet, oft kurz gestielt, am Ende zusätzlich noch schwach ausgerandet oder kurz zugespitzt und unterseits zerstreut behaart; Endblatt als Ranke ausgebildet.
Blütenstand: Kurze und 3–6-blütige Traube.
Blüten: Kelchblätter 5, verwachsen, oft rötlich gefärbt und mit ungleich langen Zähnen; Kronblätter je 5, schmutzigviolett bis rosa gefärbt und in Fahne, Schiffchen und 2 Flügel gegliedert; Staubblätter je 10; oberstes Staubblatt frei; Fruchtknoten oberständig und aus einem Fruchtblatt bestehend.
Früchte: Hülsen flach, 20–35 mm lang und 3–6-samig.
Standort: In der kollinen und montanen Stufe verbreitet in Fettwiesen, Waldlichtungen auf feuchten bis frischen, nährstoff- und basenreichen, humosen, lockeren und krautreichen Lehm- und Tonböden.

282 Vogel-Wicke – *Vicia cracca* L. s.l.
Merkmale: Von Juni bis August blühend, 20–110 cm hoch und ausdauernd.
Laubblätter: Mit 6–11 Paaren von Teilblättern; diese sind länglich bis schmal oval, 10–25 mm lang, kurz gestielt, am Grunde meist abgerundet, am Ende meist abgerundet oder kurz zugespitzt und zerstreut behaart bis kahl; Ranken verzweigt; Pflanze mit meist aufsteigenden Stengeln.
Blütenstand: Gestielte Traube mit 15–40 kurz gestielten Blüten.
Blüten: Kelchblätter 5, verwachsen, mit 1–2,5 mm ungleich langen Kelchzähnen, behaart oder kahl und grünlich bis rötlich; Kronblätter 5, blauviolett und in Fahne, Schiffchen und 2 Flügel gegliedert; Staubblätter je 10; oberstes Staubblatt frei; Fruchtknoten oberständig und aus einem Fruchtblatt.
Früchte: Hülsen flach, 15–25 mm lang, ohne stechende Spitze und 2–8-samig.
Standort: Von der kollinen bis in die subalpine Stufe in Wiesen, Äckern, Wäldern, entlang von Waldrändern und bei Flussufern auf frischen bis mässig trockenen, mehr oder weniger nährstoff- und basenreichen, neutralen und auch steinigen oder sandigen Böden.

283 Sumpf-Wolfsmilch – *Euphorbia palustris* L.
Merkmale: Im Mai und Juni blühend, 50–140 cm hoch, mit einem dicken Rhizom und ausdauernd.
Laubblätter: Lanzettlich bis schmal oval, meist ganzrandig, kahl, sitzend, am Ende abgerundet, jeweils 4–8 cm lang, oberseits dunkelgrün, unterseits blaugrün und wechselständig angeordnet.
Blütenstand: Endständiger Gesamtblütenstand doldenartig; Tragblätter nicht verwachsen.
Blüten: Innerhalb des Hüllbechers gestielte weibliche Blüte mit 3-fächerigem Fruchtknoten und mehreren männlichen Blüten, bestehend aus je einem Staubblatt; keine eigentliche Blütenhülle vorhanden; Hüllbecher mit gelben und ovalen Drüsen.
Früchte: Spaltfrucht 4–6 mm lang, mit zylindrischen Warzen dicht besetzt und in 3 Teilfrüchte zerfallend.
Standort: In der kollinen Stufe zerstreut in Sumpfwiesen, Gräben, Altläufen, Tümpeln, im Weidengebüsch und in Nasswiesen auf staunassen, mehr oder weniger nährstoffreichen, meist kalkhaltigen, humosen und torfigen Böden; tonanzeigende Stromtalpflanze.

284 Séguiers Wolfsmilch – *Euphorbia seguieriana* NELKER
Merkmale: Von Mai bis Juli blühend, 20–50 cm hoch, mit langem verholztem Rhizom und ausdauernd.
Laubblätter: Lineal bis lineal lanzettlich, meist sitzend, am Ende mit einer feinen Spitze, ganzrandig, 10–40 mm lang, blaugrün gefärbt, mit heller Hauptader und wechselständig angeordnet.
Blütenstand: Endständige Dolde mit bis 15 Stielen 1. Ordnung; Einzelblütenstand von Hochblättern bis weit hinauf zu einem kelchartigen Hüllbecher verwachsen.
Blüten: Innerhalb des Blütenbechers eine lang gestielte weibliche Blüte, bestehend aus einem dreifächerigen Fruchtknoten und mehreren männlichen Blüten aus je einem Staubblatt; keine Hülle.
Früchte: In 2–3-klappig aufspringende und 2–4 mm lange Teilfrüchte zerfallend.
Standort: Von der kollinen bis in die subalpine Stufe in Trockenwiesen, sonnigen Steppen und Trockenrasen, auf Dünen und bei Dämmen auf trockenen, basenreichen, kalkhaltigen, neutralen und humosen Böden.

285 Wolfsmilch – *Euphorbia characias* L.
Merkmale: Von Januar bis April blühend, 60–120 cm hoch, mit einem Rhizom und ausdauernd.
Laubblätter: Schmal oval bis verkehrt eiförmig, sitzend, am Ende stumpf oder kurz zugespitzt, ganzrandig, 15–35 mm lang, blaugrün gefärbt.
Blütenstand: Im oberen Teil der Stengel einzeln in den Achseln der Blätter und gehäuft am Ende des Stengels; lang gestielter Einzelblütenstand (= Cyathium) von rundlichem Hüllbecher umrahmt; Drüsen des Cyathiums ohne Anhängsel.
Blüten: Innerhalb des Hüllbechers eine weibliche Blüte und mehrere meist wickelig verbundene männliche Blüten; Fruchtknoten gestielt und 3-fächerig; die 3 Griffel am Grunde etwas verwachsen.
Früchte: 3-klappig aufspringende und von einem Mittelsäulchen sich lösende Spaltfrucht.
Standort: Vor allem im mediterranen Gebiet (auch Balearen und Orient) stark vertreten; in den letzten Jahren werden diese kahlen und graublauen bis graugrünen Stauden oft in Gärten bei Steingruppen angepflanzt.

286 Aronstab – *Arum maculatum* L.
Merkmale: Im April und Mai blühend, 20–50 cm hoch, mit einem Rhizom und ausdauernd.
Laubblätter: Spiessförmig, 10–20 cm lang, am Ende zugespitzt oder etwas abgerundet, ganzrandig.
Blütenstand: Endständig; der Kolben wird durch ein 10–30 cm langes, gelbgrünes, tütenförmig zusammengerolltes Hochblatt (= Spatha) umhüllt; Kolben 5–10 cm lang; im oberen Teil meist purpurn.
Blüten: Alle mit nur einem Geschlecht; die unteren weiblichen Blüten mit einem einfächerigen Fruchtknoten; die oberen Blüten sind männlich mit ein bis mehreren Staubblättern; oberhalb und unterhalb der männlichen Blüten sterile Blüten vorhanden; Bestäubung durch Fliegen.
Früchte: Bis 6 mm breite und rote Beeren.
Standort: In der kollinen Stufe häufig in krautreichen Laubmisch- und Buchenwäldern, Auenwäldern, Hecken und entlang von Waldrändern auf wasserzügigen, frischen, kalkhaltigen, nährstoffreichen, humosen, lockeren, neutralen bis mässig sauren und meist tiefgründigen Lehm- und Tonböden: Laubblätter lang gestielt.

287 Ausdauerndes Bingelkraut – *Mercurialis perennis* L.
Merkmale: Von April bis Juni blühend, 10–30 cm hoch, ohne Seitenäste und ausdauernd.
Laubblätter: Lanzettlich bis länglich eiförmig, gestielt, am Übergang zum Stiel mit Drüsen, am Spreitengrund oft abgerundet, am Ende zugespitzt, regelmässig stumpf gezähnt und 5–12 cm lang.
Blütenstand: Pflanze zweihäusig (= auf jeder Pflanze nur ein Geschlecht); männliche Blüten in reichblütigen Ähren; weibliche Blüten in wenigblütigen und rispigen Knäueln.
Blüten: Männliche Blüten mit bis 20 Staubblättern; weibliche Blüten mit 3 grünen Kelchzipfeln, jeweils 3 grünlichen Staminodien und 2 Fruchtblättern; Insekten- und Windbestäubung.
Früchte: Spaltfrüchte mit je 2 eiförmigen und mit borstigen Haaren besetzten Teilfrüchten.
Standort: In der kollinen und montanen Stufe in Buchen- und Laubmischwäldern, Hochstaudenfluren, entlang von Waldrändern auf sickerfrischen, nährstoff- und basenreichen, neutralen bis mässig sauren, humosen, lockeren, gut durchlüfteten und oft steinigen oder sandigen Lehmböden; Ausläufer treibend; Ameisen- und Selbstverbreitung.

288 Vierblättrige Einbeere – *Paris quadrifolia* L.
Merkmale: Im April und Mai blühend, 15–30 cm hoch, mit unterirdischem Rhizom und ausdauernd.
Laubblätter: Meist zu 4 am Ende des Stengels quirlständig angeordnet, eiförmig bis rundlich, sitzend, am Ende kurz zugespitzt und 5–10 cm lang.
Blütenstand: Einzelblüte am Ende eines 3–6 cm langen Stiels.
Blüten: Äussere Perigonblätter meist 4, grün, lanzettlich, 20–35 mm lang, lang zugespitzt; innere Perigonblätter meist 4, etwas kürzer als die äusseren, sehr schmal ausgebildet und lang zugespitzt; Staubblätter 8; Staubfäden in eine grannenartige Spitze verschmälert; Fruchtknoten oberständig.
Früchte: Mehrfächerige und dunkelblau bereifte Beeren.
Standort: Von der kollinen bis in die subalpine Stufe in krautreichen Auenwäldern, Nadelmischwäldern, Eichen- und Buchenwäldern, auch am Waldrand auf frischen, mehr oder weniger nährstoff- und basenreichen, humosen und lockeren Lehm- und Tonböden; Sickerwasser anzeigend; bis 50 cm tief wurzelnd; bodenlockernde Mull- und Moderpflanze.

289 Reismelde, Reisspinat, Hirsenmelde – *Chenopodium quinoa* WILLD.
Merkmale: Im Juni und Juli blühend, 30–90 cm hoch und 1-jährig.
Laubblätter: Oval bis eiförmig, ganzrandig, grob gezähnt oder unregelmässig gelappt, gestielt, gegen den Spreitengrund zu breit keilförmig verschmälert, am Ende abgerundet, stumpf oder kurz zugespitzt, mit bis 7 cm langer Spreite, oberseits blaugrün und unterseits graugrün.
Blütenstand: Endständige Scheinrispe mit aufgerichteten seitenständigen Ästen.
Blüten: Die 3–5 Perigonblätter grünlich bis gelblich, etwas häutig und ganzrandig bis gezähnt; Staubblätter meist 5; Fruchtknoten oberständig und meist aus 2 Fruchtblättern verwachsen; Griffel mit 2 langen und schwach papillösen Narben.
Früchte: Nüsse
Standort: Als Gemüsepflanze aus den Hochanden von Kolumbien, Chile und Argentinien eingeführt; diese Länder sind noch heute die Hauptkulturgebiete dieser Art, besonders derjenigen der weissfrüchtigen Kulturform; die Blätter werden als Gemüse verwendet.

290 Weisser Gänsefuss – *Chenopodium album* L.
Merkmale: Von Juli bis September blühend, 30–120 cm hoch, abstehend verzweigt und 1-jährig.
Laubblätter: Lanzettlich, oval oder rhombisch, am Spreitengrund keilförmig verschmälert, gestielt, am Ende stumpf oder zugespitzt, ganzrandig oder unregelmässig gezähnt, beiderseits gleichfarbig oder unterseits etwas graugrüner; besonders im unteren Bereich der Pflanze die Blätter gezähnt.
Blütenstand: Blattachselständige und endständige Rispen mit knäuelartig angeordneten Blüten.
Blüten: Perigonblätter 5, grünlich gefärbt und mit wulstigem Kiel; Staubblätter meist 5; Fruchtknoten oberständig.
Früchte: Nüsse abgeflacht, mit braunrotem bis schwarzem und glänzendem Samen.
Standort: Von der kollinen bis in die subalpine Stufe als Pionier in Waldschlägen, Äckern, Gärten, auf Schuttplätzen, entlang von Wegrändern und an Ufern auf frischen bis trockenen, nährstoffreichen, humosen oder rohen und sandigen bis lehmigen Böden; bis 1 m tief wurzelnde Pionierpflanze; seit der jüngeren Steinzeit als Kulturbegleiter bekannt; Pflanze mit weltweiter Verbreitung.

291 Drüsiger Gänsefuss – *Chenopodium botrys* L.
Merkmale: Im Juli und August blühend, 20–50 cm hoch, klebrig, dicht mit Drüsenhaaren, 1-jährig.
Laubblätter: Lanzettlich bis oval, buchtig fiederschnittig, kurz gestielt, 3–7 cm lang und unterseits mehrheitlich graugrün gefärbt; Abschnitte ganzrandig oder unregelmässig grob gezähnt; im Blütenstand kaum oder nur wenige Blätter.
Blütenstand: Gesamtblütenstand eine reichblütige Rispe.
Blüten: Perigonblätter 5, grünlichgelb gefärbt und ganzrandig; Staubblätter 5; Fruchtknoten oberständig.
Früchte: Nüsse etwas abgeflacht und mit dunkelbraunen, glänzenden und glatten Samen.
Standort: In der kollinen und montanen Stufe in Rebbergen, bei Schuttplätzen, an Ruderalstellen und Müllplätzen auf mässig trockenen bis trockenen, mehr oder weniger nährstoffreichen, meist rohen, lehmigen und sandigen bis steinigen Böden in warmen Lagen; Pionierpflanze; im gesamten Mittelmeerraum verschleppt; in den USA und Australien eingeschleppt.

292 Spitzwegerich – *Plantago lanceolata* L.
Merkmale: Von April bis September blühend, 10–40 cm hoch und ausdauernd.
Laubblätter: Lanzettlich bis schmal oval, am Ende zugespitzt, ganzrandig oder mit vereinzelten Zähnen, 3–7-aderig, aufgerichtet und in einer grundständigen Rosette vereinigt.
Blütenstand: Am Ende eines langen Stiels vielblütige Ähre; Stiel unterhalb der Ähre mit etwa 5 tiefen Rillen versehen.
Blüten: Tragblätter oval, zugespitzt, ohne Grannen, an der Spitze behaart, am Rande kahl und etwas länger als die 4 Kelchblätter; diese ungleich lang; Kronblätter 4, verwachsen, 2–4 mm lang, kahl und mit je einem bräunlichen Zipfel; die 4 Staubblätter in der Kronröhre angewachsen, gelblich und mit langen Staubfäden; Fruchtknoten oberständig und aus 2 Fruchtblättern verwachsen.
Früchte: Kapseln 2-samig und sich oben mit einem abfallenden Deckel öffnend.
Standort: Von der kollinen bis in die subalpine Stufe häufig in Wiesen, Weiden, Äckern und entlang von Wegen auf feuchten bis ziemlich trockenen Böden.

293 Mittlerer Wegerich – *Plantago media* L.
Merkmale: Von Mai bis Juli blühend, 20–35 cm hoch, mit meist dem Boden anliegenden Blättern und ausdauernd.
Laubblätter: Schmal bis breit oval, kurz gestielt oder fast sitzend, mit vereinzelten Zähnen, beiderseits zerstreut oder dicht behaart, 5–9-aderig und in einer Rosette vereinigt.
Blütenstand: Endständige, zylindrische und 3–8 cm lange Ähre; Stiel der Ähre anliegend behaart.
Blüten: Tragblätter oval, ohne Granne, kahl und nur wenig kürzer als die 4 Kelchblätter; diese bis nahe zum Grund frei; Kronblätter 4, verwachsen, 3–4 mm lang, kahl, mit je einem weissen Zipfel; Staubblätter 4 und lila gefärbt; Fruchtknoten oberständig und aus 2 Fruchtblättern verwachsen.
Früchte: Kapseln eiförmig und 3–8-samig; Windverbreitung; Ährenstiel viel länger wie die Blätter.
Standort: In der kollinen und montanen Stufe verbreitet in trockenen Wiesen, Weiden, Halbtrockenrasen und entlang von Wegen auf frischen bis wechselfrischen, nährstoffreichen, meist tiefgründigen und sandigen oder reinen Lehmböden; im Mittelmeergebiet seltener anzutreffen.

294 Breit-Wegerich – *Plantago major* L.
Merkmale: Von Juni bis Oktober blühend, 15–30 cm hoch und ausdauernd.
Laubblätter: Breit oval, lang gestielt, am Spreitengrund abgerundet oder herzförmig, am Ende meist etwas abgerundet, ganzrandig oder mit vereinzelten Zähnen, 5–9-aderig; grundständige Rosette.
Blütenstand: Vielblütige Ähre schmal zylindrisch, bis 10 cm lang und endständig.
Blüten: Tragblätter oval, ohne Granne, kahl und kürzer als die 4 Kelchblätter; diese bis nahe zum Grunde frei; Kronblätter 4, verwachsen, kahl und mit je einem gelblichen Zipfel; Staubblätter 4, zuerst blasslila und später gelblichbraun; Fruchtknoten oberständig, aus 2 Fruchtblättern.
Früchte: Kapseln eiförmig, 3–4 mm lang, meist 8-samig und sich mit einem abfallenden Deckel öffnend; Ährenstiel kaum länger wie die Blätter.
Standort: Von der kollinen bis in die subalpine Stufe in Trittgesellschaften, Lägerstellen, entlang von Wegen und Ufern auf frischen, nährstoffreichen und auch dichten Lehm- und Tonböden; trittfeste Pionierpflanze; bis 90 cm tief wurzelnd; salzertragend; früher als Heilpflanze verwendet.

295 Grosse Brennessel – *Urtica dioica* L.
Merkmale: Von Juni bis September blühend, 30–150 cm hoch, meist verzwegt und ausdauernd.
Laubblätter: Oval, gestielt, am Spreitengrund herzförmig oder abgerundet, am Ende mit einem langen Endzahn zugespitzt, grob gesägt, 5–10 cm lang, mit Brennhaaren, zahlreichen kürzeren Haaren besetzt und gegenständig angeordnet; Oberfläche gewellt.
Blütenstand: In den Blattachseln zahlreiche vielblütige Rispen.
Blüten: Zweihäusige Pflanze (= männliche und weibliche Blüten auf verschiedenen Pflanzen); männliche Blüten mit 4 grünlichen Perigonblättern und 4 Staubblättern; weibliche Blüten mit 2 kleinen äusseren und 2 grösseren inneren Perigonblättern und einem oberständigen Fruchtknoten.
Früchte: Linsenförmige Nüsschen.
Standort: Von der kollinen bis in die subalpine Stufe in Auenwäldern, Waldschlägen, Unkrautgesellschaften, an Waldsäumen, auf Schuttstellen, entlang von Gräben, Zäunen und bei Lägerstellen auf feuchten bis frischen, nährstoffreichen, humosen, neutralen, tiefgründigen Lehm - und Tonböden.

296 Kleiner Wiesenknopf – *Sanguisorba minor* SCOP. s.l.
Merkmale: Im Juli und August blühend, 30–50 cm hoch und ausdauernd; Stengel unten behaart.
Laubblätter: Grundständige in einer Rosette und unpaarig gefiedert; Fiederblattpaare 5–15; Fiederblätter oval bis rundlich, sitzend oder gestielt, oberseits dunkelgrün und jederseits mit bis 8 groben und spitzen Zähnen; Stengelblätter mit ovalen bis schmal ovalen Fiederblättern.
Blütenstand: Dichtblütige und meist kugelige Köpfchen.
Blüten: Im unteren Teil des Blütenstandes männliche, im mittleren Teil zwittrige und im oberen Teil weibliche Blüten; Kelchblätter oval, grün und mit etwas rotbraunen Rändern; Kronblätter fehlend; in männlichen Blüten 10–30 Staubblätter, in den zwittrigen 1–4; Narbe auf dem Griffel des Fruchtknotens aus Fäden zusammengesetzt und einen Pinsel bildend.
Früchte: Vom Kelchbecher umschlossene Nüsschen; Windverbreitung.
Standort: Von der kollinen bis in die subalpine Stufe in Fett- und Trockenwiesen, lückigen Magerrasen, an Böschungen, Dämmen und entlang von Wegen auf mässig trockenen Böden.

297 Weisse Zaunrübe – *Bryonia alba* L.
Merkmale: Im Juni und Juli blühend, mit rauen und kletternden Stengeln und ausdauernd.
Laubblätter: Meist 5-eckig, kurz gestielt, an der Spreitenbasis meist herzförmig, am Ende zugespitzt, beiderseits rauhaarig und scharf gezähnt.
Blütenstand: Pflanze einhäusig; weibliche Blütenstände doldenähnlich, männliche Blütenstände traubenartig ausgebildet.
Blüten: Männliche Blüten mit 5 grünen und verwachsenen Kelchblättern, 5 ovalen, zugespitzten, bis etwa zur Mitte geteilten, meist flach ausgebreiteten und grünlichgelben Kronblättern und 5 Staubblättern; weibliche Blüten mit etwas kleineren Kronblättern und einem unterständigen Fruchtknoten; Narben kahl; Insektenbestäubung.
Früchte: Schwarze Beeren.
Standort: In der kollinen Stufe zerstreut in Hecken, an Zäunen, entlang von Wegen auf frischen, sommerwarmen, nährstoffreichen, humosen und lockeren Lehmböden; giftig; alte Arzneipflanze.

298 Zweihäusige Zaunrübe – *Bryonia dioica* JACQ.
Merkmale: Von Juni bis September blühend, bis 4 m lang, rauhaarig, mit verdickten Wurzeln und ausdauernd.
Laubblätter: Im Umriss 5-eckig, gelappt, 4–10 cm breit, mit behaartem Stengel, am Spreitengrund tief herzförmig, am Ende zugespitzt, beiderseits rauhaarig und mit 3-eckigen bis ovalen Abschnitten.
Blütenstand: Pflanze zweihäusig mit doldenartigen weiblichen Blütenständen und traubenartigen oder rispigen männlichen Blütenständen auf verschiedenen Pflanzen.
Blüten: Männliche Blüten mit 5 verwachsenen Kelchblättern, 5 ovalen, meist abgerundeten, bis zur Mitte geteilten, meist flach ausgebreiteten und grünlichweissen Kronblättern; Staubblätter 5; Fruchtknoten unterständig mit kurz behaarten Narben; Insektenbestäubung.
Früchte: Beeren unreif grün und im reifen Zustand rot; Verbreitung durch Vögel.
Standort: In der kollinen Stufe in Hecken, entlang von Waldrändern, an Zäunen und auf Schuttplätzen auf frischen, nährstoffreichen, lockeren und humosen Lehmböden.

299 Stinkende Nieswurz – *Helleborus foetidus* L.
Merkmale: Von Februar bis April blühend, 20–60 cm hoch, mit überwinternden grundständigen Blättern und ausdauernd.
Laubblätter: Grundständige nierenförmig bis rundlich, bis zum Grunde 3–9-teilig, lang gestielt und dunkelgrün bis schwarzgrün gefärbt; Stengelblätter von unten nach oben immer schwächer gefiedert; die obersten oval, ganzrandig und bis 5 cm lang.
Blütenstand: Am Ende der Verzweigungen mehrere hängende Blüten.
Blüten: Perigonblätter 5, glockenförmig zusammenneigend, sich mit den Rändern überdeckend, grün, mit vorn oft rötlichem Rand, 1–2 cm breit; Honigblätter 5–15, grün, trichterförmig und kürzer als die Perigonblätter; Staubblätter zahlreich; Fruchtknoten 3–8, mehrsamig, nur unten verwachsen.
Früchte: Balgfrüchte mit langem schnabelartigem Griffel.
Standort: In der kollinen und montanen Stufe in krautreichen Buchenwäldern, Flaumeichenwäldern, an Waldsäumen und in Schwarzdornhecken auf frischen bis mässig trockenen, basenreichen Böden.

300 Grüne Nieswurz – *Helleborus viridis* L.
Merkmale: Von Februar bis April blühend, 20–50 cm hoch, formenreich und ausdauernd.
Laubblätter: Grundständige meist nur 2, nicht überwinternd, bis nahe zum Grunde 7–11-teilig, gestielt, dunkelgrün gefärbt und zur Blütezeit meist noch nicht vorhanden; Fiederblätter gezähnt und zum Teil noch 2–3-fach geteilt; Stengelblätter geteilt, aber oft nicht bis zum Grunde.
Blütenstand: Nur nickende Einzelblüten am Ende der Stengel.
Blüten: Perigonblätter 5, mehr oder weniger ausgebreitet, breit oval bis rundlich, am Ende abgerundet, sich überdeckend und grün gefärbt; Staubblätter zahlreich; Fruchtknoten 3–8, mehrsamig und am Grunde verwachsen; Insektenbestäubung.
Früchte: Balgfrüchte mit schnabelartigem Griffel und ohne diesen bis 25 mm lang.
Standort: In der kollinen und montanen Stufe in lichten Wäldern, Wiesen, bei Hecken und gelegentlich bei Obstgärten auf frischen bis trockenen, nährstoff- und basenreichen, meist kalkhaltigen, steinigen und lockeren Lehmböden in wärmeren Lagen; früher als Heilpflanze kultiviert.

301 Gemeiner Beifuss – *Artemisia vulgaris* L.
Merkmale: Von Juli bis September blühend, 20–120 cm hoch, ausdauernd; Geruch unangenehm.
Laubblätter: Oval, 4–12 cm lang, gestielt oder ungestielt, oft am Grunde mit Zipfeln den Stengel umfassend, 1–2-fach fiederteilig, oberseits dunkelgrün und unterseits deutlich weissfilzig behaart; Abschnitte lanzettlich und mit umgerollten Rändern.
Blütenstand: In einer dichten Rispe zahlreiche 2–5 mm lange und sitzende oder kurz gestielte Köpfchen; Hüllblätter dachziegelartig angeordnet, behaart und mit weissem, trockenhäutigem Rand.
Blüten: Alle röhrenförmig, gelblich, grünlich bis braunrot gefärbt, im Innern des Köpfchens zwittrig und im äusseren Bereich weiblich; Windbestäubung.
Früchte: Achänen bis 2 mm lang, meist gerillt; Samen verschleimend; Wind- und Klebeverbreitung.
Standort: In der kollinen und montanen Stufe auf Schuttplätzen, entlang von Flussufern, Wegrändern, in staudenreichen Unkrautfluren und im Auengebüsch auf feuchten bis frischen, nährstoffreichen, oft humosen Böden; eine alte Kulturpflanze; früher eine Heil- und Gewürzpflanze.

302 Feld-Mannstreu – *Eryngium campestre* L.
Merkmale: Von Juli bis September blühend, 20–60 cm hoch, mit mehrfach verzweigten Stengeln.
Laubblätter: Grundständige 3- oder 5-eckig, lang gestielt, 10–20 cm lang und 3-zählig doppelt fiederschnittig; Zähne an den Fiedern mit einer aufgesetzten und stechenden Grannenspitze; mittlere und obere Stengelblätter sitzend und mit stachelig gezähnten Zipfeln den Stengel umfassend.
Blütenstand: Am Ende der Triebe meist kugelige, bis 15 mm breite und weisslichgrüne Köpfchen; Hüllblätter weisslichgrün, am Rand oft mit grannenartigen Zähnen und länger als die Köpfchen.
Blüten: Tragblätter lang stachelig zugespitzt, bis 10 mm lang und die Blüten überragend; Kelchblätter 5 und mit deutlich ausgebildeten Zipfeln; Kronblätter 5 und etwa halb so lang wie die Kelchzipfel; Staubblätter 5; Fruchtknoten unterständig und aus 2 Fruchtblättern verwachsen.
Früchte: Spaltfrüchte mit weissen Schuppen bedeckten Teilfrüchte zerfallend.
Standort: In der kollinen Stufe in Magerwiesen und entlang von Wegrändern auf trockenen, oft sandigen Böden; Wind- und Klettverbreitung der Früchte; Pflanze ausdauernd.

303 Wiesen-Sauerampfer – *Rumex acetosa* L.
Merkmale: Von Mai bis August blühend, 20–100 cm hoch; Blattscheiden fransig oder gezähnt.
Laubblätter: Vielgestaltig; untere länglich pfeilförmig, mit rückwärts gerichteten Pfeilecken, jeweils bis 25 cm lang, am Ende meist stumpf und auch gestielt; obere Stengelblätter sitzend.
Blütenstand: Reichblütige Rispe; Seitenzweige des Gesamtblütenstandes schräg aufwärts gerichtet.
Blüten: Eingeschlechtig, seltener zwittrig; Perigonblätter 6; die inneren 3 Pgb. 3–5 mm lang, oval bis rundlich, ganzrandig und am Grunde mit einer rückwärts gerichteten Schwiele; äussere 3 Pgb. oval, weisslichgelbgrün gefärbt, meist mit rötlichen Rändern und dem Blütenstiel anliegend; in männlichen Blüten 6 Staubblätter; bei weiblichen Blüten Fruchtknoten oberständig; Pflanze zweihäusig.
Früchte: Nüsschen 2–2,5 mm lang und dunkelbraun gefärbt.
Standort: Von der kollinen bis in die subalpine Stufe in Wiesen, Weiden, Unkrautgesellschaften und entlang von Ufern und Wegen auf feuchten bis frischen, nährstoffreichen, humosen, lockeren und tiefgründigen Lehm- und Tonböden; Stickstoffzeiger.

304 Nestwurz – *Neottia nidus-avis* (L.) R. BR.
Merkmale: Im Mai und Juni blühend, 15–35 cm hoch, mit kriechendem Rhizom und fleischigen Seitenwurzeln; ganze Pflanze gelbbraun, ohne Chlorophyll (= Blattgrün).
Laubblätter: Lanzettlich, zugespitzt, hellbraun bis gelbbraun gefärbt, zu 4–6 dem Stengel anliegend und diesen scheidenartig umfassend.
Blütenstand: Traube 5–15 cm lang, im unteren Teil lockerblütig und im oberen Bereich dichtblütig.
Blüten: Die 5 Perigonblätter zusammenneigend, oval, am Ende meist stumpf und 4–6 mm lang; die Lippe ist bis über die Hälfte 2-teilig, am Grunde sackartig vertieft, ohne Sporn und mit sichelartig gespreizten Abschnitten versehen; das einzige Staubblatt ist mit dem Griffel und der Narbe zu einem Säulchen (= Gynostemium) verwachsen.
Früchte: Kapseln mit zahlreichen kleinen Samen.
Standort: In der kollinen und montanen Stufe in Buchen- und Laubmischwäldern, Eichen- und Kiefernwäldern auf feuchten bis trockenen, nährstoffreichen, meist kalkhaltigen Böden; Moderpflanze.

Verzeichnis der deutschen Pflanzennamen

Absinth 76, 77, 199
Acker
- Hahnenfuss 64, 65, 193
- Hundskamille 48, 49, 185
- Kratzdistel 9, 116, 117, 219
- Minze 126, 127, 224
- Rettich 26, 27, 174
- Rittersporn 156, 157, 239
- Schwarz-Kümmel 142, 143, 232
- Senf 9, 58, 59, 190
- Stiefmütterchen 44, 45, 183
- Taubnessel 128, 129, 225
- Winde 9, 44, 45, 183
- Witwenblume 140, 141, 231
Adonisröschen (Frühlings-) 72, 73, 197
Ährige Rapunzel 44, 45, 183
Ähriger Ehrenpreis 140, 141, 231
Akelei (Dunkle) 132, 133, 227
Akeleiblättrige Wiesenraute 108, 109, 215
Alant (Wiesen-) 78, 79, 200
Amethystfarbene Mannstreu 144, 145, 233
Ampferblättriger Knöterich 110, 111, 216
Aronstab 160, 161, 241
Aster (Gold-) 76, 77, 199
Ästige Graslilie 22, 23, 172
Astlose Graslilie 22, 23, 172
Aufrechter
- Sauerklee 68, 69, 195
- Ziest 90, 91, 206
Aufrechtes Fingerkraut 68, 69, 195
Augentrost (Gebräuchlicher) 52, 53, 187
Ausdauerndes Bingelkraut 9, 160, 161, 241
Ausgebreitete Glockenblume 148, 149, 235

Bach-Nelkenwurz 108, 109, 215
Backenklee (Krautiger) 54, 55, 188
Baldrian
- Echter 114, 115, 218
- Gebräuchlicher 114, 115, 218
Balfours Springkraut 132, 133, 227
Bärenklau
- Mantegazzis 40, 41, 181
- Wiesen- 8, 38, 39, 180
Bärenlauch 9, 20, 21, 171
Bärlauch 9, 20, 21, 171
Beifuss (Gemeiner) 168, 169, 245
Beinwell 112, 113, 217
Berg-
- Haarstrang 42, 43, 182
- Jasione 140, 141, 231
- Kälberkropf 42, 43, 182
- Kronwicke 92, 93, 207
- Minze (Echte) 126, 127, 224
- Thymian (Echter) 126, 127, 224
- Weidenröschen 100, 101, 211
Berufskraut (Einjähriges) 48, 49, 185

Berufskraut
- Kanadisches 50, 51, 186
- Karwinskis 46, 47, 184
Betonie
- Echte 130, 131, 226
- Gebräuchliche 130, 131, 226
Bewimpertes Knopfkraut 50, 51, 186
Bingelkraut (Ausdauerndes) 9, 160, 161, 241
Bisamhyazinthe (Schopfige) 138, 139, 230
Bitterkraut (Habichtskrautartiges) 82, 83, 202
Bittersüss 112, 113, 217
Blassgelber Lerchensporn 28, 29, 175
Blauer Steinsame 150, 151, 236
Blaustern (Zweiblättriger) 136, 137, 229
Blut
- Weiderich 100, 101, 211
- Wurz 58, 59, 190
Blutroter Storchschnabel 9, 106, 107, 214
Bocksbart (Wiesen-) 82, 83, 202
Bohnenkraut 124, 125, 223
Borretsch 144, 145, 233
Borstige Glockenblume 146, 147, 234
Breitkölbchen (Weisses) 24, 25, 173
Breit-Wegerich 164, 165, 243
Brennessel (Grosse) 164, 165, 243
Brunelle (Gemeine) 128, 129, 225
Brustwurz 42, 43, 108, 109, 182, 215
Buchweizen (Echter) 30, 31, 176
Bunte Kronwicke 124, 125, 223
Busch-Windröschen 32, 33, 177

Dill (Echter) 70, 71, 196
Distel (Kugel-) 46, 47, 184
Doldiger Milchstern 22, 23, 172
Dornige Hauhechel 122, 123, 222
Dost 122, 123, 222
Drüsiger Gänsefuss 162, 163, 242
Drüsiges Springkraut 132, 133, 227
Dunkle
- Akalei 132, 133, 227
- Königskerze 60, 61, 191

Echte
- Bergminze 126, 127, 224
- Betonie 130, 131, 226
- Kamille 48, 49, 185
- Katzenminze 52, 53, 187
- Wallwurz 72, 73, 112, 113, 197, 217
Echter
- Baldrian 114, 115, 218
- Bergthymian 126, 127, 224
- Buchweizen 30, 31, 176
- Dill 70, 71, 196

Echter
- Honigklee 90, 91, 206
- Waldmeister 28, 29, 175
- Wundklee 92, 93, 207
Echtes
- Labkraut 60, 61, 191
- Löffelkraut 26, 27, 174
- Seifenkraut 104, 105, 213
Edel-Gamander 130, 131, 226
Ehrenpreis
- Ähriger 140, 141, 231
- Feinstieliger 138, 139, 230
- Gamander- 138, 139, 230
- Grosser 140, 141, 231
Eibisch (Gebräuchlicher) 106, 107, 214
Einbeere (Vierblättrige) 160, 161, 241
Einjährige Strohblume 118, 119, 220
Einjähriges Berufskraut 48, 49, 185
Eisenkraut 152, 153, 237
Engelwurz (Wald-) 42, 43, 108, 109, 182, 215
Enzian
- Lungen- 146, 147, 234
- Moor- 144, 145, 233
Erdbeere (Wald-) 34, 35, 178
Eseldistel 116, 117, 219
Esparsette
- Saat- 8, 120, 121, 221
- Sand- 8, 120, 121, 221

Färber-Hundskamille 80, 81, 201
Färberscharte 118, 119, 220
Färber-Waid 56, 57, 189
Feder-Nelke 34, 35, 178
Feinstieliger Ehrenpreis 138, 139, 230
Feld
- Hundskamille 48, 49, 185
- Löwenmaul 130, 131, 226
- Mannstreu 168, 169, 245
- Steinquendel 134, 135, 228
Felsen
- Fingerkraut 36, 37, 179
- Nelke (Steinbrech-) 102, 103, 212
Ferkelkraut
- Gewöhnliches 84, 85, 203
- Wiesen- 84, 85, 203
Fettkraut (Grosses) 32, 33, 177
Fingerkraut
- Aufrechtes 68, 69, 195
- Felsen- 36, 37, 179
- Gänse- 70, 71, 196
- Grauflaumiges 66, 67, 194
- Weisses 36, 37, 179
Flockenblume
- Gemeine 116, 117, 219
- Wiesen- 116, 117, 219
Flohkraut (Grosses) 3, 10, 78, 79, 200
Franzosenkraut 50, 51, 186
Frauenspiegel (Venus-) 148, 149, 235
Frühlings-
- Adonisröschen 72, 73, 197
- Knotenblume 18, 19, 170
- Safran 20, 21, 171

Verzeichnis der deutschen Pflanzennamen

Frühlings-Schlüsselblume 12, 74, 75, 198
Futter-Wicke 122, 123, 222

Gamander (Edel-) 130, 131, 226
Gamander-Ehrenpreis 138, 139, 230
Gänseblümchen 46, 47, 184
Gänsedistel
- Gemeine 86, 87, 204
- Kohl- 86, 87, 204
Gänse-Fingerkraut 70, 71, 196
Gänsefuss
- Drüsiger 162, 163, 242
- Weisser 162, 163, 242
Garten
- Mondviole 98, 99, 210
- Salbei 152, 153, 237
Gauklerblume 88, 89, 205
Gebirgs-Kälberkropf 42, 43, 182
Gebräuchliche Betonie 130, 131, 226
Gebräuchlicher
- Augentrost 52, 53, 187
- Baldrian 114, 115, 218
- Eibisch 106, 107, 214
- Steinsame 72, 73, 197
Gebräuchliches Seifenkraut 104, 105, 213
Gefleckte Taubnessel 128, 129, 225
Geflecktes Knabenkraut 96, 97, 209
Geissbart (Moor-) 36, 37, 179
Gelbe
- Hauhechel 92, 93, 207
- Reseda 74, 75, 198
Gelber Lerchensporn 60, 61, 191
Gelbes
- Labkraut 60, 61, 191
- Windröschen 64, 65, 193
Gelblicher Hohlzahn 52, 53, 187
Gemeine
- Brunelle 128, 129, 225
- Flockenblume 116, 117, 219
- Gänsedistel 86, 87, 204
- Kreuzblume 110, 111, 216
- Nelkenwurz 13, 66, 67, 194
- Ochsenzunge 150, 151, 236
- Pechnelke 102, 103, 212
- Pestwurz 12, 114, 115, 218
- Schafgarbe 50, 51, 186
- Wallwurz 72, 73, 197
- Weisswurz 20, 21, 171
Gemeiner
- Beifuss 168, 169, 245
- Hohlzahn 128, 129, 225
- Natterkopf 148, 149, 235
- Odermennig 70, 71, 196
- Rainfarn 76, 77, 199
- Sauerklee 34, 35, 178
- Tormentill 58, 59, 190
Gemeines
- Greiskraut 76, 77, 199
- Johanniskraut 62, 63, 192
- Leimkraut 38, 39, 180

Gemeines
- Leinkraut 86, 87, 204
- Sonnenröschen 62, 63, 192
Genfer Günsel 156, 157, 239
Geruchlose Strandkamille 48, 49, 185
Gewöhnliches
- Ferkelkraut 84, 85, 203
- Kreuzkraut 76, 77, 199
Ginsterblättriges Leinkraut 88, 89, 205
Glockenblume
- Ausgebreitete 148, 149, 235
- Borstige 146, 147, 234
- Knäuelblütige 148, 149, 235
- Nesselblättrige 150, 151, 236
- Rautenblättrige 150, 151, 236
- Scheuchzers 152, 153, 237
Gold
- Aster 76, 77, 199
- Hahnenfuss 66, 67, 194
Goldrute (Spätblühende) 80, 81, 201
Grasblättrige
- Schwertlilie 136, 137, 229
- Skabiose 142, 143, 232
Grasblättriger Hahnenfuss 62, 63, 192
Graslilie
- Ästige 22, 23, 172
- Astlose 22, 23, 172
Grauflaumiges Fingerkraut 66, 67, 194
Greiskraut
- Gemeines 76, 77, 199
- Jakobs- 80, 81, 201
Grossblütige Königskerze 60, 61, 191
Grosse Brennessel 164, 165, 243
Grosser
- Ehrenpreis 140, 141, 231
- Mauerpfeffer 32, 33, 177
- Wiesenknopf 98, 99, 210
Grosses
- Fettkraut 32, 33, 177
- Flohkraut 3, 10, 78, 79, 200
- Windröschen 36, 37, 179
Grüne Nieswurz 166, 167, 244
Gundelrebe 154, 155, 238
Günsel
- Genfer 156, 157, 239
- Kriechender 154, 155, 238

Haarstrang (Berg-) 42, 43, 182
Habermark 82, 83, 202
Habichtskraut (Langhaariges) 82, 83, 202
Habichtskrautartiges Bitterkraut 82, 83, 202
Hahnenfuss
- Acker- 64, 65, 193
- Gold- 66, 67, 194
- Grasblättriger 62, 63, 192

Hahnenfuss
- Knolliger 8, 64, 65, 193
- Kriechender 64, 65, 193
- Scharfer 62, 63, 192
Hasenglöckchen (Spanisches) 11, 136, 137, 229
Hasenlattich 118, 119, 220
Hasenohr (Sichelblättriges) 70, 71, 196
Hauhechel
- Dornige 122, 123, 222
- Gelbe 92, 93, 207
- Rundblättrige 124, 125, 223
Hederich 26, 27, 174
Heilwurz 42, 43, 182
Herzblatt 10, 30, 31, 176
Herzblatt (Sumpf-) 10, 30, 31, 176
Hirschheil 42, 43, 182
Hirsemelde 162, 163, 242
Hohes Veilchen 146, 147, 234
Hohlknolliger Lerchensporn 100, 101, 211
Hohlzahn
- Gelblicher 52, 53, 187
- Gemeiner 128, 129, 225
- Schmalblättriger 130, 131, 226
Honigklee
- Echter 90, 91, 206
- Weisser 54, 55, 188
Hopfenklee 90, 91, 206
Hornklee (Wiesen-) 90, 91, 206
Hufeisenklee 8, 94, 95, 208
Huflattich 80, 81, 211
Hühnerdarm 9, 32, 33, 177
Hundskamille
- Acker- 48, 49, 185
- Färber- 80, 81, 201
- Feld- 48, 49, 185

Immenblatt 126, 127, 224

Jakobs
- Greiskraut 80, 81, 201
- Kreuzkraut 80, 81, 201
Jasione (Berg-) 140, 141, 231
Johanniskraut
- Gemeines 62, 63, 192
- Tüpfel- 62, 63, 192

Kälberkropf (Hecken-) 42, 43, 182
Kamille (Echte) 48, 49, 185
Kanadisches Berufskraut 50, 51, 186
Karde (Schlitzblättrige) 46, 47, 184
Karwinskis Berufskraut 46, 47, 184
Katzenminze (Echte) 52, 53, 187
Kerbel (Wiesen-) 8, 40, 41, 181
Klatsch-Mohn 3, 98, 99, 210
Klee
- Kriechender 54, 55, 188
- Purpur- 120, 121, 221
- Rot- 120, 121, 221
- Roter Wiesen- 120, 121, 221
Kleine Kronwicke 94, 95, 208
Kleiner Wiesenknopf 164, 165, 243

247

Verzeichnis der deutschen Pflanzennamen

Kleines Springkraut 88, 89, 205
Kleinköpfiger Pippau 84, 85, 203
Knabenkraut (Geflecktes) 96, 97, 209
Knäuelblütige Glockenblume 148, 149, 235
Knoblauchhederich 24, 25, 173
Knolliger Hahnenfuss 8, 64, 65, 193
Knopfkraut (Bewimpertes) 50, 51, 186
Knotenblume (Frühlings-) 18, 19, 170
Knöterich (Ampferblättriger) 110, 111, 216
Knotige Wallwurz 112, 113, 217
Knotiger Storchschnabel 106, 107, 214
Kohl-Gänsedistel 86, 87, 204
Kommeline 138, 139, 230
Königskerze
- Dunkle 60, 61, 191
- Grossblütige 60, 61, 191
Kornblume 3, 152, 153, 237
Kornrade 12, 102, 103, 212
Kratzdistel
- Acker- 9, 116, 117, 219
- Sumpf- 118, 119, 220
Krautiger Backenklee 54, 55, 188
Kreuzblume (Gemeine) 110, 111, 216
Kreuzkraut
- Gewöhnliches 76, 77, 199
- Jakobs- 80, 81, 201
Kriechender
- Günsel 154, 155, 238
- Hahnenfuss 64, 65, 193
- Klee 54, 55, 188
- Wiesenklee 54, 55, 188
Krokus 20, 21, 171
Kronwicke
- Berg- 92, 93, 207
- Bunte 124, 125, 223
- Kleine 94, 95, 208
- Scheiden- 92, 93, 207
Kuckuckslichtnelke 106, 107, 214
Kugeldistel 46, 47, 184
Kugelköpfiger Lauch 96, 97, 209
Kuhkraut 104, 105, 213
Kuhnelke 104, 105, 213
Kümmel
- Acker-Schwarz- 142, 143, 232
- Wiesen- 40, 41, 181
Labkraut
- Echtes 60, 61, 191
- Gelbes 60, 61, 191
- Ungleichblättriges 28, 29, 175
- Weisses 26, 27, 174
Lamarcks Nachtkerze 56, 57, 189
Langblättriges Waldvögelein 24, 25, 173
Langhaariges Habichtskraut 82, 83, 202
Lattich (Wilder) 86, 87, 204
Lauch (Kugelköpfiger) 96, 97, 209

Lauch
- Niedlicher 96, 97, 209
- Schöner 96, 97, 209
Leberblümchen 34, 35, 144, 145, 178, 233
Leimkraut
- Gemeines 38, 39, 180
- Nickendes 38, 39, 180
Leinkraut
- Gemeines 86, 87, 204
- Ginsterblättriges 88, 89, 205
- Mauer- 134, 135, 228
Lerchensporn
- Blassgelber 28, 29, 175
- Gelber 60, 61, 191
- Hohlknolliger 100, 101, 211
Lichtnelke (Kuckucks-) 106, 107, 214
Löffelkraut (Echtes) 26, 27, 174
Löwenmaul (Feld-) 130, 131, 226
Löwenschwanz 132, 133, 227
Löwenzahn
- Steifhaariger 82, 83, 202
- Wiesen- 8, 11, 84, 85, 203
Löwenzahnblättriger Pippau 84, 85, 203
Lungen-Enzian 146, 147, 234
Luzerne (Saat-) 156, 157, 239

Maiglöckchen 20, 21, 171
Majoran (Wilder) 122, 123, 222
Malve
- Rosen- 110, 111, 216
- Wilde 104, 105, 213
Mannstreu
- Amethystfarbene 144, 145, 233
- Feld- 168, 169, 245
Mantegazzis Bärenklau 40, 41, 181
Märzenglöckchen 18, 19, 170
Massliebchen 46, 47, 184
Mauer-Leinkraut 134, 135, 228
Mauerpfeffer
- Grosser 32, 33, 177
- Milder 68, 69, 195
- Scharfer 68, 69, 195
- Weisser 32, 33, 177
Milchstern (Doldiger) 22, 23, 172
Milder Mauerpfeffer 68, 69, 195
Minze (Acker-) 126, 127, 224
Mittlere Winterkresse 58, 59, 190
Mittlerer Wegerich 28, 29, 164, 165, 175, 243
Mohn (Klatsch-) 98, 99, 210
Möhre 40, 41, 181
Mondviole
- Garten- 98, 99, 210
- Zweijährige 98, 99, 210
Moor-
- Enzian 144, 145, 233
- Geissbart 36, 37, 179
- Spierstaude 36, 37, 179

Nachtkerze (Lamarcks-) 56, 57, 189

Natternkopf (Gemeiner) 148, 149, 235
Nelke
- Feder- 34, 35, 178
- Rauhe 104, 105, 213
Nelkenwurz
- Bach- 108, 109, 215
- Gemeine 13, 66, 67, 194
Nesselblättrige Glockenblume 150, 151, 236
Nestwurz 168, 169, 245
Nickender Zweizahn 78, 79, 200
Nickendes Leimkraut 38, 39, 180
Niedlicher Lauch 96, 97, 209
Nieswurz
- Grüne 166, 167, 244
- Stinkende 166, 167, 244

Ochsenzunge (Gemeine) 150, 151, 236
Odermennig (Gemeiner) 70, 71, 196

Pechnelke (Gemeine) 102, 103, 212
Perlhuhn-Schachblume 96, 97, 209
Pestwurz (Gemeine) 12, 114, 115, 218
Pfingstrose 134, 135, 228
Pippau
- Kleinköpfiger 84, 85, 203
- Löwenzahnblättriger 84, 85, 203
- Wiesen- 86, 87, 204
Platterbse (Wiesen-) 94, 95, 208
Purpur-Klee 120, 121, 221
Pyrenäen-Storchschnabel 110, 111, 216

Quirlige Salbei 156, 157, 239

Rainfarn (Gemeiner) 76, 77, 199
Rapunzel (Ährige) 44, 45, 183
Raue Nelke 104, 105, 213
Rautenblättrige Glockenblume 150, 151, 236
Reismelde 162, 163, 242
Reisspinat 162, 163, 242
Reseda (Gelbe) 74, 75, 198
Rettich (Acker-) 26, 27, 174
Rindsauge (Weidenblättriges) 78, 79, 200
Rittersporn (Acker-) 156, 157, 239
Rosen-Malve 110, 111, 216
Rot-Klee 120, 121, 221
Rote Waldnelke 10, 102, 103, 212
Roter Wiesen-Klee 120, 121, 221
Rübe (Wilde) 40, 41, 181
Rundblättrige Hauhechel 124, 125, 223
Ruprechtskraut 108, 109, 215

Saat
- Esparsette 120, 121, 221
- Luzerne 156, 157, 239
Safran (Frühlings-) 20, 21, 171
Salbei
- Garten- 152, 153, 237
- Quirlige 156, 157, 239
- Wiesen- 154, 155, 238
Salomonssiegel 9, 20, 21, 171
Sand-Esparsette 120, 121, 221

248

Verzeichnis der deutschen Pflanzennamen

Sand-Schaumkresse 26, 27, 174
Sauerampfer (Wiesen-) 168, 169, 245
Sauerklee
- Aufrechter 68, 69, 195
- Gemeiner 34, 35, 178
Schachblume (Perlhuhn-) 96, 97, 209
Schafgarbe (Gemeine) 50, 51, 186
Schaftlose Schlüsselblume 74, 75, 198
Scharbockskraut 72, 73, 197
Scharfer
- Hahnenfuss 62, 63, 192
- Mauerpfeffer 68, 69, 195
Schattenblume (Zweiblättrige) 18, 19, 170
Schaumkraut (Wiesen-) 98, 99, 210
Schaumkresse (Sand-) 26, 27, 174
Scheiden-Kronwicke 92, 93, 207
Scheuchzers Glockenblume 152, 153, 237
Schlitzblättrige Karde 46, 47, 184
Schlupfsame 116, 117, 219
Schlüsselblume
- Frühlings- 74, 75, 198
- Schaftlose 74, 75, 198
- Wald- 74, 75, 198
Schmalblättrige Spornblume 134, 135, 228
Schmalblättriger Hohlzahn 130, 131, 226
Schneeglöckchen 18, 19, 170
Schöllkraut 9, 58, 59, 190
Schöner Lauch 96, 97, 209
Schopfige Bisamhyazinthe 138, 139, 230
Schotenklee 90, 91, 206
Schwalbenwurz 11, 30, 31, 176
Schwarz-Kümmel (Acker-) 142, 143, 232
Schwertlilie
- Grasblättrige 136, 137, 229
- Sibirische 136, 137, 229
Séguiers Wolfsmilch 158, 159, 240
Seifenkraut
- Echtes 104, 105, 213
- Gebräuchliches 104, 105, 213
Senf (Acker-) 9, 58, 59, 190
Sibirische Schwertlilie 136, 137, 229
Sichelblättriges Hasenohr 70, 71, 196
Sigmarswurz 110, 111, 216
Skabiose
- Grasblättrige 142, 143, 232
- Südliche 142, 143, 232
Sommerglöckchen 3, 13, 18, 19, 170
Sonnenröschen (Gemeines) 62, 63, 192
Spanisches Hasenglöckchen 11, 136, 137, 229
Spargelerbse 94, 95, 208
Spätblühende Goldrute 80, 81, 201

Spierstaude (Moor-) 36, 37, 179
Spitzwegerich 11, 162, 163, 242
Spornblume (Schmalblättrige) 134, 135, 228
Springkraut
- Balfours 132, 133, 227
- Drüsiges 132, 133, 227
- Kleines 88, 89, 205
- Wald- 88, 89, 205
Steifhaariger Löwenzahn 82, 83, 202
Steinbrech-Felsennelke 102, 103, 212
Steinquendel (Feld-) 134, 135, 228
Steinsame
- Blauer 150, 151, 236
- Gebräuchlicher 72, 73, 197
Stengelumfassendes Täschelkraut 22, 23, 172
Stiefmütterchen (Acker-) 44, 45, 183
Stinkende Nieswurz 166, 167, 244
Storchschnabel
- Blutroter 13, 106, 107, 214
- Knotiger 106, 107, 214
- Pyrenäen- 110, 111, 216
Strandkamille (Geruchlose) 48, 49, 185
Strohblume (Einjährige) 118, 119, 220
Studentenröschen 30, 31, 176
Südliche Skabiose 142, 143, 232
Sumpf-
- Herzblatt 10, 30, 31, 176
- Kratzdistel 118, 119, 220
- Vergissmeinnicht 142, 143, 232
- Wolfsmilch 158, 159, 240

Tabak (Virginischer) 112, 113, 217
Täschelkraut (Stengelumfassendes) 22, 23, 172
Taubnessel
- Acker- 128, 129, 225
- Gefleckte 128, 129, 225
- Weisse 52, 53, 187
Thymian (Echter Berg-) 126, 127, 224
Tollkraut 114, 115, 218
Tormentill (Gemeiner) 58, 59, 190
Trollblume 66, 67, 194
Tüpfel-Johanniskraut 62, 63, 192

Ungleichblättriges Labkraut 28, 29, 175

Veilchen
- Hohes 146, 147, 234
- Wohlriechendes 146, 147, 234
Venus-Frauenspiegel 148, 149, 235
Vergissmeinnicht (Sumpf-) 142, 143, 232
Vierblättrige Einbeere 160, 161, 241
Virginischer Tabak 112, 113, 217
Vogelmiere 32, 33, 177

Vogel-Wicke 158, 159, 240

Waid (Färber-) 56, 57, 189
Wald
- Engelwurz 42, 43, 108, 109, 182, 215
- Erdbeere 34, 35, 178
- Meister (Echter) 28, 29, 175
- Nelke (Rote) 10, 102, 103, 212
- Nelke (Weisse) 38, 39, 180
- Schlüsselblume 74, 75, 198
- Springkraut 88, 89, 205
- Vögelein (Langblättriges) 24, 25, 173
- Wicke 54, 55, 188
- Ziest 126, 127, 224
Wallwurz
- Echte 72, 73, 112, 113, 197, 217
- Gemeine 72, 73, 112, 113, 197, 217
- Knotige 112, 113, 217
Walzen-Wolfsmilch 56, 57, 189
Wasserdost 114, 115, 218
Wegerich
- Breit- 9, 164, 165, 243
- Mittlerer 9, 28, 29, 164, 165, 175, 243
- Spitz- 9, 11, 162, 163, 242
Wegwarte 154, 155, 238
Weidenblättriges Rindsauge 78, 79, 200
Weidenröschen
- Berg- 100, 101, 211
- Zottiges 100, 101, 211
Weiderich (Blut-) 100, 101, 211
Weisse
- Taubnessel 52, 53, 187
- Waldnelke 38, 39, 180
- Zaunrübe 166, 167, 244
Weisser
- Gänsefuss 162, 163, 242
- Honigklee 54, 55, 188
- Mauerpfeffer 32, 33, 177
Weisses
- Breitkölbchen 24, 25, 173
- Fingerkraut 36, 37, 179
- Labkraut 26, 27, 174
Weisswurz (Gemeine) 20, 21, 171
Wermut 9, 76, 77, 199
Wicke
- Futter- 122, 123, 222
- Vogel- 158, 159, 240
- Wald- 54, 55, 188
- Zaun- 122, 123, 158, 159, 222, 240
Wiesen-
- Alant 78, 79, 200
- Bärenklau 8, 38, 39, 180
- Bocksbart 82, 83, 202
- Ferkelkraut 84, 85, 203
- Flockenblume 116, 117, 219
- Hornklee 90, 91, 206
- Kerbel 8, 40, 41, 181
- Klee (Kriechender) 54, 55, 188
- Klee (Rot-er) 120. 121, 221
- Knopf (Grosser) 98, 99, 210
- Knopf (Kleiner) 164, 165, 243
- Kümmel 40, 41, 181¨
- Löwenzahn 8, 11, 84, 85, 203

249

Verzeichnis der deutschen Pflanzennamen

Wiesen
- Pippau 86, 87, 204
- Platterbse 94, 95, 208
- Raute (Akaleiblättrige) 108, 109, 215
- Salbei 154, 155, 238
- Sauerampfer 168, 169, 245
- Schaumkraut 8, 98, 99, 210

Wilde
- Malve 104, 105, 213
- Rübe 40, 41, 181

Wilder
- Lattich 86, 87, 204
- Majoran 122, 123, 222

Winde
- Acker- 9, 44, 45, 183
- Zaun- 44, 45, 183

Windröschen
- Busch- 32, 33, 177
- Gelbes 64, 65, 193
- Grosses 36, 37, 179

Winterkresse (Mittlere) 58, 59, 190
Wirbeldost 124, 125, 223
Witwenblume (Acker-) 140, 141, 231
Wohlriechendes Veilchen 146, 147, 234
Wolfsfuss 24, 25, 173
Wolfmilch 160, 161, 241
Wolfsmilch
- Séguiers- 158, 159, 240
- Sumpf- 158, 159, 240
- Walzen- 56, 57, 189
- Zypressen- 56, 57, 189
Wundklee (Echter) 92, 93, 207

Ysop 50, 51, 186

Zaunrübe
- Weisse 166, 167, 244
- Zweihäusige 166, 167, 244

Zaun
- Wicke 122, 123, 158, 159, 222, 240
- Winde 44, 45, 183
Zichorie 154, 155, 238
Ziest
- Aufrechter 90, 91, 206
- Wald- 126, 127, 224
Zimbelkraut 134, 135, 228
Zistrose 30, 31, 176
Zottiges Weidenröschen 100, 101, 211
Zweiblättrige Schattenblume 18, 19, 170
Zweiblättriger Blaustern 136, 137, 229
Zweihäusige Zaunrübe 166, 167, 244
Zweijährige Mondviole 98, 99, 210
Zweizahn (Nickender) 78, 79, 200
Zypressen-Wolfsmilch 56, 57, 189

Verzeichnis der französischen Pflanzennamen

Achillée millefeuille 50, 51, 186
Adonis du printemps 72, 73, 197
Agripaume cardiaque 132, 133, 227
Aigremoine eupatoire 70, 71, 196
Ail
- à tête ronde 96, 97, 209
- des ours 9, 20, 21, 171
- joli 96, 97, 209
Alliaire pétiolée 24, 25, 173
Ancolie noirâtre 132, 133, 227
Anémone
- des bois 32, 33, 177
- des forêts 36, 37, 179
- fausse renoncule 64, 65, 193
Aneth odorant 70, 71, 196
Angélique sauvage 11, 42, 43, 108, 109, 182, 215
Anthémis
- des champs 48, 49, 185
- des teinturiers 80, 81, 201
Anthéricum
- à fleurs de lis 22, 23, 172
- rameux 22, 23, 172
Anthyllide vulnéraire 92, 93, 207
Armoise
- absinthe 9, 76, 77, 199
- vulgaire 168, 169, 245
Arum tacheté 160, 161, 241
Aster linosyris 76, 77, 199
Attrape-mouche 102, 103, 212

Barbarée intermédiaire 58, 59, 190
Benoîte
- commun 13, 66, 67, 194
- des ruisseaux 108, 109, 215
Berce
- de Mantegazzi 40, 41, 181
- des prés 8, 38, 39, 180

Bident penché 78, 79, 200
Blé noir 30, 31, 176
Bleuet 3, 152, 153, 237
Bonhomme 60, 61, 191
Boule d'or 66, 67, 194
Bourrache officinale 144, 145, 233
Bouton-d'or 62, 63, 192
Brunelle vulgaire 128, 129, 225
Bryone
- blanche 166, 167, 244
- dioïque 166, 167, 244
Bugle
- de Genève 156, 157, 239
- rampante 154, 155, 238
Buglosse officinale 150, 151, 236
Bugrane
- à feuilles rondes 124, 125, 223
- épineuse 122, 123, 222
- jaune 92, 93, 207
Buphthalme à feuilles de saule 78, 79, 200
Buplèvre en faux 70, 71, 196

Camomille
- inodore 48, 49, 185
- vraie 48, 49, 185
Campanule
- à feuilles rhomboïdales 150, 151, 236
- agglomérée 148, 149, 235
- cervicaire 146, 147, 234
- de Scheuchzer 152, 153, 237
- étalée 148, 149, 235
- gantelée 150, 151, 236
Cardamine des prés 8, 98, 99, 210
Cardaminopsis des sables 26, 27, 174
Cardère découpée 46, 47, 184
Carotte 40, 41, 181

Centaurée jacée 116, 117, 219
Centranthe à feuilles étroites 134, 135, 228
Cephalanthère à longues feuilles 24, 25, 173
Cerfeuil des prés 8, 40, 41, 181
Chélidoine 9, 58, 59, 190
Chénopode 162, 163, 242
Chénopode
- blanc 162, 163, 242
- botryde 162, 163, 242
Chéropylle enivrant 42, 43, 182
Chicorée
- jaune 86, 87, 204
- sauvage 154, 155, 238
Cirse
- des champs 9, 116, 117, 219
- des marais 118, 119, 220
Ciste à feuilles de sauge 30, 31, 176
Comméline commune 138, 139, 230
Compagnon
- blanc 38, 39, 180
- rouge 10, 102, 103, 212
Consoude
- officinale 72, 73, 112, 113, 217, 197
- tubéreuse 112, 113, 217
Coquelicot 3, 98, 99, 210
Coronille
- bigarrée 124, 125, 223
- en couronne 92, 93, 207
- engainante 92, 93, 207
Corydale
- à tubercule creux 100, 101, 211
- jaune 60, 61, 191
- jaune pâle 28, 29, 175
Cranson officinal 26, 27, 174
Crépide
- à vésicules 84, 85, 203
- bisannuelle 86, 87, 204
- capillaire 84, 85, 203
Crocus du printemps 20, 21, 171

Verzeichnis der französischen Pflanzennamen

Crupine vulgaire 116, 117, 219
Cumin des prés 40, 41, 181
Cymbalaire Ruine-de-Rome 134, 135, 228

Dame-d'onze-heures 22, 23, 172
Damier 96, 97, 209
Dauphinelle consoude 156, 157, 239
Dompte-venin officinal 30, 31, 176
Dorycnium herbacé 54, 55, 188

Echinops à tête ronde 46, 47, 184
Ellébore
- fétide 166, 167, 244
- vert 166, 167, 244
Epervière piloselle 82, 83, 202
Epiaire
- des forêts 126, 127, 224
- droite 90, 91, 206
- officinale 130, 131, 226
Epilobe
- des montagnes 100, 101, 211
- hérissé 100, 101, 211
Esparcette
- à feuilles de vesce 8, 120, 121, 221
- des sables 8, 120, 121, 221
Eupatoire chanvrine 114, 115, 218
Euphorbe
- characias 160, 161, 241
- de Corse 56, 57, 189
- de Séguier 158, 159, 240
- des marais 158, 159, 240
- faux cyprès 56, 57, 189
Euphraise de Rostkov 52, 53, 187

Fausse camomille 48, 49, 185
Fraisier des bois 34, 35, 178
Fritillaire pintade 96, 97, 209

Gaillet
- à feuilles inégales 28, 29, 175
- blanc 26, 27, 174
- commun 26, 27, 174
- jaune 60, 61, 191
- odorant 28, 29, 175
Galéopsis
- à feuilles étroites 130, 131, 226
- des moissons 52, 53, 187
- tetrahit 128, 129, 225
Galinsoga cilié 50, 51, 186
Gentiane pneumonanthe 146, 147, 234
Géranium
- des Pyrénées 110, 111, 216
- herbe-à-Robert 108, 109, 215
- noueux 106, 107, 214
- sanguin 13, 106, 107, 214
Germandrée petit chêne 130, 131, 226
Gesse des prés 94, 95, 208
Grand orpin 32, 33, 177
Grand plantain 164, 165, 243

Grand tabac 112, 113, 217
Grande mauve 104, 105, 213
Grémil
- officinal 72, 73, 197
- pourpre bleu 150, 151, 236
Guimauve officinale 106, 107, 214

Hélianthème nummulaire 62, 63, 192
Hépatique à trois lobes 34, 35, 144, 145, 178, 233
Herbe-aux-chat 52, 53, 187
Herbe-aux-coitrons 76, 77, 199
Herbe-de-Saint-Jacques 80, 81, 201
Herbes-aux-verrues 58, 59, 190
Hippocrépide à toupet 8, 94, 95, 208
Hysope officinal 50, 51, 186

Impatiente
- à petites fleurs 88, 89, 205
- de Balfour 132, 133, 227
- glanduleuse 132, 133, 227
- n'y-touchez-pas 88, 89, 205
Inule britannique 78, 79, 200
Iris
- de Sibérie 136, 137, 229
- graminée 136, 137, 229

Jacinthe 11, 136, 137, 229
Jasione des montagnes 140, 141, 231

Knautie des champs 140, 141, 231

Laiteron maraîcher 86, 87, 204
Lamier
- blanc 52, 53, 187
- rouge 128, 129, 225
- tacheté 128, 129, 225
Latue serriole 86, 87, 204
Legousie miroir-de-Venus 148, 149, 235
Lierre terrestre 154, 155, 238
Linaire 88, 89, 205
Linaire vulgaire 86, 87, 204
Liondent hispide 82, 83, 202
Liseron
- des champs 9, 44, 45, 183
- des haies 44, 45, 183
Loméliosie à feuilles de graminée 142, 143, 232
Lotier
- commun 90, 91, 206
- maritime 94, 95, 208
Lunaire annuelle 98, 99, 210
Luzerne
- cultivée 156, 157, 239
- lupuline 90, 91, 206
Lycope d'Europe 24, 25, 173
Lythrum calisaire 100, 101, 211

Marjolaine sauvage 122, 123, 222
Mauve alcée 110, 111, 216

Mélilot
- blanc 54, 55, 188
- officinal 90, 91, 206
Mélitte à feuilles de mélisse 126, 127, 224
Menthe des champs 126, 127, 224
Mercuriale vivace 9, 160, 161, 241
Millepertuis perforé 62, 63, 192
Mimule tacheté 12, 88, 89, 205
Minette 90, 91, 206
Molène
- à fleurs denses 60, 61, 191
- noire 60, 61, 191
Monnaie-du-pape 98, 99, 210
Morelle douce-amère 112, 113, 217
Mouron-des-oiseaux 9, 32, 33, 177
Moutarde des champs 9, 58, 59, 190
Muflier des champs 130, 131, 226
Muguet de mai 20, 21, 171
Muscari à houppe 138, 139, 230
Myosotis des marais 142, 143, 232

Néottie nid-d'oiseau 168, 169, 245
Népéta chataire 52, 53, 187
Nielle des blés 12, 102, 103, 212
Nigelle des champs 142, 143, 232
Nivéole
- d'été 3, 13, 18, 19, 170
- du printemps 18, 19, 170

Oeillet
- arméria 104, 105, 213
- mignardise 34, 35, 178
Onagre bisannuelle 56, 57, 189
Onoporde ancanthe 116, 117, 219
Orchis tacheté 96, 97, 209
Origan vulgaire 122, 123, 222
Orpin
- âcre 68, 69, 195
- à six angles 68, 69, 195
- blanc 32, 33, 177
- doux 68, 69, 195
Ortie
- blanche 52, 53, 187
- dioïque 164, 165, 243
- morte 128, 129, 225
- puante 126, 127, 224
- rouge 128, 129, 225
- royale 128, 129, 225
Oxalis
- des fontaines 68, 69, 195
- petite-oseille 34, 35, 178

Panicaut 144, 145, 233
Panicaut champêtre 168, 169, 245
Pariseite à quatre feuilles 160, 161, 241
Parnassie des marais 10, 30, 31, 176
Pâquerette vivace 46, 47, 184
Pas-d'âne 80, 81, 201
Pastel 56, 57, 189
Patte-d'ours 8, 38, 39, 180
Pensée tricolore 44, 45, 183
Perce-neige 18, 19, 170
Pétard 38, 39, 180

Verzeichnis der französischen Pflanzennamen

Pétasite hybride 12, 114, 115, 218
Petit muguet 18, 19, 170
Petite
- coronille 94, 95, 208
- pimprenelle 164, 165, 243
- potentille 66, 67, 194
Petrorhagia saxifraga 102, 103, 212
Peucédan des montagnes 42, 43, 182
Picride fausse épervière 82, 83, 202
Pigamon à feuilles d'ancolie 108, 109, 215
Pied de loup 24, 25, 173
Pied-de-veau 160, 161, 241
Pimprenelle officinale 98, 99, 210
Pissenlit 11, 84, 85, 203
Pivoine officinale 134, 135, 228
Plantain
- Grand- 9, 164, 165, 243
- lancéolé 9, 11, 162, 163, 242
- moyen 28, 29, 164, 165, 175, 243
Platanthère à fleurs blanches 24, 25, 173
Poivre de muraille 68, 69, 195
Polygala vulgaris 110, 111, 216
Porcelle enracinée 84, 85, 203
Potentille
- ansérine 70, 71, 196
- blanche 36, 37, 179
- des rochers 36, 37, 179
- dressée 58, 59, 190
- droite 68, 69, 195
Prénanthe pourpre 118, 119, 220
Primevère
- du printemps 12, 74, 75, 198
- élevée 74, 75, 198
- vulgaire 74, 75, 198
Pulicaria dysentérique 3, 78, 79, 200

Radis ravenelle 26, 27, 174
Raponce en épi 44, 45, 183

Reine-des-prés 36, 37, 179
Renoncule
- âcre 62, 63, 192
- bulbeuse 8, 64, 65, 193
- des champs 64, 65, 193
- ficaire 72, 73, 197
- graminée 62, 63, 192
- rampante 64, 65, 193
- tête-d'or 66, 67, 194
Renouée à feuilles de patience 110, 111, 216
Réséda jaune 74, 75, 198
Rumex oseille 168, 169, 245

Salsifis des prés 82, 83, 202
Saponaire officinale 104, 105, 213
Sarrasin commun 30, 31, 176
Sarriette
- acinos 134, 135, 228
- commune 124, 125, 223
- népéta 126, 127, 224
- vulgaire 124, 125, 223
Sauge
- des prés 154, 155, 238
- officinale 152, 153, 237
- verticillée 156, 157, 239
Scabieuse à trois étamines 142, 143, 232
Sceau-de-Salomon 9, 20, 21, 171
Scilla à deux feuilles 136, 137, 229
Scopolia 114, 115, 218
Séneçon vulgaire 76, 77, 199
Serratule des teinturiers 118, 119, 220
Séséli libanotis 42, 43, 182
Silène
- des prés 38, 39, 180
- dioïque 10, 102, 103, 212
- enflé 38, 39, 180
- fleur-de-coucou 11, 106, 107, 214

Silène
- penché 38, 39, 180
- viscaire 102, 103, 212
Solidage géant 80, 81, 201
Surette 168, 169, 245
Swertia vivace 144, 145, 233

Tabouret perfolié 22, 23, 172
Tanaisie vulgaire 76, 77, 199
Tormentille 58, 59, 190
Trèfle
- des prés 120, 121, 221
- pourpre 120, 121, 221
- rampant 54, 55, 188
Trolle d'Europe 66, 67, 194

Vaccaire d'Espagne 104, 105, 213
Valériane officinale 114, 115, 218
Vergerette
- annuelle 48, 49, 185
- de Karwinski 46, 47, 184
- du Canada 50, 51, 186
Véronique
- en épi 140, 141, 231
- filiforme 138, 139, 230
- germandrée 140, 141, 231
- petit-chêne 138, 139, 230
Verveine officinale 13, 152, 153, 237
Vesce
- cracca 158, 159, 240
- cultivée 122, 123, 222
- des bois 54, 55, 188
- des haies 122, 123, 158, 159, 222, 240
Violette
- élevée 146, 147, 234
- odorante 146, 147, 234
Vipérine vulgaire 148, 149, 235

Xeranthème annuel 118, 119, 220

Verzeichnis der italienischen Pflanzennamen

Acetosella
- dei boschi 34, 35, 178
- minore 68, 69, 195
Acino annuale 134, 135, 228
Adonice gialla 72, 73, 197
Aglio
- delle bisce 96, 97, 209
- grazioso 96, 97, 209
- orsino 9, 20, 21, 171
Agrimonia comune 70, 71, 196
Alliaria comune 24, 25, 173
Altea comune 106, 107, 214
Amarella 168, 169, 245
Ambretta comune 140, 141, 231
Anemone
- bianca 32, 33, 177
- gialla 64, 65, 193
- silvestre 36, 37, 179
Aneto puzzolente 70, 71, 196

Angelica selvatica 11, 42, 43, 108, 109, 182, 215
Aquilegia scura 132, 133, 227
Arabetta sbandellata 26, 27, 174
Aspraggine comune 82, 83, 202
Assenzio
- selvatico 168, 169, 245
- vero 9, 76, 77, 199
Asteroide salicina 78, 79, 200
Astro spillo d'oro 76, 77, 199

Balsamina
- di Balfour 132, 133, 227
- ghiandolosa 132, 133, 227
- gialla 88, 89, 205
- minore 88, 89, 205
Barba di becco pratense 82, 83, 202
Barbone 166, 167, 244
Betonica comune 130, 131, 226

Bibinella 164, 165, 243
Billeri dei prati 8, 98, 99, 210
Borracina
- acre 68, 69, 195
- bianca 32, 33, 177
- insipida 68, 69, 195
- maggiore 32, 33, 177
Borragine comune 144, 145, 233
Botton d'oro 66, 67, 194
Brentina 30, 31, 176
Brionia
- bianca 166, 167, 244
- comune 166, 167, 244
Brunella 128, 129, 225
Bubbolini 38, 39, 180
Bucaneve 18, 19, 170
Buglossa comune 150, 151, 236
Bugula 154, 155, 238
Bupleuro falcato 70, 71, 196

Verzeichnis der italienischen Pflanzennamen

Caglio
- alpino 28, 29, 175
- bianco 26, 27, 174
- odoroso 28, 29, 175
- zolfina 60, 61, 191
Calcatreppola 144, 145, 233
Calcatreppola campestre 168, 169, 245
Camarezza a foglie sottili 134, 135, 228
Camedrio comune 130, 131, 226
Camomilla
- bastarda 48, 49, 185
- comune 48, 49, 185
- per tintori 80, 81, 201
- senza odore 48, 49, 185
Campanelle
- comuni 18, 19, 170
- maggiori 18, 19, 170
Campanula
- agglomerata 148, 149, 235
- bienne 148, 149, 235
- di Scheuchzer 152, 153, 237
- romboidale 150, 151, 236
- ruvida 146, 147, 234
- selvatica 150, 151, 236
Canapa acquatica 114, 115, 218
Canapetta
- a foglie stretta 130, 131, 226
- campestre 52, 53, 187
- comune 128, 129, 225
Cardiaca comune 132, 133, 227
Cardo
- campestre 9, 116, 117, 219
- di palude 118, 119, 220
- pallottola maggiore 46, 47, 184
Cariofillata
- comune 13, 66, 67, 194
- dei rivi 108, 109, 215
Carota selvatica 40, 41, 181
Carvi 40, 41, 181
Cefalantera maggiore 24, 25, 173
Celidonia 58, 59, 190
Centocchio comune 9, 32, 33, 177
Cerfoglio
- selvatico 8, 40, 41, 181
- ubriacante 42, 43, 182
Cerretta comune 118, 119, 220
Céspica
- annua 48, 49, 185
- karwinskiana 46, 47, 184
Cettino dei campi 104, 105, 213
Cicerchia dei prati 94, 95, 208
Cicoria comune 154, 155, 238
Cimbalaria 134, 135, 228
Cinquefoglia
- bianca 36, 37, 179
- diritta 68, 69, 195
- fragolaccia 36, 37, 179
- pelosetta 66, 67, 194
- pié d'oca 70, 71, 196
- tormentilla 58, 59, 190
Cisto femmina 30, 31, 176

Clinopodio dei boschi 124, 125, 223
Cochlearia medicinale 26, 27, 174
Colombina
- bianco-gialla 28, 29, 175
- cava 100, 101, 211
- gialla 60, 61, 191
Consolida 154, 155, 238
Consolida
- femmina 112, 113, 217
- maggiore 72, 73,112, 113, 217, 197
Cordiaca comune 132, 133, 227
Cornetta
- coronata 92, 93, 207
- ginestrina 124, 125, 223
- guainata 92, 93, 207
- minima 94, 95, 208
Costolina giuncolina 84, 85, 203
Croco bianco 20, 21, 171
Crotonella
- Fior di cuculo 11, 106, 107, 214
- viscaria 102, 103, 212
Crupina comune 116, 117, 219
Cumino tedesco 40, 41, 181

Damigella campestre 142, 143, 232
Dente di leone comune 82, 83, 202
Dianthus strisciante 34, 35, 178

Elianthemo maggiore 62, 63, 192
Elleboro
- puzzolente 166, 167, 244
- verde 166, 167, 244
Ellera terrestre 154, 155, 238
Enagra comune 56, 57, 189
Enula laurentiana 78. 79. 200
Erba
- amara selvatica 76, 77, 199
- brusca 168, 169, 245
- crociola 160, 161, 241
- da porri 9, 58, 59, 190
- dei gatti 52, 53, 187
- di Santa Barbara di Aosta 58, 59, 190
- di San Giovanni comune 62, 63, 192
- limona comune 126, 127, 224
- medica 156, 157, 239
- medica lupulina 90, 91, 206
- miseria asiatica 138, 139, 230
- perla azzurra 150, 151, 236
- perla maggiore 72, 73, 197
- pignola 68, 69, 195
- sega comune 24, 25, 173
- stoma perfogliata 22, 23, 172
- trinita 34, 35, 144, 145,178, 233
- zolfina 60, 61, 191
Euforbia
- cespugliosa 160, 161, 241
- cipressina 56, 57, 189
- di Séguier 158, 159, 240
- lattaiola 158, 159, 240
- myrsinithes 56, 57, 189
Eufrasia officinale 52, 53, 187

Falsa-ortica
- bianca 52, 53, 187
- macchiata 128, 129, 225
- purpurea 128, 129, 225
Farfaraccio maggiore 114, 115, 218
Farinello 162, 163, 242
Farinello
- comune 162, 163, 242
- botri 162, 163, 242
Finocchiella maggiore 42, 43, 182
Fiordaliso
- stoppione 116, 117, 219
- vero 3, 152, 153, 237
Forbicina intera 78, 79, 200
Fragola comune 34, 35, 178

Galinsoga ispida 50, 51, 186
Gallinetta comune 130, 131, 226
Garofanino
- d'acqua 100, 101, 211
- di montagna 100, 101, 211
- spaccasassi 102, 103, 212
Garofano a mazzetti 104, 105, 213
Gattaia comune 52, 53, 187
Genziana mettimborsa 146, 147, 234
Genzianella stellata 144, 145, 233
Geranio
- dei Pirenei 110, 111, 216
- di San Roberto 108, 109, 215
- nodoso 106, 107, 214
- sanguigno 13, 106, 107, 214
Giacinto 11, 136, 137, 229
Giacinto dal pennacchio 138, 139, 230
Giaggiolo
- siberiano 136, 137, 229
- susinario 136, 137, 229
Gigaro scuro 160, 161, 241
Giglio delle convalli 20, 21, 171
Ginestrino
- comune 90, 91, 206
- marittimo 94, 95, 208
Gittaione comune 12, 102, 103, 212
Glasto comune 56, 57, 189
Gramigna di Parnasso 18, 19, 170
Grano Saraceno comune 30, 31, 176
Grespino comune 86, 87, 204
Guado 56, 57, 189

Imbutini 150, 151, 236
Imperatoria apio-montano 42, 43, 182
Incensaria comune 3, 10, 78, 79, 200
Issopo 50, 51, 186
Iva
- comune 154, 155, 238
- ginevrina 156, 157, 239

Latte di gallina ad ombrella 22, 23, 172
Lattuga montana 118, 119, 220

253

Verzeichnis der italienischen Pflanzennamen

Lattuga selvatica 86, 87, 204
Lilioasfodelo
- maggiore 22, 23, 172
- minore 22, 23, 172
Linajola 88, 89, 205
Linajola comune 86, 87, 204
Lunaria meridionale 98, 99, 210
Lupinella
- comune 8, 120, 121, 221
- dei colli 8, 120, 121, 221

Malva
- alcea 110, 111, 216
- selvatica 104, 105, 213
Margheritina 46, 47, 184
Meleagride comune 96, 97, 209
Meliloto
- bianco 54, 55, 188
- comune 90, 91, 206
Menta campestre 126, 127, 224
Mentastro 3, 78, 79, 200
Mentuccia comune 126, 127, 224
Mercorella bastarda 9, 160, 161, 241
Millefoglio montano 50, 51, 186
Mimolo giallo 88, 89, 205
Morella rampicante 112, 113, 217

Nepetella 126, 127, 224
Nido d'ucello 168, 169, 245
Nontiscordardimè delle paludi 142, 143, 232

Olmaria comune 36, 37, 179
Ononide
- bacaja 92, 93, 207
- con foglu rotonde 124, 125, 223
- spinosa 122, 123, 222
Onopordo tomentoso 116, 117, 219
Orchide macchiata 96, 97, 209
Origano comune 122, 123, 222
Ortica comune 164, 165, 243

Panace
- comune 8, 38, 39, 180
- di Mantegazzi 40, 41, 181
Papavero comune 3, 98, 99, 210
Parnassia 10, 30, 31, 176
Pelosella 82, 83, 202
Peonia selvatica 134, 135, 228
Perpetuini maggiori 118, 119, 220
Piantaggine
- lanciuola 9, 11, 162, 163, 242
- maggiore 9, 164, 165, 243
- pelosa 9, 28, 29, 164, 165, 243, 175
Pigamo colombino 108, 109, 215

Platantera comune 24, 25, 173
Poligala comune 110, 111, 216
Poligono nodoso 110, 111, 216
Pratolina comune 46, 47, 184
Primavera 74, 75, 198
Primula
- comune 74, 75, 198
- odorosa 12, 74, 75, 198
- maggiore 74, 75, 198
Prunella comune 128, 129, 225

Radicchiella
- capillare 84, 85, 203
- dei prati 86, 87, 204
- vescicosa 84, 85, 203
Radicchio 154, 155, 238
Ranuncolo
- botton d'oro 66, 67, 194
- bulboso 8, 64, 65, 193
- comune 62, 63, 192
- dei campi 64, 65, 193
- favagelio 72, 73, 197
- graminèo 62, 63, 192
- strisciante 64, 65, 193
Raponzolo giallo 44, 45, 183
Ravanello selvatico 26, 27, 174
Reseda comune 74, 75, 198
Romice acetosa 168, 169, 245
Rosolaccio 98, 99, 210

Saeppola canadese 50, 51, 186
Salcerella comune 100, 101, 211
Salvastrella
- maggiore 98, 99, 210
- minore 164, 165, 243
Salvia
- comune 154, 155, 238
- domestica 152, 153, 237
- spuria 156, 157, 239
Santoreggia domestica 124, 125, 223
Saponaria comune 104, 105, 213
Scardaccione sfrangiato 46, 47, 184
Scilla silvestre 136, 137, 229
Scopolia 114, 115, 218
Senape selvatica 9, 58, 59, 190
Senecione
- comune 76, 77, 199
- di San Giacomo 80, 81, 201
Sferracavallo comune 94, 95, 208
Sigillo di Salomone comune 9, 20, 21, 171
Silene
- bianca 38, 39, 180
- ciondola 38, 39, 180

Silene
- dioica 10, 102, 103, 212
- rigonfia 38, 39, 180
Sparviere pelosetto 82, 83, 202
Specchio di venere comune 148, 149, 235
Speronella consolida 156, 157, 239
Stregona
- dei boschi 126, 127, 224
- gialla 90, 91, 206

Tabacco Virginia 112, 113, 217
Tanaceto 76, 77, 199
Tarassaco soffione 8, 11, 84, 85, 203
Tossilaggine comune 80, 81, 201
Trifoglino erbaceo 54, 55, 188
Trifoglio
- bianco 54, 55, 188
- pratense 120, 121, 221
- rosseggiante 120, 121, 221

Uva di volpe 160, 161, 241

Valeriana comune 114, 115, 218
Veccia
- delle siepi 122, 123, 158, 159, 222, 240
- dolce 122, 123, 222
- montanina 158, 159, 240
- silvana 54, 55, 188
Vedovella annuale 140, 141, 231
Vedovina
- a foglie sottili 142, 143, 232
- strisciante 142, 143, 232
Verbasco
- falso barbasco 60, 61, 191
- nero 60, 61, 191
Verbena comune 13, 152, 153, 237
Verge d'oro maggiore 80, 81, 201
Veronica
- comune 138, 139, 230
- filiforme 138, 139, 230
- maggiore 140, 141, 231
- spicata 140, 141, 231
Vilucchio
- bianco 44, 45, 183
- comune 9, 44, 45, 183
Vincetossico comune 11, 30, 31, 176
Viola
- del pensiero 44, 45, 183
- maggiore 146, 147, 234
- mammola 146, 147, 234
Viperina azzurra 148, 149, 235
Vulneraria comune 92, 93, 207

Zafferano alpino 20, 21, 171

Verzeichnis der lateinischen Pflanzennamen

Achillea millefolium 50, 51, 186
Acinos arvensis 134, 135, 228
Adonis vernalis 72, 73, 197
Agrimonia eupatoria 70, 71, 196

Agrostemma githago 102, 103, 212
Ajuga
- genevensis 156, 157, 239
- reptans 154, 155, 238

Alliaria petiolata 24, 25, 173
Allium
- pulchellum 96, 97, 209
- sphaerocephalon 96, 97, 209

Verzeichnis der lateinischen Pflanzennamen

Allium ursinum 9, 20, 21, 171
Althaea officinalis 106, 107, 214
Anchusa officinalis 150, 151, 236
Anemone
- nemorosa 32, 33, 177
- ranunculoides 64, 65, 193
- sylvestris 36, 37, 179
Anethum graveolens 70, 71, 196
Angelica sylvestris 11, 42, 43, 108, 109, 182, 215
Anthemis
- arvensis 48, 49, 185
- tinctoria 80, 81, 201
Anthericum
- liliago 22, 23, 172
- ramosum 22, 23, 172
Anthriscus sylvestris 8, 40, 41, 181
Anthyllis vulneraria 92, 93, 207
Aquilegia atrata 132, 133, 227
Artemisia
- absinthium 9, 76, 77, 199
- vulgaris 168, 169, 245
Arum maculatum 160, 161, 241
Aster linosyris 76, 77, 199

Barbarea intermedia 58, 59, 190
Bellis perennis 46, 47, 184
Betonica officinalis 130, 131, 226
Bidens cernua 78, 79, 200
Borago officinalis 144, 145, 232
Bryonia
- alba 166, 167, 244
- dioica 166, 167, 244
Buglossoides purpuro-caerulea 150, 151, 236
Buphthalmum salicifolium 78, 79, 200
Bupleurum falcatum 70, 71, 196

Calaminthe nepeta 126, 127, 224
Calystegia sepium 44, 45, 183
Campanula
- cervicaria 146, 147, 234
- glomerata 148, 149, 235
- patula 148, 149, 235
- rhomboidalis 150, 151, 236
- scheuchzeri 152, 153, 237
- trachelium 150, 151, 236
Cardamine pratensis 8, 98, 99, 210
Cardaminopsis arenosa 26, 27, 174
Carum carvi 40, 41, 181
Centaurea
- cyanus 3, 152, 153, 237
- jacea 116, 117, 219
Centranthus angustifolia 134, 135, 228
Cephalanthera longifolia 24, 25, 173
Chaerophyllum temulum 42, 43, 182
Chelidonium majus 9, 58, 59, 190
Chenopodium
- album 162, 163, 242
- botrys 162, 163, 242
- quinoa 162, 163, 242

Cichorium intybus 154, 155, 238
Cirsium
- arvense 9, 116, 117, 219
- palustre 118, 119, 220
Cistus salviifolius 30, 31, 176
Clinopodium vulgare 124, 125, 223
Cochlearia officinalis 26, 27, 174
Commelina communis 138, 139, 230
Consolida regalis 156, 157, 239
Convallaria majalis 20, 21, 171
Convolvulus arvensis 9, 44, 45, 183
Conyza canadensis 50, 51, 186
Coronilla
- coronata 92, 93, 207
- minima 94, 95, 208
- vaginalis 92, 93, 207
Corydalis
- cava 100, 101, 211
- lutea 60, 61, 191
- ochroleuca 28, 29, 175
Crepis
- biennis 86, 87, 204
- capillaris 84, 85, 203
- vesicaria (taraxacifolia) 84, 85, 203
Crocus albiflorus 20, 21, 171
Crupina vulgaris 116, 117, 219
Cymbalaria muralis 134, 135, 228

Dactylorhiza maculata 96, 97, 209
Daucus carota 40, 41, 181
Dianthus
- armeria 104, 105, 213
- plumarius 34, 35, 178
Dipsacus laciniatus 46, 47, 184
Dorycnium herbaceum 54, 55, 188

Echinops sphaerocephalus 46, 47, 184
Echium vulgare 148, 149, 235
Epilobium
- hirsutum 100, 101, 211
- montanum 100, 101, 211
Erigeron
- annuus 48, 49, 185
- karviskianus 46, 47, 184
Eryngium
- amethystinum 144, 145, 233
- campestre 168, 169, 245
Eupatorium cannabinum 114, 115, 218
Euphorbia
- characias 160, 161, 241
- cyparissias 56, 57, 189
- myrsinithes 56, 57, 189
- palustris 158, 159, 240
- seguieriana 158, 159, 240
Euphrasia rostkoviana 52, 53, 187

Fagopyrum esculentum 30, 31, 176
Filipendula ulmaria 36, 37, 179
Fragaria vesca 34, 35, 178
Fritillaria meleagris 96, 97, 209

Galanthus nivalis 18, 19, 170
Galeopsis
- angustifolia 130, 131, 226
- segetum 52, 53, 187
- tetrahit 128, 129, 225
Galinsoga ciliata 50, 51, 186
Galium
- album 26, 27, 174
- anisophyllum 28, 29, 175
- odoratum 28, 29, 175
- verum 60, 61, 191
Gentiana pneumonantha 146, 147, 234
Geranium
- nodosum 106, 107, 214
- pyrenaicum 110, 111, 216
- robertianum 108, 109, 215
- sanguineum 13, 106, 107, 214
Geum
- rivale 108, 109, 215
- urbanum 13, 66, 67, 194
Glechoma hederacea 154, 155, 238

Helianthemum nummularium 62, 63, 192
Helleborus
- foetidus 166, 167, 244
- viridis 166, 167, 244
Hepatica nobilis 34, 35, 144, 145, 178, 233
Heracleum
- mantegazzianum 40, 41, 181
- sphondylium 8, 38, 39, 180
Hieracium pilosella 82, 83, 202
Hippocrepis comosa 8, 94, 95, 208
Hyacinthoides hispanica 11, 136, 137, 229
Hypericum perforatum 62, 63, 192
Hypochoeris radicata 84, 85, 203
Hyssopus officinalis 50, 51, 186

Impatiens
- balfourii 132, 133, 227
- glandulifera 132, 133, 227
- noli-tangere 88, 89, 205
- parviflora 88, 89, 205
Inula britannica 78, 79, 200
Iris
- germanica 136, 137, 229
- sibirica 136, 137, 229
Isatis tinctoria 56, 57, 189

Jasione montana 140, 141, 231

Knautia arvensis 140, 141, 231

Lactuca serriola 86, 87, 204
Lamium
- album 52, 53, 187
- maculatum 128, 129, 225
- purpureum 128, 129, 225
Lathyrus pratensis 94, 95, 208
Legousia speculum-veneris 148, 149, 235
Leontodon hispidus 82, 83, 202

255

Verzeichnis der lateinischen Pflanzennamen

Leonurus cardiaca 132, 133, 227
Leucojum
- aestivum 3, 13, 18, 19, 170
- vernum 18, 19, 170
Linaria
- genistifolia 88, 89, 205
- vulgaris 86, 87, 204
Lithospermum officinale 72, 73, 197
Lomelosia graminifolia 142, 143, 232
Lotus
- corniculatus 90, 91, 206
- maritimus 94, 95, 208
Lunaria annua 98, 99, 210
Lycopus europaeus 24, 25, 173
Lythrum salicaria 100, 101, 211

Majanthemum bifolium 18, 19, 170
Malva
- alcea 110, 111, 216
- silvestris 104, 105, 213
Matricaria recutita 48, 49, 185
Medicago
- lupulina 90, 91, 206
- sativa 156, 157, 239
Melilotus
- albus 54, 55, 188
- officinalis 90, 91, 206
Melittis melissophyllum 126, 127, 224
Mentha arvensis 126, 127, 224
Mercurialis perennis 9, 160, 161, 241
Mimulus guttatus 12, 88, 89, 205
Misopates orontium 130, 131, 226
Muscari comosum 138, 139, 230
Myosotis scorpioides 142, 143, 232

Neottia nidus avis 168, 169, 245
Nepeta cataria 52, 53, 187
Nicotiana tabacum 112, 113, 217
Nigella arvensis 142, 143, 232

Oenothera glazioviana 56, 57, 189
Onobrychis
- arenaria 8, 120, 121, 221
- viciifolia 8, 120, 121, 221
Ononis
- natrix 92, 93, 207
- rotundifolia 124, 125, 223
- spinosa 122, 123, 222
Onopordum acanthium 116, 117, 219
Origanum vulgare 122, 123, 222
Ornithogalum umbellatum 22, 23, 172
Oxalis
- acetosella 34, 35, 178
- fontana 68, 69, 195

Paeonia officinalis 134, 135, 228
Parnassia palustris 10, 30, 31, 176
Papaver rhoeas 3, 98, 99, 210
Paris quadrifolia 160, 161, 241
Petasites hybridus 12, 114, 115, 218
Petrorhagia saxifraga 102, 103, 212

Peucedanum oreoselinum 42, 43, 182
Phyteuma spicatum 44, 45, 183
Picris hieracioides 82, 83, 202
Plantago
- lanceolata 9, 11, 162, 163, 242
- major 9, 164, 165, 243
- media 28, 29, 164, 165, 175, 243
Platanthera bifolia 24, 25, 173
Polygala vulgaris 110, 111, 216
Polygonatum odoratum 20, 21, 171
Polygonum lapathifolium 110, 111, 216
Potentilla
- alba 36, 37, 179
- anserina 70, 71, 196
- erecta 58, 59, 190
- pusilla 66, 67, 194
- recta 68, 69, 195
- rupestris 36, 37, 179
Prenanthes purpurea 118, 119, 220
Primula
- acaulis 74, 75, 198
- elatior 74, 75, 198
- veris 12, 74, 75, 198
- vulgaris 74, 75, 198
Prunella vulgaris 128, 129, 225
Pulicaria dysenterica 3, 78, 79, 200

Ranunculus
- acris 62, 63, 192
- arvensis 64, 65, 193
- auricomus 66, 67, 194
- bulbosus 8, 64, 65, 193
- ficaria 72, 73, 197
- gramineus 62, 63, 192
- repens 64, 65, 193
Raphanus raphanistrum 26, 27, 174
Reseda lutea 74, 75, 198
Rumex acetosa 168, 169, 245

Salvia
- officinalis 152, 153, 237
- pratensis 154, 155, 238
- verticillata 156, 157, 239
Sanguisorba
- minor 164, 165, 243
- officinalis 98, 99, 210
Saponaria officinalis 104, 105, 213
Satureja
- hortensis 124, 125, 223
- vulgaris 124, 125, 223
Scabiosa triandra 142, 143, 232
Scilla bifolia 136, 137, 229
Scopolia carniolica 114, 115, 218
Securigera varia 124, 125, 223
Sedum
- acre 68, 69, 195
- album 32, 33, 177
- sexangulare 68, 69, 195
- telephium ssp. maximum 32, 33, 177
Senecio jacobaea 80, 81, 201

Senecio vulgaris 76, 77, 199
Serratula tinctoria 118, 119, 220
Seseli libanotis 42, 43, 182
Silene
- dioica 10, 102, 103, 212
- flos-cuculi 11, 106, 107, 214
- nutans 38, 39, 180
- pratensis 38, 39, 180
- viscaria 102, 103, 212
- vulgaris 38, 39, 180
Sinapis arvensis 9, 58, 59, 190
Solanum dulcamara 112, 113, 217
Solidago gigantea 80, 81, 201
Sonchus oleraceus 86, 87, 204
Stachys
- officinalis 130, 131, 226
- recta 90, 91, 206
- sylvatica 126, 127, 224
Stellaria media 9, 32, 33, 177
Swertia perennis 144, 145, 233
Symphytum
- officinale 72, 73, 112, 113, 197, 217
- tuberosum 112, 113, 217

Tanacetum vulgare 76, 77, 199
Taraxacum officinale 8, 11, 84, 85, 203
Teucrium chamaedrys 130, 131, 226
Thalictrum aquilegiifolium 108, 109, 215
Thlaspi perfoliatum 22, 23, 172
Tragopogon pratensis 82, 83, 202
Trifolium
- pratense 120, 121, 221
- repens 54, 55, 188
- rubens 120, 121, 221
Tripleurospermum inodorum 48, 49, 185
Trollius europaeus 66, 67, 194
Tussilago farfara 80, 81, 201

Urtica dioica 164, 165, 243

Vaccaria hispanica 104, 105, 213
Valeriana officinalis 114, 115, 218
Verbascum
- densiflorum 60, 61, 191
- nigrum 60, 61, 191
Verbena officinalis 13, 152, 153, 237
Veronica
- chamaedrys 138, 139, 230
- filiformis 138, 139, 230
- spicata 140, 141, 231
- teucrium 140, 141, 231
Vicia
- cracca 158, 159, 240
- sativa 122, 123, 222
- sepium 122, 123, 158, 159, 222, 240
- sylvatica 54, 55, 188
Vincetoxicum hirundinaria 11, 30, 31, 176
Viola
- elatior 146, 147, 234
- odorata 146, 147, 234
- tricolor agg. arvensis 44, 45, 183

Xeranthemum annuum 118, 119, 220